目　录

第一部分　初　级　工

编　委　会

主　　任：丁宇坤

副 主 任：楚继宗　田春亮　腾　克　张传斌
　　　　　高春元　魏秀琴　王武民　薛福贵
　　　　　岳志晟　马　焱

主　　编：谢伟奇　李文清

编　　委：柳海龙　刘谊群　李雪飞

前　言

为进一步提高铁路职工教育培训的针对性和实效性，大力促进全局职工队伍岗位技能达标，2015 年劳动和卫生部组织专业技术人员编写了“铁路特有工种操作技能鉴定学练丛书”。该丛书为同期职业技能鉴定培训提供了有力的支撑，在铁路高技能人才培养选拔、落实全员持证上岗制度和确保运输生产安全稳定发展方面发挥了重大的作用。

随着我国铁路建设的持续发展，新技术、新设备不断更新应用，铁道行业标准、《铁路技术管理规程》等规章标准相应提升变化，丛书的范围和内容已经不能适应新时代铁路职工职业技能等级认定培训学习需求，急需进行修订完善和扩充拓展。

党的二十大报告要求，深入实施人才强国战略。为落实二十大精神，集团公司在技能人才队伍培养方面推出了一系列的新举措。其中，丛书修订完善作为一项重要工作进行落实，在对 62 个铁路特有工种进行修订完善的基础上，将丛书拓展为 90 个铁路特有工种和 8 个通用工种，并更名为“职业技能等级认定学练丛书”。

“职业技能等级认定学练丛书”在编写内容上力求体现以“优化职业活动为导向，以提升职业技能为核心”为指导思想，以“国家职业标准”“铁路特有工种技能培训规范”“高速铁路岗位培训规范”等为标准，以客观评价职工操作技能水平为目标，力求知识的系统性、连贯性和精炼性，突出针对性、典型性和适用性。

“职业技能等级认定学练丛书”是铁路职工职业等级认定操作技能考试前培训和自学教材，对职工各类在职教育和考试也有重要的参考价值。

“职业技能等级认定学练丛书”的编写是一项系统性、全面性的工作，工作难度比较大。在丛书的编写和审定过程中得到了集团公司职教部、各业务部及有关单位的大力支持和帮助，在此表示感谢！由于编写水平有限，加之时间仓促，恳请读者提出宝贵意见和建议。

中国铁路呼和浩特局集团有限公司
2023 年 9 月

前言

内 容 简 介

本书为“职业技能等级认定学练丛书”之一，适用于铁路信号工（车载设备维修）岗位初级工、中级工、高级工、技师、高级技师日常培训和考试。内容包括问答题、实操题、实作技能考核评分记录表，每一部分包含100道问答题和20道实操题，同时具有理论性和实践性，现场实用性强，对铁路信号工（车载设备维修）岗位具有指导意义。

本书可作为铁路信号工（车载设备维修）岗位培训用书，也可供相关专业人员学习参考。

图书在版编目（CIP）数据

铁路信号工.车载设备维修/中国铁路呼和浩特局集团有限公司编.—北京：中国铁道出版社有限公司，2024.1
（职业技能等级认定学练丛书）
ISBN 978-7-113-30627-4

Ⅰ.①铁…　Ⅱ.①中…　Ⅲ.①铁路信号-信号设备-维修-职业技能-鉴定-教材　Ⅳ.①U284.92

中国国家版本馆CIP数据核字（2023）第197612号

书　　名： 铁路信号工（车载设备维修）
作　　者： 中国铁路呼和浩特局集团有限公司

责任编辑： 王　烁　徐　清　　**编辑部电话：**（010）51873167　　**电子邮箱：** 365958380@qq.com
编辑助理： 李嘉圆
封面设计： 刘　莎
责任校对： 苗　丹
责任印制： 樊启鹏

出版发行： 中国铁道出版社有限公司（100054，北京市西城区右安门西街8号）
网　　址： http://www.tdpress.com
印　　刷： 北京铭成印刷有限公司
版　　次： 2024年1月第1版　2024年1月第1次印刷
开　　本： 787 mm×1 092 mm 1/16　**印张：** 18.75　**字数：** 395千
书　　号： ISBN 978-7-113-30627-4
定　　价： 114.00元

职业技能等级认定学练丛书

铁路信号工
（车载设备维修）

中国铁路呼和浩特局集团有限公司　编

中国铁道出版社有限公司

2024年·北　京

第二部分 中 级 工

第三部分 高 级 工

第四部分 技 师

第五部分　高级技师

第一部分　初　级　工

1. 显示器设备状态查询显示监控程序不符是什么原因？如何处理？

答：监控 A、B 机监控记录板上程序芯片写片版本不同，取下监控记录板，核实程序版本，换下不一致的。

2. JT-C 系列机车信号的显示机构，自上而下的排列顺序是怎样的？

答：JT-C 系列机车信号的显示机构，自上而下的排列顺序是：

绿（L）、绿黄（LU）、黄（U）、黄 2（U2）、红黄（HU）、双黄（UU）、红（H）、白（B），其中黄 2 表示带“2 字”的黄灯。

3. 当轨道车速度达到控制模式曲线时，GYK 对轨道车实施哪些控制措施？

答：当轨道车速度达到控制模式曲线时，GYK 对轨道车实施常用制动、熄火及紧急制动，防止轨道车“两冒一超”。

4. GYK 轴温监测报警什么情况下启动？

答：GYK 轴温监测报警全面显示每个轮轴温度，当某一轴温超过环境温度 55 ℃，或某一轴温超过 90 ℃时，发出语音报警。

5. 机车入库检测发现 LKJ2000 型监控装置机车车型车号与实际不符，应如何更改？

答：按【查询】＋“5”发现机车车型车号不正确，应首先确定机车车型车号，在监控显示器键盘按【设定键】＋“1”＋“3”后输入检修密码“9753”进行修改。

6. LKJ 对机车的控制手段分为哪五个等级？

答：LKJ 对机车的控制手段分为报警、卸载、常用制动、紧急制动、故障报警五个等级。

7. 参与 LKJ 计算与控制的文件有哪些？

答：参与 LKJ 计算与控制的文件有 LKJ 车载基础数据文件、LKJ 车载控制文件、LKJ 临时数据文件（IC 卡数据）和 LKJ 临时控制参数（司机输入数据）。

8. 机车工况零位、向前、向后、牵引、制动分别对应哪些线号？

答：零位 J195、向前 J191、向后 J192、牵引 J193、制动 J194。

9. LKJ 运行文件中记录速度信息异常时,应如何处理?

答:全程记录中有速度通道频繁切换记录、“速度突降”记录或“人工速度通道切换”记录,一个及以上速度通道不良等现象时,要检查速度通道电缆或更换相应速度传感器。

10. LKJ 文件记录中出现 A、B 模块检测(故障)时,应如何分析处理?

答:打开全程记录界面,检索全程记录中的 A、B 模块故障记录或选择【组合查询】,有“A/B 模块检测(故障)”记录、但无“A/B 模块恢复”记录时,应根据记录模块提示及时反馈车间,更换相应插件。

11. JT-C 系列机车信号车载设备电源是如何规定的?机车电源电压在什么范围内变化系统应正常工作?

答:JT-C 系列机车信号车载设备电源应采用双套电源,额定输入电压 DC 110 V。机车电源电压在 77～138 V 范围内变化,系统应正常工作。

12. 数字量输入/输出插件共有多少个指示灯?其中 5A、6A 指示灯点亮时的含义是什么?

答:数字量输入/输出插件面板上有 17 个指示灯,其中,5A 点亮,表示卸载指令输出;6A 点亮,表示关风指令输出。

13. 怎样判断 LKJ 监控主机监控记录插件的工作状态?

答:LKJ 监控主机共有两块监控记录插件,监控记录插件 1B 灯亮表示为主机,1B 灯灭表示为备机,1B 灯闪表示目前为单机工作状态。

14. 显示器面膜更换期限要求是多长时间?

答:正常情况下显示器面膜依照要求每两年更换一次,当发生面膜接触不良或外观破损须及时更换。

15. LKJ2000 型监控主机哪些插件带有 CPU?

答:监控记录插件、地面信息插件、通信插件、扩展通信插件。

16. 通用式机车信号机采用白炽灯泡时,信号机的灯泡应采用什么标准?

答:信号机的灯泡应采用 60 V/6 W、60 V/5 W 或 48 V/5 W,其冷丝电阻应不小 60 Ω。

17. LKJ 通过什么途径采集速度信号信息?

答:通过安装在机车轮对上的速度传感器获得。其中,速度通道 0 和速度通道 1 取自一个速度传感器,速度通道 2 取自另外一个速度传感器。

18. LKJ 设备电子履历都包含哪些信息？

答：LKJ 设备技术履历簿（电子履历）内容包括设备类型、主要技术参数、生产厂家、出厂时间、出厂编号等信息，并对设备安装使用、技术状态、技术改造及修理等情况进行跟踪记录。

19. JT1-CZ2000 系统要求使用什么信号机？

答：为提高显示的可靠性，JT1-CZ2000 系统要求使用双面八色灯 LED 机车信号机或双面点阵式机车信号机。

20. 处理 LKJ 故障的一般方法有哪些？

答：部件替换法、集成块替换法、使用维修工具查找故障法、使用单片机仿真器查找故障法。

21. LKJ 文件记录中出现过机信息丢失时，应如何分析处理？

答：分析运行文件，查看安全信息记录，若上/下行均出现在自动闭塞区段，过机信息丢失率超过 10%，或在半自动闭塞区段过机信息丢失率超过 25%的情况，且机车运行后续区段丢失率超过范围，应检查 LKJ 设备（地面信息插件）、机车信号设备、电线路等，进行相应处理。

22. 防汛地段 LKJ 语音提示相关要求是如何规定的？

答：列车在已载入防汛地段临时数据对应地段的 1 000 m 前，LKJ 输出语音提示指令"注意运行"两次；当列车运行至防汛地段起始点位置时，LKJ 再次输出语音提示指令。

23. 简述 LKJ 在恒速区运行时，LKJ 输出指令的时机。

答：常用固定模式限速值－实际速度值≤3 km/h 时，输出语音提示指令；

常用固定模式限速值－实际速度值≤2 km/h 时，输出解除牵引力指令；

常用固定模式限速值－实际速度值＝0 km/h 时，输出常用制动指令；

紧急固定模式限速值－实际速度值＝0 km/h 时，输出紧急制动指令。

24. 如何进行 LKJ 的开车操作？

答：开车操作要完成出发对标。当机车运行到设定的始发站对标基准点时，开车操作调出前方信号机数据，使监控装置内部存储的地面数据同地面基准点同步。操作方法：正常运行时，当机车经过所设置的对标开车基准点时，一次性按压【开车】键，监控装置调出前方的信号机数据，完成开车操作。

25. 如何进行 LKJ 设备状态查询操作？

答：按压显示器【查询】键后将光标移到"设备状态"选项，按压【确认】键，或者直接按压数字键【4】，弹出系统当前各模块工作状态和故障状态指示，再按【确认】键返回。

26. LKJ2000 型监控主机电源插件输出电源有哪些?

答:LKJ2000 型监控装置将 110 V 输入电源转换成系统所需的各种电源。输出电压包括供主机箱各插件工作的+5 V、+12 V、−12 V 及+24 V;供显示器的+15 V;供速度传感器的+15 V 以及供压力传感器的+15 V。除+5 V、+12 V 及−12 V 共地外,其他各路输出电压相互隔离。

27. LKJ2000 型监控装置过压抑制板主要起什么作用?

答:外部 110 V 电源及 110 V 电路输入信号经过过压抑制板输出至机车 110 V 回路。因而所有与机车 110 V 回路相连的信号均经过过压抑制板的滤波及瞬态过压抑制处理,消除机车 110 V 回路干扰对装置的影响。

28. LKJ2000 型监控装置通信插件通过哪个灯位可以判断插件工作状态是否正常?

答:LKJ2000 型监控装置通信插件面板指示灯 6B 快闪代表通信插件工作正常,6B 指示灯慢闪代表通信插件故障,因此通过查看通信插件的 6B 指示灯状态就可判断插件是否正常工作。

29. 检测 HXD_2 型机车进入电器间前应怎样做?

答:进入电器间前必须确认机车两端隔离开关是否置于隔离位,如果没有置于隔离位,要求机车乘务员或地检人员及检修作业人员将隔离开关置于隔离位,确认隔离开关在隔离位后并在隔离开关上悬挂禁止操纵牌。

30. 在正常使用和检测维修的情况下,LKJ 设备维修后质量保证期限是如何要求的?

答:(1)Ⅰ级修质量保证期限:至下一个计划修修程;

(2)Ⅱ级修质量保证期限:6 个月;

(3)Ⅲ级修质量保证期限:12 个月。

31. 安装于机车上机车信号与列车超速防护单项设备的导电部分与其外壳间的绝缘电阻有何要求,怎样测试?

答:机车上的电气设备,机车上机车信号与列车超速防护单项设备的导电部分与其外壳间的绝缘电阻应不小于 25 MΩ。

测试方法:甩开整机,信号机构和电源,用 500 V 兆欧表分别测试导电部分与其外壳间的绝缘电阻,其阻值应满足上述要求。

32. JT1-CZ2000 型机车信号对信号接收处理的原理是什么?

答:轨道电路信息通过机车信号双路接收线圈感应接收。双路接收线圈中的每路信号各对应一个主机板,由主机板中的两路接收电路同时接收。进入主机的信号由隔离放大器进行隔离,然后经 A/D 转换,由 DSP 芯片进行处理、译码。

33. 列车在停用基本闭塞法改用电话闭塞法行车的区间,LKJ 限速是如何规定的?

答:对旅客列车,LKJ 按该区段最高运行速度的 80%确定固定模式限速(该区间某区段限速值低于上述取值的按低速控制)。对货物列车,按本区间原规定速度监控列车运行。

34. 机车信号机Ⅰ端双黄灯位不点灯,应如何处理?

答:(1)检查机车信号机,若故障则更换;

(2)检查信号主机到信号机连线,若断线(X27-X29)则更换;

(3)检查机车信号主机,若故障则更换;

(4)检查不点灯灯位输出线上是否负载过大,若过大更换符合标准的灯泡。

35. 为什么要进行机车信号数据转存?

答:车次管理和数据转存是进行数据分析的基础,从机车上采集下来的运行数据,只有在经过数据转存以后才能进行数据分析。

36. 机车Ⅱ端只接收下行信号如何处理?

答:(1)检查机车信号机下行开关是否良好;

(2)检查信号主机插头Ⅱ-SZ 到信号机插头(Ⅱ-LL)接触是否良好,有无断线;

(3)若机车信号主机故障,则更换。

37. 更换接收线圈后,机车信号Ⅱ端(指 SS3 内燃机车)**不接码或需发很大电流才能接码,如何处理?**

答:(1)检查机车工况是否在Ⅱ端,Ⅱ端信号机上工作灯是否点亮;

(2)检查接收线圈安装方向是否正确;

(3)接收线圈连接线是否接错。

38. 数字量输入插件前面板指示灯全亮如何处理?

答:前面板指示灯全亮是由于 50 V 自检信号长时间送出造成,可将三极管 Q1 清洗干净后双面点胶,防止灰尘、油渍等造成三极管 Q1 集电极与基极短接。

39. CAN 通信故障,且自检时 5A、5B 灯都不亮故障原因是什么?

答:检查插件的外观发现印制板有将印制线刮破的地方,用万用表测量发现该印制线已断,查看图纸发现该印制线为 MCU 连接 U17、U18(CAN 通信控制器,型号为 82527)的地址线 A7。飞线解决。

40. LKJ 主机包括哪些插件?

答:主机由 A、B 两组完全相同的控制单元组成,每组有 8 个插件位置(包括一个预留位置)。各插件位置以机箱中心线为基准对称排列,包括监控记录插件、地面信息处理插件、通信插件、模拟量输入/输出插件、数字量输入插件、数字量输入/输出插件、电源插件(预留位置为扩展通信插件)。

41. LKJ 由哪些设备组成?

答:LKJ 由监控主机、人机交互单元(又称屏幕显示器)、LKJ 功能扩展盒、GPS 信息接收装置、压力传感器、速度传感器、鸣笛传感器、本/补切换装置、事故状态记录器、调车灯显接口盒、专用连接线缆等组成。

42. 机车运行数据文件特别大如何处理?

答:分析运行数据,如果长时间记录卸载信息,而卸载继电器没有动作,卸载信息中没放风记录,判断为防撞土挡连线或装置接地造成,通知机务相关部门处理。

43. 使 LKJ 系统进入通常工作状态如何操作?

答:(1)参数设定成功后,在停车状态下允许进入通常工作状态;

(2)在调车工作状态下(调车工作状态下,开车灯不亮),或者输入逻辑错误站号时不允许进入通常工作状态;

(3)参数设定成功后,监控装置处于降级周期报警中,机车司机首先按键应答确认后,才能进入通常工作状态。

44. LKJ 控制模式对车位调整是如何规定的?

答:(1)正常监控状态下,只要前方信号是非关闭信号均允许进行车位调整。

(2)车位调整的方式为【车位】+【向前】或【车位】+【向后】。

(3)对于车位向后校正最大距离为 300 m,自动校正允许调整的最大距离为 300 m。

(4)在站内内侧线模式时、处于模式报警时、停车状态下、临时限速模式下允许进行车位调整。

45. 如何分析 LKJ 运行记录数据文件的完整性、连续性?

答:全程记录日期、时间记录连续,文件记录首尾相接,形成往返闭环,无非正常丢失或断点。分析记录无重复、错误,无缺少时间、公里标、站名等内容,无记录混乱、丢失现象。

46. JT-C 型机车信号主机连接板设置 2 个转换按钮的作用是什么?

答:JT-C 型双套机热备故障切换是自动的,上电时双机中的哪一套主机投入工作是随机的。在机车信号检测时可以按压转换按钮,实现主、备机人工切换,以便检测某一指定主机板。

47. 对机车信号设备的基本要求是什么?

答:当机车接收到与地面信号相对应的电码(以下简称信息)时,机车信号应显示相应的信号灯光;信息不变时,机车信号显示保持不变;地面或机车上的信号设备故障时,机车信号不得出现升级显示。

48. 如何进行 LKJ 原始运行文件的转储分析?

答:当机车出乘返回入库或换班时,地面工作人员或乘务员用 IC 卡转储运行数据,转储成功后通过读卡器传输到文件数据库,终端分析站可通过局域网在机车运行记录分析系统中进行运用分析和质量分析。

49. JT-C 系列机车信号主机的 X26 插座连接线与外部哪些条件线连接?

答:X26 配线电缆通过一个插头上的多束电缆分别与机车直流 110 V 电源(X26-7、9),Ⅰ端、Ⅱ端感应信号控制电源(X26-10、11),Ⅰ端感应信号输入(X26-14、15;19、20),Ⅱ端感应信号输入(X26-16、17;22、23)。

50. JT-C 系列机车信号记录器主要记录什么内容?

答:开关量信息:上/下行开关输入、机车载频切换装置状态、机车运行方向等。

机车信号输出信息:灯位、速度等级、制式、绝缘节、工作主机、主机工作状态等。

主机译码信息:信号载频、信号低频、信号幅度、故障代码、应答器信息、430 信息、条件设置线等。

运用环境信息:主机箱内温度、110 V 供电状态。

辅助信息:记录器内时刻,来自 TAX2 箱的线路公里标、机车号、速度、时刻、信号机类型和编号、车站号、司机号等。

51. JT-C 系列机车信号信号机 X27/28 电缆线各芯线表示什么?

答:1——绿灯、2——绿黄灯、3——黄灯、4——黄 2 灯、5——红黄灯、6——双黄、7——红灯、8——白灯、9——50 V 地线、10——速度等级 1、11——制式线、13——绝缘节、16——速度等级 2、17——速度等级 3、18——信号机故障线、19——屏蔽线。

52. 机车信号波形文件分析操作有哪些内容?

答:波形文件分析的操作主要包括带通滤波、波形缩放、波形移动、幅值调整、显示式调整、频谱分析、波形数据保存等。其中波形数据保存的操作包括保存波形、复制图像和打印图像三类,它们的操作可参照状态文件的保存、复制、打印操作方法进行。

53. LKJ2000 型监控装置认为速度故障有哪两种情况?

答:(1)当两路速度信号频率不一致时认为速度信号某路断线,按速度故障处理(缺相故障);

(2)当机车速度由 20 km/h 以上突然降为 0 km/h 时也认为是速度故障。

54. 在机车信号测试环线安装过程中应注意哪些?

答:测试环线应安装固定可靠;走线平直,电缆外皮无破损,连接良好;环线的导线对保护管间、导线对地间绝缘电阻不小于 2 MΩ。电缆防护良好,电缆盒固定可靠,盒内洁净,密封良好,接线端子螺丝紧固,螺帽、垫圈齐全,配线连接可靠。防雷元件良好。发送箱放置固定可靠,外表清洁;接插件插接良好,指示灯显示正常,开关、按键操作灵活,接触良好;显示屏清洁,无破损,显示清晰。

55. LKJ2000 型监控装置显示屏键盘检测程序是怎样的?

答:在速度为零时,用光标键移标到"键盘检测"项,然后按压【确认】键,或者直接按压数字键【6】。系统将弹出键盘检测窗口,依次按压相应的按键,显示屏幕对应按键的颜色由浅变深,表示该按键作用正常。若按键颜色不变,则说明该按键作用不良,所有按键均按压一次,才产生检测正常记录。

56. LKJ 监控主机的 CAN 总线故障时应如何处理?

答:(1)确认引起 CAN 总线故障的具体插件,通过替换监控记录插件、地面信息处理插件、通信插件、扩展通信插件和屏幕显示器确认;

(2)将故障插件更换为良好插件。

57. 如何查看 LKJ 文件的安全信息?

答:在运行记录分析窗口打开"数据分析"菜单,选择"安全信息显示"命令,或在工具栏中点按相应图标按钮,进入安全信息分析窗口,针对当前运行记录文件的各项安全因素逐项分析查询。或在安全信息记录显示区双击数据框,也可进入安全信息分析窗口。

58. JT-C 系列机车信号记录器 2.0 地面数据分析处理软件如何升级?

答:(1)按照"开始"→"所有程序"→"机车信号记录器地面分析处理软件"→"卸载软件"的操作,先将老版本的软件卸载;

(2)将新版的软件安装在原来老版软件的安装目录下;

(3)重新将站名文件导入新版的地面数据分析处理软件。

59. LKJ2000 型监控装置的工作状态都有哪些?

答:通常工作状态、降级工作状态、调车工作状态、出入段工作状态、非本务工作状态、20 km/h 限速工作状态、与其他 ATP 结合工作状态。

60. 机车信号出入库检查应满足哪些要求？

答：(1)主机自检状态良好，主机工作灯、上下行灯显示正常，信号机显示正确；

(2)方向、电源等开关作用良好，转换灵活；接线盒、感应器安装牢固，符合标准；各部螺丝不松动；接插件接触可靠；

(3)环线发码试验机车信号，显示关系正确；

(4)检查 JT-C 系列机车信号设备记录数据。

61. 机车信号设备如何接地？

答：主机箱后面板设有专用接地端子，通过接地编织线就近连到机车接地端子。主机箱接地端子使用主机自带的 M4 螺栓和垫圈；接地编织线截面积不低于 6 mm^2。螺栓、螺母和垫圈应为涂锌钢，双面钝化处理。

机车信号机安装底板要求采用电镀工艺，通过安装螺栓与机车车体连接。螺栓、螺母和垫圈应为涂锌钢，双面钝化处理。

接收线圈的电缆屏蔽层引出的连接线与主机箱 X26 电缆屏蔽层引出的连接线通过车上连接端子或接收线圈接线盒相连。连接线截面积要求不低于 1.5 mm^2。

62. 按压显示器按键无效，不能输入和修改数据的故障如何处理？

答：关机 30 s 后再开机：

(1)如果开机后按压显示器按键有效，能够输入和修改数据正常，说明监控记录插件通信自检通过；

(2)如果开机后按压显示器按键无效，不能输入和修改数据，说明显示器按键面膜故障、通信不良，更换显示器；

(3)更换显示器后按压显示器按键无效，不能输入和修改数据，说明监控记录插件通信故障，更换监控记录插件。

63. 更换主速度线后如何与 LKJ2000 型监控装置主机配线对接？

答：(1)速度线 C、G(15 V+)与 X34 插头中 J170 对接；

(2)速度线 E(速度信号 1)与 X34 插头中 J131 对接；

(3)速度线 B(速度信号 2)与 X34 插头中 J132 对接；

(4)速度线 A、F(15 V−)与 X34 插头中 J179 对接；

(5)J169 与速度传感器 J169 相连，接屏蔽地。

64. LKJ2000 型监控装置屏幕显示器能够显示哪些信息？

答：日期、时间、机车信号、列车运行速度与限速、前方目标信号机的类别、编号、距前方信号机距离、机车所在位置的里程坐标、监控状态和列车制动状态、列车最近走过的不少于 1 km 的运行速度值轨迹曲线、机车当前位置至前方不少于 3 km 以内的线路允许速度曲线、运行所在闭塞分区及运行前方闭塞分区模式限速值曲线,以曲线、符号和文字形式,沿线路里程的延展显示机车运行前方不少于 3 km 的线路曲线、坡道坡度、道口、桥梁、隧道及车站、信号机、电气化铁路接触网分相标、防汛提示标等设置情况、警示光带及放大标尺窗口显示。

65. 双路接收线圈如何安装?

答:双路接收线圈安装位置在机车排障器后与第一轮对之间,距第一轮对轴心水平距离大于 1.5 m 处机车提供的安装架上,必须要保证接收线圈底部与轨面距离为 155 mm±5 mm,接收线圈中心与轨面中心偏移小于 0 mm±5 mm,安装时必须使线圈外壳上方箭头指向一致,以免同名端接反。

接收线圈周围 300 mm 空间内不应有大体积的金属物体。安装布线时,将电缆与机车底部固定点捆绑牢固,防止机车在高速运行中,产生剧烈振动对线缆造成疲劳性损坏,以确保线缆的正常使用寿命。

66. LKJ 控制模式中对"20 km/h 限速模式"是如何控制的?

答:(1)当机车信号故障时,列车在停车状态,持续按【↑】2 s 后,进入"非正常行车确认"窗口,点击"4""20 km/h 限速模式",确认操作后,监控装置转为"20 km/h 限速模式",2 min 以后监控装置不再按照机车信号信息监控列车运行,监控列车以不超过 21 km/h 的速度运行,至前方站停车。

(2)停车状态下允许退出"20 km/h 限速模式",退出"20 km/h 限速模式"后自动降级。

(3)"20 km/h 限速模式"状态下不进行过机校正。

(4)"20 km/h 限速模式"状态下色灯变化不进行语音提示。

(5)监控装置判断发生空转、轮滑时,发出语音提示。

67. JT-C 系列机车信号主要故障现象及可能产生的车上原因有哪些?

答:(1)上电后不点白灯:主机内部电源故障,主机板故障,机构故障,电缆或电缆插头故障,点灯线上负载过大。

(2)某一灯位灭灯:机构故障,主机故障,电缆或电缆插头故障,输出线上负载过大。

(3)保险管烧损:主机故障,电源板故障,机车电源故障接地。

(4)点白灯后不译码:上/下行开关电路故障,前后端切换电路故障,主机故障,接收线圈或接线错误。

(5)上行或下行某一方向译码:上下行开关电路故障,主机故障,某一端接收线圈及线路故障。

(6)机车接收灵敏度不合格。

68. LKJ 记录数据分析处理功能有什么作用?

答:LKJ 将车载记录的列车运行数据经过翻译、整理,以直观的全程记录、运行曲线、各种报表等形式再现列车运行全过程，为铁路的现代化管理及事故分析提供有力的保障。通过对运行文件数据的分析，可以评判机车司机对机车的操纵是否得当，进而提高操纵水平。通过对数据中质量项点的分析，可以帮助设备维护人员了解设备的运用状况，确定故障原因。

由于设备在运行过程中，实时地记录(有些数据在记录前，先进行了一次测试)了相关数据，因此也能提前发现设备存在的问题，将故障消灭在发生之前。在发生事故后，这些数据也是界定责任的依据之一。

69. LKJ 语音提示功能包括哪些内容？

答：(1)监控装置报警语音提示；

(2)机车信号变化语音提示；

(3)前方限速变化语音提示；

(4)动力切除、常用制动或紧急制动语音提示；

(5)允许缓解语音提示；

(6)车机联控语音提示；

(7)侧线股道或支线的选择语音提示；

(8)其他语音提示内容。

70. 为什么不用万用表而用兆欧表测量绝缘电阻？

答：兆欧表俗称摇表，它是专供检测电器设备、供电线路绝缘电阻用的一种可携式仪表。因为绝缘电阻的阻值比较大，可达到几十兆欧或几百兆欧，在这个范围内万用表的刻度很不准确，另外，万用表在测量电阻时所用的电源电压很低，在低电压下呈现的电阻值并不能反映出绝缘电阻的真正数值。因此，绝缘电阻需用备有高压电源的兆欧表进行测量。兆欧表的标尺刻度是以 MΩ 为单位的，可以较准确地测量出绝缘电阻的阻值。

71. JT1 型通用式机车信号主机中光电开关的作用是什么？

答：光电开关是一个大功率光电耦合控制器件，其作用是控制点灯电源，在 DSP 芯片故障时，切断点灯电源；在点灯继电器接点转换时，切断点灯电源，以实现点灯继电器接点无电转换，提高点灯继电器使用寿命。另外，光电开关电路还包括过流保护电路，当点灯输出负载功率过大时，光电开关切断点灯电源。

72. JT1 型通用式机车信号主机板电路中输入部分由哪几部分组成？各部分有什么功能？

答：通用式机车信号主机板电路的输入部分由变压器、衰减电路、A/D 电路组成。变压器对感应器感应上来的信号起隔离作用，其输入阻抗对信号起幅度均衡作用。衰减电路对输入信号起衰减作用，衰减后的信号输入给 A/D 电路。A/D 电路将模拟信号转换为数字信号，送入 DSP 进行运算处理。

73. 数字化通用式机车信号简化的功能检测,为什么适用于日常的机车出入库检查?

答:数字化通用式机车信号采用数字信号处理方式,不同制式、不同载频的信号都是通过同一处理通道处理的,同时通用式机车信号具有完善的软、硬件自检功能。

因此,日常出入库机车检查时没有必要对所有制式的全部载频都进行检查,而只要发送某些信号以检查显示机构每个灯位都能点亮即可。

74. JT1-CZ2000 型机车信号在故障—安全方面采取了哪些措施?

答:(1)JT1-CZ2000 型机车信号设备主机采用二取二的安全结构,译码结果必须双机比较一致,输出反馈检查必须双机比较一致,防止单机出现故障而影响安全。

(2)并口输出在原来机车信号的输出关断基础上,又增加由第二个 CPU 控制大电流接点继电器关断输出,以及由第二个 CPU 进行动态控制的动态点灯安全电源(即检查有方波输入),消除了原来的输出回路继电器接点完全粘连错误点灯的故障可能。

(3)串口输出通过反馈比较检查获得,如果比较不一致,关断串口输出 4 s。

75. LKJ 的日历时钟如何进行人工修改?

答:(1)停车状态下,按压【设定】键,进入参数设定状态,移动光标到"时间"选项,按压【确认】键,弹出密码输入窗口;

(2)正确输入密码后,按压【确认】键确认,进入时间参数输入界面,依次输入时间,按压【确认】键确认;

(3)所有参数修改完毕,使光标移到"确定"选项,按压【确认】键或直接按压【设定】键,确认修改有效并退出参数设置状态。如果使光标移到"取消"选项,按压【确认】键修改无效退出参数设置状态。

76. 检查机车信号环线室外继电器箱时有哪些规定?

答:(1)继电器箱安装牢固,不倾斜,电缆保护管露出地面 150 mm。

(2)箱内引入线及配线整齐,绑扎良好,留有余量,无破皮,不老化,无假焊、脱焊,无伤痕,线头套管齐全。

(3)各配线用的螺栓应安装牢固,螺母、垫圈、线环等均应采用铜质镀镍材料。一个端子柱上,最多允许上 3 个线头并用垫圈隔开,顶部用两个螺母紧固。

(4)电缆引入、引出口要堵塞良好,保持清洁良好。

(5)箱内电缆及配线应有去向标及端子使用示意图。

77. 显示器显示速度通道 V0 或 V1 都为零如何处理?

答:(1)先检查端子 J131 或 J132,电源 J170+15 V、J179−15 V 接触是否良好,有无断线;

(2)更换机车 2 轴 4 通道速度传感器;

(3)测量端子 J131、J132 电源 J170+15 V、J179−15 V 到速度传感器插座连线是否断线;

(4)测量 J131、J132 端子到监控主机插头 1、X34T:2、X34T:3、X34T:4、X34T:6 插针之间连接线是否正常;

(5)更换主机模拟量输入/输出板;

(6)更换监控记录主板或主机。

78. 显示器显示速度通道 V2 为零如何处理?

答:(1)先检查端子 J133 电源 J170+15 V、J179−15 V 连线接触是否良好,有无断线。

(2)更换机车 4 轴 2 通道速度传感器。

(3)测量端子 J133,电源 J170+15 V、J179−15 V 到速度传感器插座连线是否断线。

(4)测量 J133 端子到监控主机插头 X34T:5、X34T:2、X34T:6 插针之间连接线是否正常。

(5)更换主机模拟量输入/输出板。

(6)更换监控记录主板或主机。

79. 机车投入运用前,对 LKJ 的检测内容主要包括哪些?

答:确认设备外观、按键、插件板、接插件、铅封状态良好;确认主机指示灯及自检状态正确;确认屏幕显示器显示、语音正常;确认系统日期、时间正确,LKJ 时钟与标准时间的误差不得超过 30 s;确认机车型号、机车号设置正确;确认管压和柴油机转速(内燃机车)显示正确;确认机车停于信号发码环线上时复示机车信号状态正确;确认速度传感器安装牢固,紧固件齐全、无松动,机车动车时速度显示正确;确认牵引力解除、常用制动和紧急制动功能正常;确认数据转储功能正常;确认程序和数据版本是否正确。

80. 机车信号运行记录数据文件质量分析项点包括哪些方面?

答:(1)车型、车号、日期(年、月、日)、时间(时、分)是否正确。

(2)机车信号显示与低频、载频与上/下行运行方向的对应关系是否正确,电源电压、A/B 主机、Ⅰ/Ⅱ室、车站号、公里标、速度、绝缘节信息是否能够正确显示,是否存在错误。

(3)重点分析:①主机是否有 A/B 机切换、断电等异常现象;②机车电源是否有高、低超标现象;③机车信号机是否有诸如灭灯、多灯、红灯等错误显示;④所接收轨道电路信息的载频、低频有没有频率及幅度超标现象。

81. 对于行进中机车的机车信号偶然故障应如何处理?

答:(1)立即进行记录数据分析处理。

(2)关机后重新上电,观察故障现象能否重现,如不能重现必须依靠记录器分析数据。

(3)如果可以明确属于地面问题,应及时通知有关的地面设备维护人员进行处理。

(4)其他问题需要进行相应不同的处理:

①机车因上/下行输入问题、Ⅰ/Ⅱ端接收线圈切换问题造成接收中错误,应检查相关信号来源与配线。

②机车信号主机出现接收错误问题不是①中原因造成,需要将主机更换下来,进行室内拷机测试,以重复故障现象,并尽可能提供与运用中相似的环境。

③对于灯线输出反馈检查错误,应按照永久性故障进行相应配线检查。

④个别机车更换了机车信号主机后仍然不定地点偶然出现问题,可能是机车电磁环境问题,需要与机务协商改善电磁环境。

⑤多个机车在同一地点范围偶然出现问题,可能原因是地面设备故障。

82. 如何人工进行滞后误差的调整?

答:(1)方法一:当出现滞后误差时,在信号机位置,按压【车位】+【向前】键,显示距离余值清零,调出下一架信号机的位置。

(2)方法二:当出现滞后误差时,在信号机位置,按压【自动校正】键,显示距离余值清零,调出下一架信号机的位置。

(3)【自动校正】键在误差小于 300 m 时操作有效。

83. JT1 型通用式机车信号在移频区间的工作原理是什么?

答:通用式机车信号主要由机车接收线圈、主机、机车色灯信号机、接线盒及电缆等组成。当机车进入移频轨道电路中时,由于车轮的分路作用,在钢轨中流有较大的移频信号电流,因此在钢轨周围建立起交变的磁场,故而在机车接收线圈中产生移频信号 550 Hz、650 Hz、750 Hz、850 Hz。在单线因为不存在邻线干扰,只采用 650 Hz、850 Hz 两种中心频率交替配置;双线则采用上行以 650 Hz、850 Hz,而下行线以 550 Hz、750 Hz 交替配置。接收线圈将接收到的信号输入给主机的输入电路部分,以 A/D 芯片转换的数字信号送给数字信号处理器(DSP)进行运算处理,最后得到所需要信号频率,动作相应的点灯电路。

84. LKJ2000 型监控装置的监控功能有哪些?

答:(1)LKJ 在列车速度超过安全行车允许的速度时启动制动设备;当列车速度低于安全行车允许的速度时,LKJ 不得影响列车的正常运行;

(2)LKJ 依据机车信号信息进行限速控制,以防止列车越过关闭的信号机;

(3)LKJ 应防止列车超过线路允许速度、机车允许速度、车辆允许速度及其他允许速度中的最低值;

(4)LKJ 可按揭示命令要求控制列车在规定的施工区段速度不超过临时限速;

(5)LKJ 应防止列车超过规定的调车限速;

(6)LKJ 应根据车载数据和输入条件,计算产生输出不同控制指令的控制曲线;

(7)当列车达到报警速度时,LKJ 应报警,若列车速度超过 LKJ 设定的动作值,则解除牵引动力、实施常用或紧急制动,控制列车减速或停车;

(8)LKJ 应防止列车溜逸运行;

(9)LKJ 启动制动设备实施列车制动后,对于紧急制动方式,必须停车后才可缓解;对于常用制动方式，在列车速度低于 LKJ 设定的速度时，LKJ 提供人工缓解条件。

85. 转储器转录文件时正常，发送到地面计算机上处理后文件异常如何处理？

答：可能原因及处理方法如下：

(1)转储过程中，转储器与监控记录插件连线出现故障造成，更换转储器与监控记录插件连线，重新进行转储；

(2)转储器内 IC232 芯片不良造成，更换转储器重新进行转储；

(3)监控记录插件不良，更换监控记录插件。

86. BT-01T/X 型检测装置进行全车机车信号系统快速自动检查的内容包括哪些？

答：包括Ⅰ端和Ⅱ端的双绕组机感线圈的互感性能比测试，在约定运行制式下的灵敏度、制式信息、速度等级信息、信号机灯压检查，八灯位信号机对应灯码点灯测试，接线盒电源检测，上/下行开关检测，全车信号连接电缆的连带检查等。

87. JT1 型通用式机车信号开机后白灯不变灯，如何查找灵敏度不够或接收线圈故障？

答：(1)机车信号灵敏度是否满足要求，可通过主机板上焊盘 L1 进行调整。

(2)机车信号灵敏度检查，可通过测试电容 C21 两端电压是否达到规定值进行确定。若电容 C21 被击穿，则会造成机车不译码。机车信号灵敏度也与 U1 芯片有关。变压器绝缘不好也会导致灵敏度不够。

(3)接收线圈安装是否符合规定，同名端是否正确，电缆是否断线等，都会直接导致机车信号白灯不变。

88. LKJ 系统设备的维修程分为几种？各修程具体维修内容是什么？

答：LKJ 系统设备的维修修程分为：Ⅰ级修、Ⅱ级修、Ⅲ级修。

Ⅰ级修：以清洁和功能测试为主，对 LKJ 系统设备进行检查和维护。

Ⅱ级修：以性能调试和更换易损易耗件为主，对 LKJ 系统主要设备进行下车维修。

Ⅲ级修：以更换耗损严重、性能指标下降的部件和元器件为主，对 LKJ 系统设备进行全面整修，恢复设备的基础质量。

89. LKJ 监控记录插件出现 5A、5B 灯灭，该现象是否正常？分析原因并提出处理意见。

答：不正常。

(1)分析原因。

5A、5B 灯灭说明主机数字量输入/输出插件故障或监控记录插件本身没有检测到数字量输入/输出插件的信号。

(2)处理方法：

①检查机车工况布线和制动输出布线。

②用替换插件的方法确认监控记录插件故障还是数字量输入/输出插件故障。

③如确认监控记录插件故障,检查自检数据线有无短路或开路现象。

④如确认数字量输入/输出故障,更换数字量输入/输出插件。

90. LKJ 主要采集哪几路信息?分别通过哪些途径得到?

答:(1)三路速度信号,其速度信息来自安装在机车轮对上的速度传感器,速度信号的基本配置为二通道(可扩至三通道);监控装置通过同一速度传感器上的两路速度信号的相位差判断相位情况。

(2)机车信号条件(色灯信号),机车信号信息可取自主体化机车信号或 JT1-A(SJ93)、JT1-B(SJ94)通用式机车信号装置(取点灯条件),也可以通过 RS-485/RS-422 串行通信方式获取。

(3)四路压力信号,分别为列车管压力、制动缸压力和 2 路均衡风缸压力;压力信号通过压力传感器采集。压力传感器可采用 TQG14 型机车压力变送器。

91. 列车进行引导进站时,LKJ 是如何监控列车运行的?

答:(1)列车在进站信号机前,机车信号为一个半黄半红闪光灯光时,监控装置监控列车以不超过 20 km/h 的速度越过该进站信号机。

(2)列车在进站信号机、接车进路信号机或四显示区段分割信号机前,机车信号为停车信号,列车速度低于 20 km/h 时,监控装置提供解除停车控制的条件,司机按规定操作后,LKJ 监控列车以不超过 20 km/h 的速度越过该信号机。

(3)对车载数据中已预先设置为“机外大坡道特殊车站”的,列车在进站信号机前,机车信号为停车信号时,允许列车速度高于 20 km/h,监控装置提供解除停车控制的条件,司机按规定操作后,监控列车以不超过 20 km/h 的速度越过该进站信号机。

92. LKJ2000 型列车运行监控装置常用制动不能动作如何处理?

答:(1)检查与机务连接端子是否有直流 110 V 电源输出,有电则为机务电控阀故障;

(2)若无电源输出,检查常用制动输出连线;

(3)更换数字量输入/输出插件;

(4)更换监控记录插件;

(5)更换主机箱。

93. LKJ2000 型监控装置设备安装操作注意事项有哪些?

答:不允许带电插拔插件,否则可能损坏插件内元器件;插件电路板取出机箱后,不应用手触摸板内电路及元器件,以防静电损坏电路板;所有插件插入机箱后,均应将面板紧固螺钉拧紧以防插件脱落;所有插件在机箱内均有固定位置,插件插入时应对准其所在位置;更换主机箱时,应注意后盖板输入/出连接器可靠连接。

94. 通用式机车信号设备应输出哪些信息？

答：(1)速度信息 SD1、SD2、SD3。

(2)过绝缘节信息 JY，当接收信号载频为 750 Hz、850 Hz、2 300 Hz、2 600 Hz 或交流计数长周期(1.9 s)电码时，JY 应为高电平(50 V)，其余应为低电平。

(3)制式信息 ZS，接收 ZPW-2000 制式时，ZS 应为高电平；接收移频或交流计数制式时，ZS 应为低电平。

(4)除点灯信号外的直流输出信息的技术指标应为直流电压：高电平为 35～60 V，以"1"表示；低电平为 0～10 V，以"0"表示。输出信息驱动能力为 12～20 mA；交流纹波电压应小于 5%。

(5)JY 信息提供的时间(从过绝缘节到 TY 跳变)与显示信号的应变时间相同。当通过绝缘节而显示信号没有改变时，TY 信息提供的时间小于所接收的信息的应变时间。

95. 机车信号色灯显示正常，监控显示器不显示，如何处理？

答：(1)检查监控数字量输入插件灯显是否正常；

(2)检查监控主机 X32 插头连接是否紧固；

(3)检查机车信号 X22 插头连接是否紧固；

(4)安装有平面调车装置的应对平调盒及连接插头进行检查；

(5)根据某个灯位，对主机到机车信号连接电缆进行测量，判断是否有断线；

(6)检查显示器是否正常。

96. 如何人工进行过机校正？

答：(1)当出现滞后误差时，在信号机位置，按压【车位】+【向前】或【自动校正】键，显示距离余值清零，调出下一架信号机的位置。

(2)当出现超前误差时，在信号机位置，按压【车位】+【向后】或【自动校正】键，装置将自动拉回提前越过的距离。【自动校正】键在误差小于 300 m 时操作有效。

97. LKJ 上电后，机车两端如何选择操作权？

答：系统上电自检后，显示器进入主界面显示状态，在此状态下，机车两端操作均有效。哪端先进入"监控"状态，则哪端有操作权。调车工作状态下两端均有权，其标志为：显示屏操作权显示窗口显示为"有权"。

在操作端可进行正常按键操作，而在非操作端只能进行一些"查询"功能的操作。

98. 利用 JT-C 系列机车信号专用测试台时主要测试哪些内容？

答：(1)机车信号译码输出检查；

(2)机车信号接收灵敏度(参考电压值)检查；

(3)机车信号应变时间检查；

(4)机车信号主机 A、B 套功能检查;

(5)主机断线检测功能检查;

(6)机车信号锁频功能检查。

99. LKJ 相关设备包括哪些?

答:LKJ 的相关设备包括装设于机车、动车组上的机车安全信息综合监测装置(以下简称 TAX 装置)、地面信息接收系统车载设备(以下简称 LAIS 车载设备)、铁路车号自动识别系统(以下简称 ATIS)和机车车号自动识别设备。LKJ 与 LKJ 相关设备整体组成列车运行安全监控系统,简称 LKJ 系统。

100. 速度显示偏低有哪些原因?

答:(1)光栅片光缝有局部堵塞现象。

(2)传感器内有油污、粉尘。

(3)模块、光断续器光缝由于粉尘、水、油污而变化。

(4)轴承损坏引起窜轴而导致方波波形占空比不稳定。

(5)模块破裂。

(6)轮径设置错误。

S1 处理内燃机车无柴速故障

1. 考场准备

要求场地内有一套完整的车载设备系统，基本信号设备完备，能接收地面信号发码并开放机车信号。场地内至少有一个实际的完整的 LKJ 监控装置系统、一套 LKJ 及机车信号设备，一套机车外挂设备，通信 CIR 设备一套，速度发码设备、信号发码设备各一套，并且能够检测实际有的设备。

2. 材料工具准备

序号	名称	规格	数量	备注	序号	名称	规格	数量	备注
1	车载设备配线图纸		1套		5	X34 连接线		1根	
2	万用表	MF-14	1块		6	模拟量输入/输出插件		1块	
3	防护用具		1套		7	检修工具		1套	
4	LKJ2000 型监控主机		1台		8	兆欧表	ZC-7	1块	

3. 考核要求

(1)被认定人入场后，首先由裁判告知题目，其次由被认定人检查准备工具，确认故障现象，当被认定人告知裁判可以开始时，由裁判开始计时。

(2)考核时间为 10 min。

(3)按故障处理要求由被认定人独立完成。

(4)处理故障期间，被认定人可以查阅机车配线图。

(5)在被认定人处理故障期间，裁判可以依据故障分析向被认定人提问，以确认被认定人找到的故障点是否有依据。

(6)考核过程中若被认定人出现烧表、电击等毁坏设备或者人身受到伤害的现象时，裁判有权利终止考试，成绩为零。

(7)考核完毕后，由被认定人在评分表上签字确认。

4. 考核评分

(1)考评人员 3 名以上。

(2)评分要点见“实作技能考核评分记录表”。

(3)评分程序及规则：考评员根据考生操作情况对照计分标准在评分表上给予记录评分。

(4)算分方法：采用百分制，满分 100 分，60 分及以上为及格。

5. 实作技能考核评分记录表

准考证号:__________ 姓名:________ 性别:________ 单位:________________________

试题名称:处理内燃机车无柴速故障。

考核时间:________________________ 开始时间:____时____分 结束时间:____时____分

项目	考核内容及评分标准	扣分因素及扣分	得分
操作程序50分	1. 工具、材料准备齐全,检查工具、仪表是否良好。必要工具缺一件扣2分		
	2. 询访司机并回收LKJ/CIR系统检测合格证。缺一项扣2分		
	3. 确认故障现象。无此项扣3分		
	4. 检查显示器参数,【查询】+【5】查看检修参数中的车型与脉冲数是否正常。判断失误扣6分		
	5. A/B机分别单机运行查看柴速是否显示正常,区分A、B机模拟量输入/输出插件故障。判断失误扣6分		
	6. 用万用表或兆欧表测量监控主机X34T配线的7、8、9号端子至机车接线排,测量柴速信号电缆的通断。测试错误扣10分		
	7. 检测监控主机母板柴速相关通道确定是否母板问题。测试错误扣6分		
	8. 更换故障板件或设备并进行机车出库功能试验。缺一项扣10分		
	9. 在机车临修登记票签字,签发合格证。缺一项扣5分		
作业质量30分	1. 错判故障,每次扣10分		
	2. 故障处理后未进行试验,扣10分		
	3. 不清楚技术标准(考评员提问),扣10分		
工具使用10分	1. 操作方法不对,纠正一次扣5分		
	2. 损坏器材,扣10分		
	3. 损坏工具、仪表,按失格处理		
作业安全10分	1. 未按规定在作业前悬挂防护红旗(夜间防护红灯)并在司机操纵手柄处挂禁动牌,扣5分		
	2. 出现一次违章作业扣3分		
	3. 未按规定着装,扣2分		
合计			

考评员签名: 被认定人: 年 月 日

S2 处理显示器白屏、定屏故障

1. 考场准备

要求场地内有一套完整的车载设备系统,基本信号设备完备,能接收地面信号发码并开放机车信号。场地内至少有一个实际的完整的LKJ监控装置系统、一套LKJ及机车信号设备,一套机车外挂设备,通信CIR设备一套,速度发码设备、信号发码设备各一套,并且能够检测实际有的设备。

2. 材料工具准备

序号	名称	规格	数量	备注	序号	名称	规格	数量	备注
1	车载设备配线图纸		1套		5	X7、X9连接线		各1根	
2	万用表	MF-14	1块		6	显示器		1台	
3	防护用具		1套		7	检修工具		1套	
4	LKJ2000型监控主机		1台		8	兆欧表	ZC-7	1块	

3. 考核要求

(1)被认定人入场后,首先由裁判告知题目,其次由被认定人检查准备工具,确认故障现象,当被认定人告知裁判可以开始时,由裁判开始计时。

(2)考核时间为10 min。

(3)按故障处理要求由被认定人独立完成。

(4)处理故障期间,被认定人可以查阅机车配线图。

(5)在被认定人处理故障期间,裁判可以依据故障分析向被认定人提问,以确认被认定人找到的故障点是否有依据。

(6)考核过程中若被认定人出现烧表、电击等毁坏设备或者人身受到伤害的现象时,裁判有权利终止考试,成绩为零。

(7)考核完毕后,由被认定人在评分表上签字确认。

4. 考核评分

(1)考评人员3名以上。

(2)评分要点见"实作技能考核评分记录表"。

(3)评分程序及规则:考评员根据考生操作情况对照计分标准在评分表上给予记录评分。

(4)算分方法:采用百分制,满分100分,60分及以上为及格。

5. 实作技能考核评分记录表

准考证号:______ 姓名:______ 性别:______ 单位:______

试题名称:处理显示器白屏、定屏故障。

考核时间:____________ 开始时间:____时____分 结束时间:____时____分

项目	考核内容及评分标准	扣分因素及扣分	得分
操作程序50分	1. 工具、材料准备齐全,检查工具、仪表是否良好。必要工具缺一件扣2分		
	2. 询访司机并回收LKJ/CIR系统检测合格证。缺一项扣2分		
	3. 确认故障现象。无此项扣3分		
	4. 检查显示器后X7插头、插座插针状态。判断失误扣6分		
	5. 用万用表直流电压挡测量显示器后X7的1、2脚间电压是否正常。判断失误扣6分		

续上表

项目	考核内容及评分标准	扣分因素及扣分	得分
操作程序50分	6. 用万用表或兆欧表测量监控主机X34T配线的7、8、9号端子至机车接线排,测量柴速信号电缆的通断。判断失误扣10分		
	7. 用万用表电阻挡测量检查X9的11、12、13、14脚间是否有短路、断路现象。测试错误扣5分		
	8. 确认显示器按键是否有声音,检查显示器电源或CPU卡。缺一项扣5分		
	9. 更换故障设备并进行机车出库功能试验。缺一项扣6分		
	10. 在机车临修登记票签字,签发合格证。缺一项扣5分		
作业质量30分	1. 错判故障,每次扣10分		
	2. 故障处理后未进行试验,扣10分		
	3. 不清楚技术标准(考评员提问),扣10分		
工具使用10分	1. 操作方法不对,纠正一次扣5分		
	2. 损坏器材,扣10分		
	3. 损坏工具、仪表,按失格处理		
作业安全10分	1. 未按规定在作业前悬挂防护红旗(夜间防护红灯)并在司机操纵手柄处挂禁动牌,扣5分		
	2. 出现一次违章作业扣3分		
	3. 未按规定着装,扣2分		
合计			

考评员签名:　　　　　　　　　　被认定人:　　　　　　　　　　年　　月　　日

S3　处理LKJ2000型监控装置开机无显示故障

1. 考场准备

要求场地内有一套完整的车载设备系统,基本信号设备完备,能接收地面信号发码并开放机车信号。场地内至少有一个实际的完整的LKJ监控装置系统、一套LKJ及机车信号设备,一套机车外挂设备,通信CIR设备一套,速度发码设备、信号发码设备各一套,并且能够检测实际有的设备。

2. 材料工具准备

序号	名称	规格	数量	备注	序号	名称	规格	数量	备注
1	车载设备配线图纸		1套		5	X30连接线		1根	
2	万用表	MF-14	1块		6	监控主机备用插件		1套	
3	防护用具		1套		7	检修工具		1套	
4	LKJ2000型监控主机		1台		8	兆欧表	ZC-7	1块	

3. 考核要求

(1)被认定人入场后，首先由裁判告知题目，其次由被认定人检查准备工具，确认故障现象，当被认定人告知裁判可以开始时，由裁判开始计时。

(2)考核时间为 10 min。

(3)按故障处理要求由被认定人独立完成。

(4)处理故障期间，被认定人可以查阅机车配线图。

(5)在被认定人处理故障期间，裁判可以依据故障分析向被认定人提问，以确认被认定人找到的故障点是否有依据。

(6)考核过程中若被认定人出现烧表、电击等毁坏设备或者人身受到伤害的现象时，裁判有权利终止考试，成绩为零。

(7)考核完毕后，由被认定人在评分表上签字确认。

4. 考核评分

(1)考评人员 3 名以上。

(2)评分要点见"实作技能考核评分记录表"。

(3)评分程序及规则：考评员根据考生操作情况对照计分标准在评分表上给予记录评分。

(4)算分方法：采用百分制，满分 100 分，60 分及以上为及格。

5. 实作技能考核评分记录表

准考证号：________ 姓名：_______ 性别：_______ 单位：________________

试题名称：处理 LKJ2000 型监控装置开机无显示故障。

考核时间：________________ 开始时间：___时___分 结束时间：___时___分

项目	考核内容及评分标准	扣分因素及扣分	得分
操作程序50分	1. 工具、材料准备齐全，检查工具、仪表是否良好。必要工具缺一件扣 2 分		
	2. 询访司机并回收 LKJ/CIR 系统检测合格证。缺一项扣 2 分		
	3. 确认故障现象。无此项扣 3 分		
	4. 检查监控主机开关状态及熔断器通断。缺一项扣 3 分		
	5. 检查监控主机 X30 插头紧固及插针状态是否正常。缺一项扣 3 分		
	6. 用万用表直流电压挡测量主机 110 V 电源线 J140 和 J149 间是否有 110 V 电压。测试错误扣 10 分		
	7. 测量主机 X30 连接线内 16、17 脚是否有 110 V 电压。测试错误扣 10 分		
	8. 检查Ⅰ、Ⅱ室电源开关及配线。缺一项扣 6 分		
	9. 更换故障设备并进行机车出库功能试验。缺一项扣 6 分		
	10. 在机车临修登记票签字，签发合格证。缺一项扣 5 分		
作业质量30分	1. 错判故障，每次扣 10 分		
	2. 故障处理后未进行试验，扣 10 分		
	3. 不清楚技术标准(考评员提问)，扣 10 分		

续上表

项目	考核内容及评分标准	扣分因素及扣分	得分
工具使用10分	1. 操作方法不对,纠正一次扣5分		
	2. 损坏器材,扣10分		
	3. 损坏工具、仪表,按失格处理		
作业安全10分	1. 未按规定在作业前悬挂防护红旗(夜间防护红灯)并在司机操纵手柄处挂禁动牌,扣5分		
	2. 出现一次违章作业扣3分		
	3. 未按规定着装,扣2分		
合计			

考评员签名:　　　　被认定人:　　　　年　月　日

S4　处理TAX2主机箱各插件指示灯工作状态时,各插件指示灯均不亮故障

1. 考场准备

要求场地内有一套完整的车载设备系统,基本信号设备完备,能接收地面信号发码并开放机车信号。场地内至少有一个实际的完整的LKJ监控装置系统、一套LKJ及机车信号设备,一套机车外挂设备,通信CIR设备一套,速度发码设备、信号发码设备各一套,并且能够检测实际有的设备。

2. 材料工具准备

序号	名称	规格	数量	备注	序号	名称	规格	数量	备注
1	车载设备配线图纸		1套		5	相关连接线		若干根	
2	万用表	MF-14	1块		6	TAX2主机备用插件		1套	
3	防护用具		1套		7	检修工具		1套	
4	TAX2箱主机		1台		8	兆欧表	ZC-7	1块	

3. 考核要求

(1)被认定人入场后,首先由裁判告知题目,其次由被认定人检查准备工具,确认故障现象,当被认定人告知裁判可以开始时,由裁判开始计时。

(2)考核时间为10 min。

(3)按故障处理要求由被认定人独立完成。

(4)处理故障期间,被认定人可以查阅机车配线图。

(5)在被认定人处理故障期间,裁判可以依据故障分析向被认定人提问,以确认被认定人找到的故障点是否有依据。

(6)考核过程中若被认定人出现烧表、电击等毁坏设备或者人身受到伤害的现象时，裁判有权利终止考试，成绩为零。

(7)考核完毕后，由被认定人在评分表上签字确认。

4. 考核评分

(1)考评人员3名以上。

(2)评分要点见“实作技能考核评分记录表”。

(3)评分程序及规则：考评员根据考生操作情况对照计分标准在评分表上给予记录评分。

(4)算分方法：采用百分制，满分100分，60分及以上为及格。

5. 实作技能考核评分记录表

准考证号：________ 姓名：________ 性别：______ 单位：________

试题名称：处理TAX2主机箱各插件指示灯工作状态时，各插件指示灯均不亮故障。

考核时间：____________ 开始时间：___时___分 结束时间：___时___分

项目	考核内容及评分标准	扣分因素及扣分	得分
操作程序50分	1. 工具、材料准备齐全，检查工具、仪表是否良好。必要工具缺一件扣2分		
	2. 询访司机并回收LKJ/CIR系统检测合格证。缺一项扣2分		
	3. 确认故障现象。无此项扣3分		
	4. 检查TAX2主机箱电源线接线状态。缺一项扣6分		
	5. 用万用表直流电压挡测量TAX2主机箱电源线插头是否有110 V电压。测试错误扣6分		
	6. 检查TAX2主机箱电源插件。测试错误扣10分		
	7. 检查TAX2主机箱整机状态。测试错误扣10分		
	8. 更换故障设备并进行机车出库功能试验。缺一项扣6分		
	9. 在机车临修登记票签字，签发合格证。缺一项扣5分		
作业质量30分	1. 错判故障，每次扣10分		
	2. 故障处理后未进行试验，扣10分		
	3. 不清楚技术标准(考评员提问)，扣10分		
工具使用10分	1. 操作方法不对，纠正一次扣5分		
	2. 损坏器材，扣10分		
	3. 损坏工具、仪表，按失格处理		
作业安全10分	1. 未按规定在作业前悬挂防护红旗(夜间防护红灯)并在司机操纵手柄处挂禁动牌，扣5分		
	2. 出现一次违章作业扣3分		
	3. 未按规定着装，扣2分		
合计			

考评员签名： 被认定人： 年 月 日

S5　处理LKJ2000型监控装置运行中无速度显示故障

1. 考场准备

要求场地内有一套完整的车载设备系统，基本信号设备完备，能接收地面信号发码并开放机车信号。场地内至少有一个实际的完整的LKJ监控装置系统、一套LKJ及机车信号设备，一套机车外挂设备，通信CIR设备一套，速度发码设备、信号发码设备各一套，并且能够检测实际有的设备。

2. 材料工具准备

序号	名称	规格	数量	备注	序号	名称	规格	数量	备注
1	车载设备配线图纸		1套		5	X34连接线		1根	
2	万用表	MF-14	1块		6	监控主机备用插件		1套	
3	防护用具		1套		7	检修工具		1套	
4	速度传感器		1个		8	兆欧表	ZC-7	1块	

3. 考核要求

(1)被认定人入场后，首先由裁判告知题目，其次由被认定人检查准备工具，确认故障现象，当被认定人告知裁判可以开始时，由裁判开始计时。

(2)考核时间为10 min。

(3)按故障处理要求由被认定人独立完成。

(4)处理故障期间，被认定人可以查阅机车配线图。

(5)在被认定人处理故障期间，裁判可以依据故障分析向被认定人提问，以确认被认定人找到的故障点是否有依据。

(6)考核过程中若被认定人出现烧表、电击等毁坏设备或者人身受到伤害的现象时，裁判有权利终止考试，成绩为零。

(7)考核完毕后，由被认定人在评分表上签字确认。

4. 考核评分

(1)考评人员3名以上。

(2)评分要点见“实作技能考核评分记录表”。

(3)评分程序及规则：考评员根据考生操作情况对照计分标准在评分表上给予记录评分。

(4)算分方法：采用百分制，满分100分，60分及以上为及格。

5. 实作技能考核评分记录表

准考证号：______ 姓名：______ 性别：______ 单位：______

试题名称：处理 LKJ2000 型监控装置运行中无速度显示故障。

考核时间：______ 开始时间：___时___分 结束时间：___时___分

项目	考核内容及评分标准	扣分因素及扣分	得分
操作程序50分	1. 工具、材料准备齐全，检查工具、仪表是否良好。必要工具缺一件扣2分		
	2. 询访司机并回收 LKJ/CIR 系统检测合格证。缺一项扣2分		
	3. 确认故障现象。无此项扣3分		
	4. 检查监控主机开关状态及熔断器通断。缺一项扣3分		
	5. 检查监控主机 X30 插头紧固及插针状态是否正常。缺一项扣3分		
	6. 用万用表直流电压挡测量主机 110 V 电源线 J140 和 J149 间是否有 110 V 电压。测试错误扣10分		
	7. 测量主机 X30 连接线内 16、17 脚是否有 110 V 电压。测试错误扣10分		
	8. 检查Ⅰ、Ⅱ室电源开关及配线。缺一项扣6分		
	9. 更换故障设备并进行机车出库功能试验。缺一项扣6分		
	10. 在机车临修登记票签字，签发合格证。缺一项扣5分		
作业质量30分	1. 错判故障，每次扣10分		
	2. 故障处理后未进行试验，扣10分		
	3. 不清楚技术标准（考评员提问），扣10分		
工具使用10分	1. 操作方法不对，纠正一次扣5分		
	2. 损坏器材，扣10分		
	3. 损坏工具、仪表，按失格处理		
作业安全10分	1. 未按规定在作业前悬挂防护红旗（夜间防护红灯）并在司机操纵手柄处挂禁动牌，扣5分		
	2. 出现一次违章作业扣3分		
	3. 未按规定着装，扣2分		
合计			

考评员签名： 被认定人： 年 月 日

S6 处理 LKJ2000 型监控装置无速度信号显示或速度值显示不正确故障

1. 考场准备

要求场地内有一套完整的车载设备系统，基本信号设备完备，能接收地面信号发码并开放机车信号。场地内至少有一个实际的完整的 LKJ 监控装置系统、一套 LKJ 及机车信号设备，一套机车外挂设备，通信 CIR 设备一套，速度发码设备、信号发码设备各一套，并且能够检测实际有的设备。

2. 材料工具准备

序号	名称	规格	数量	备注	序号	名称	规格	数量	备注
1	车载设备配线图纸		1套		5	X34连接线		1根	
2	万用表	MF-14	1块		6	监控主机备用插件		1套	
3	防护用具		1套		7	检修工具		1套	
4	速度传感器		1个		8	兆欧表	ZC-7	1块	

3. 考核要求

(1)被认定人入场后,首先由裁判告知题目,其次由被认定人检查准备工具,确认故障现象,当被认定人告知裁判可以开始时,由裁判开始计时。

(2)考核时间为10 min。

(3)按故障处理要求由被认定人独立完成。

(4)处理故障期间,被认定人可以查阅机车配线图。

(5)在被认定人处理故障期间,裁判可以依据故障分析向被认定人提问,以确认被认定人找到的故障点是否有依据。

(6)考核过程中若被认定人出现烧表、电击等毁坏设备或者人身受到伤害的现象时,裁判有权利终止考试,成绩为零。

(7)考核完毕后,由被认定人在评分表上签字确认。

4. 考核评分

(1)考评人员3名以上。

(2)评分要点见“实作技能考核评分记录表”。

(3)评分程序及规则:考评员根据考生操作情况对照计分标准在评分表上给予记录评分。

(4)算分方法:采用百分制,满分100分,60分及以上为及格。

5. 实作技能考核评分记录表

准考证号:__________ 姓名:________ 性别:________ 单位:________________________

试题名称:处理LKJ2000型监控装置无速度信号显示或速度值显示不正确故障。

考核时间:________________________ 开始时间:____时____分 结束时间:____时____分

项目	考核内容及评分标准	扣分因素及扣分	得分
操作程序50分	1. 工具、材料准备齐全,检查工具、仪表是否良好。必要工具缺一件扣2分		
	2. 询访司机并回收LKJ/CIR系统检测合格证。缺一项扣2分		
	3. 确认故障现象。无此项扣3分		
	4. 在显示器中检查机车轮径参数输入是否正确。判断错误扣3分		
	5. 检查监控主机X34插头紧固及插针状态是否正常。缺一项扣3分		
	6. 用万用表电阻挡测量X34连接线3、4、5脚通断。测试错误扣10分		

续上表

项目	考核内容及评分标准	扣分因素及扣分	得分
操作程序50分	7. 用万用表电压挡测量速度传感器工作电压是否达到15 V。测试错误扣10分		
	8. 检查监控主机模拟量入出插件。缺一项扣6分		
	9. 更换故障设备或插件并进行机车出库功能试验。缺一项扣6分		
	10. 在机车临修登记票签字，签发合格证。缺一项扣5分		
作业质量30分	1. 错判故障，每次扣10分		
	2. 故障处理后未进行试验，扣10分		
	3. 不清楚技术标准(考评员提问)，扣10分		
工具使用10分	1. 操作方法不对，纠正一次扣5分		
	2. 损坏器材，扣10分		
	3. 损坏工具、仪表，按失格处理		
作业安全10分	1. 未按规定在作业前悬挂防护红旗(夜间防护红灯)并在司机操纵手柄处挂禁动牌，扣5分		
	2. 出现一次违章作业扣3分		
	3. 未按规定着装，扣2分		
合计			

考评员签名：　　　　　　　　　被认定人：　　　　　　　　年　　月　　日

S7　处理显示器两端都不能正常显示或自检不正常故障

1. 考场准备

要求场地内有一套完整的车载设备系统，基本信号设备完备，能接收地面信号发码并开放机车信号。场地内至少有一个实际的完整的LKJ监控装置系统、一套LKJ及机车信号设备，一套机车外挂设备，通信CIR设备一套，速度发码设备、信号发码设备各一套，并且能够检测实际有的设备。

2. 材料工具准备

序号	名称	规格	数量	备注	序号	名称	规格	数量	备注
1	车载设备配线图纸		1套		5	X7、X9、X38、X39连接线		各1根	
2	万用表	MF-14	1块		6	监控主机备用插件		1套	
3	防护用具		1套		7	检修工具		1套	
4	显示器		1台		8	兆欧表	ZC-7	1块	

3. 考核要求

(1)被认定人入场后，首先由裁判告知题目，其次由被认定人检查准备工具，确认故障现象,当被认定人告知裁判可以开始时,由裁判开始计时。

(2)考核时间为10 min。

(3)按故障处理要求由被认定人独立完成。

(4)处理故障期间,被认定人可以查阅机车配线图。

(5)在被认定人处理故障期间,裁判可以依据故障分析向被认定人提问,以确认被认定人找到的故障点是否有依据。

(6)考核过程中若被认定人出现烧表、电击等毁坏设备或者人身受到伤害的现象时,裁判有权利终止考试,成绩为零。

(7)考核完毕后,由被认定人在评分表上签字确认。

4. 考核评分

(1)考评人员3名以上。

(2)评分要点见“实作技能考核评分记录表”。

(3)评分程序及规则:考评员根据考生操作情况对照计分标准在评分表上给予记录评分。

(4)算分方法:采用百分制,满分100分,60分及以上为及格。

5. 实作技能考核评分记录表

准考证号:________ 姓名:________ 性别:________ 单位:________________

试题名称:处理显示器两端都不能正常显示或自检不正常故障。

考核时间:________________ 开始时间:____时____分 结束时间:____时____分

项目	考核内容及评分标准	扣分因素及扣分	得分
操作程序50分	1. 工具、材料准备齐全,检查工具、仪表是否良好。必要工具缺一件扣2分		
	2. 询访司机并回收LKJ/CIR系统检测合格证。缺一项扣2分		
	3. 确认故障现象。无此项扣3分		
	4. 用万用表直流电压挡测量显示器X7的1、2脚间110 V直流电压是否正常。判断错误扣7分		
	5. 检查故障端显示器电源线J140、J149是否输出110 V电压。测试错误扣6分		
	6. 用万用表直流电压挡测量显示器X9的3、4脚间有无15 V直流电压。测试错误扣7分		
	7. 用万用表电阻挡测量主机X38或X39的3、4脚有无短路现象,测试错误扣6分		
	8. 检查监控主机电源插件。缺一项扣6分		
	9. 更换故障设备或插件并进行机车出库功能试验。缺一项扣6分		
	10. 在机车临修登记票签字,签发合格证。缺一项扣5分		
作业质量30分	1. 错判故障,每次扣10分		
	2. 故障处理后未进行试验,扣10分		
	3. 不清楚技术标准(考评员提问),扣10分		

续上表

项目	考核内容及评分标准	扣分因素及扣分	得分
工具使用10分	1. 操作方法不对,纠正一次扣5分		
	2. 损坏器材,扣10分		
	3. 损坏工具、仪表,按失格处理		
作业安全10分	1. 未按规定在作业前悬挂防护红旗(夜间防护红灯)并在司机操纵手柄处挂禁动牌,扣5分		
	2. 出现一次违章作业扣3分		
	3. 未按规定着装,扣2分		
合计			

考评员签名: 被认定人: 年 月 日

S8 处理监控装置开机,显示器语音提示"单机运行"故障

1. 考场准备

要求场地内有一套完整的车载设备系统,基本信号设备完备,能接收地面信号发码并开放机车信号。场地内至少有一个实际的完整的LKJ监控装置系统、一套LKJ及机车信号设备,一套机车外挂设备,通信CIR设备一套,速度发码设备、信号发码设备各一套,并且能够检测实际有的设备。

2. 材料工具准备

序号	名称	规格	数量	备注	序号	名称	规格	数量	备注
1	车载设备配线图纸		1套		5	X30连接线		1根	
2	万用表	MF-14	1块		6	监控主机备用插件		1套	
3	防护用具		1套		7	检修工具		1套	
4	LKJ2000型监控主机		1台		8	兆欧表	ZC-7	1块	

3. 考核要求

(1)被认定人入场后,首先由裁判告知题目,其次由被认定人检查准备工具,确认故障现象,当被认定人告知裁判可以开始时,由裁判开始计时。

(2)考核时间为10 min。

(3)按故障处理要求由被认定人独立完成。

(4)处理故障期间,被认定人可以查阅机车配线图。

(5)在被认定人处理故障期间,裁判可以依据故障分析向被认定人提问,以确认被认定人找到的故障点是否有依据。

(6)考核过程中若被认定人出现烧表、电击等毁坏设备或者人身受到伤害的现象时,裁判有权利终止考试,成绩为零。

(7)考核完毕后,由被认定人在评分表上签字确认。

4. 考核评分

(1)考评人员3名以上。

(2)评分要点见"实作技能考核评分记录表"。

(3)评分程序及规则:考评员根据考生操作情况对照计分标准在评分表上给予记录评分。

(4)算分方法:采用百分制,满分100分,60分及以上为及格。

5. 实作技能考核评分记录表

准考证号:________ 姓名:________ 性别:________ 单位:________________

试题名称:处理监控装置开机,显示器语音提示"单机运行"故障。

考核时间:________________ 开始时间:____时____分 结束时间:____时____分

项目	考核内容及评分标准	扣分因素及扣分	得分
操作程序50分	1. 工具、材料准备齐全,检查工具、仪表是否良好。必要工具缺一件扣2分		
	2. 询访司机并回收LKJ/CIR系统检测合格证。缺一项扣2分		
	3. 确认故障现象。无此项扣3分		
	4. 在显示器使用【查询】+【4】判断监控主机有无故障插件。判断错误扣7分		
	5. 检查主机故障组插件面板指示灯自检工作状态。判断错误扣6分		
	6. 调换监控主机A/B机电源插件,查看故障状态。判断错误扣7分		
	7. 调换监控主机A/B机监控记录插件,查看故障状态。测试错误扣6分		
	8. 检查监控主机母板及X30连接线连接情况。缺一项扣6分		
	9. 更换故障设备或插件并进行机车出库功能试验。缺一项扣6分		
	10. 在机车临修登记票签字,签发合格证。缺一项扣5分		
作业质量30分	1. 错判故障,每次扣10分		
	2. 故障处理后未进行试验,扣10分		
	3. 不清楚技术标准(考评员提问),扣10分		
工具使用10分	1. 操作方法不对,纠正一次扣5分		
	2. 损坏器材,扣10分		
	3. 损坏工具、仪表,按失格处理		
作业安全10分	1. 未按规定在作业前悬挂防护红旗(夜间防护红灯)并在司机操纵手柄处挂禁动牌,扣5分		
	2. 出现一次违章作业扣3分		
	3. 未按规定着装,扣2分		
合计			

考评员签名: 被认定人: 年 月 日

S9 处理 LKJ2000 型监控装置显示器无机车工况对应显示故障

1. 考场准备

要求场地内有一套完整的车载设备系统，基本信号设备完备，能接收地面信号发码并开放机车信号。场地内至少有一个实际的完整的 LKJ 监控装置系统、一套 LKJ 及机车信号设备，一套机车外挂设备，通信 CIR 设备一套，速度发码设备、信号发码设备各一套，并且能够检测实际有的设备。

2. 材料工具准备

序号	名称	规格	数量	备注	序号	名称	规格	数量	备注
1	车载设备配线图纸		1 套		5	X30 连接线		1 根	
2	万用表	MF-14	1 块		6	监控主机备用插件		1 套	
3	防护用具		1 套		7	检修工具		1 套	
4	LKJ2000 型监控主机		1 台		8	兆欧表	ZC-7	1 块	

3. 考核要求

(1)被认定人入场后，首先由裁判告知题目，其次由被认定人检查准备工具，确认故障现象，当被认定人告知裁判可以开始时，由裁判开始计时。

(2)考核时间为 10 min。

(3)按故障处理要求由被认定人独立完成。

(4)处理故障期间，被认定人可以查阅机车配线图。

(5)在被认定人处理故障期间，裁判可以依据故障分析向被认定人提问，以确认被认定人找到的故障点是否有依据。

(6)考核过程中若被认定人出现烧表、电击等毁坏设备或者人身受到伤害的现象时，裁判有权利终止考试，成绩为零。

(7)考核完毕后，由被认定人在评分表上签字确认。

4. 考核评分

(1)考评人员 3 名以上。

(2)评分要点见“实作技能考核评分记录表”。

(3)评分程序及规则：考评员根据考生操作情况对照计分标准在评分表上给予记录评分。

(4)算分方法：采用百分制，满分 100 分，60 分及以上为及格。

5. 实作技能考核评分记录表

准考证号:__________ 姓名:________ 性别:________ 单位:________________________

试题名称:处理 LKJ2000 型监控装置显示器无机车工况对应显示故障。

考核时间:________________________ 开始时间:____时____分 结束时间:____时____分

项目	考核内容及评分标准	扣分因素及扣分	得分
操作程序50分	1. 工具、材料准备齐全,检查工具、仪表是否良好。必要工具缺一件扣 2 分		
	2. 询访司机并回收 LKJ/CIR 系统检测合格证。缺一项扣 2 分		
	3. 确认故障现象。无此项扣 3 分		
	4. 转换机车工况同时观察数字量输入/输出插件 1A-3A 灯是否对应点亮。判断错误扣 7 分		
	5. 检查 X30 插头、插座插针状态。判断错误扣 6 分		
	6. 用万用表直流电压挡测量 X30 插头 17 脚与 1～5 脚对应机车的工况有无直流 110 V 电压。判断错误扣 7 分		
	7. 用万用表直流电压挡测量 J429、J291、J292、J293、J294 的机车工况条件线端子有无直流 110 V 电压。测试错误扣 6 分		
	8. 检查数字量输入/输出插件工况通道。缺一项扣 6 分		
	9. 更换故障设备或插件并进行机车出库功能试验。缺一项扣 6 分		
	10. 在机车临修登记票签字,签发合格证。缺一项扣 5 分		
作业质量30分	1. 错判故障,每次扣 10 分		
	2. 故障处理后未进行试验,扣 10 分		
	3. 不清楚技术标准(考评员提问),扣 10 分		
工具使用10分	1. 操作方法不对,纠正一次扣 5 分		
	2. 损坏器材,扣 10 分		
	3. 损坏工具、仪表,按失格处理		
作业安全10分	1. 未按规定在作业前悬挂防护红旗(夜间防护红灯)并在司机操纵手柄处挂禁动牌,扣 5 分		
	2. 出现一次违章作业扣 3 分		
	3. 未按规定着装,扣 2 分		
合计			

考评员签名: 被认定人: 年 月 日

S10 处理监控主机开机后电源插件正常、其他插件指示灯显示不正常故障

1. 考场准备

要求场地内有一套完整的车载设备系统,基本信号设备完备,能接收地面信号发码并开放机车信号。场地内至少有一个实际的完整的 LKJ 监控装置系统、一套 LKJ 及机车信号设备,一套机车外挂设备,通信 CIR 设备一套,速度发码设备、信号发码设备各一套,并且能够检测实际有的设备。

2. 材料工具准备

序号	名称	规格	数量	备注	序号	名称	规格	数量	备注
1	车载设备配线图纸		1套		5	X30连接线		1根	
2	万用表	MF-14	1块		6	监控主机备用插件		1套	
3	防护用具		1套		7	检修工具		1套	
4	LKJ2000型监控主机		1台		8	兆欧表	ZC-7	1块	

3. 考核要求

(1)被认定人入场后,首先由裁判告知题目,其次由被认定人检查准备工具,确认故障现象,当被认定人告知裁判可以开始时,由裁判开始计时。

(2)考核时间为10 min。

(3)按故障处理要求由被认定人独立完成。

(4)处理故障期间,被认定人可以查阅机车配线图。

(5)在被认定人处理故障期间,裁判可以依据故障分析向被认定人提问,以确认被认定人找到的故障点是否有依据。

(6)考核过程中若被认定人出现烧表、电击等毁坏设备或者人身受到伤害的现象时,裁判有权利终止考试,成绩为零。

(7)考核完毕后,由被认定人在评分表上签字确认。

4. 考核评分

(1)考评人员3名以上。

(2)评分要点见"实作技能考核评分记录表"。

(3)评分程序及规则:考评员根据考生操作情况对照计分标准在评分表上给予记录评分。

(4)算分方法:采用百分制,满分100分,60分及以上为及格。

5. 实作技能考核评分记录表

准考证号:________ 姓名:________ 性别:________ 单位:________________

试题名称:处理监控主机开机后电源插件正常、其他插件指示灯显示不正常故障。

考核时间:________________ 开始时间:____时____分 结束时间:____时____分

项目	考核内容及评分标准	扣分因素及扣分	得分
操作程序50分	1. 工具、材料准备齐全,检查工具、仪表是否良好。必要工具缺一件扣2分		
	2. 询访司机并回收LKJ/CIR系统检测合格证。缺一项扣2分		
	3. 确认故障现象。无此项扣3分		
	4. 在显示器上【查询】+【4】检查监控主机插件故障状态。判断错误扣7分		

续上表

项目	考核内容及评分标准	扣分因素及扣分	得分
操作程序50分	5. 检查带有CPU的插件(监控记录插件、地面信息处理插件、通信插件)及周围电路或写入程序的芯片,判断错误扣6分		
	6. 检查各插件指示灯指示状态,拔出指示灯指示不正常的插件检查有无故障。判断错误扣7分		
	7. 重新插好监控记录插件、地面信息处理插件、通信插件,分别观察指示灯指示是否正常,测试错误扣6分		
	8. 检查所有插件插接紧固状态。缺一项扣6分		
	9. 更换故障设备或插件并进行机车出库功能试验。缺一项扣6分		
	10. 在机车临修登记票签字,签发合格证。缺一项扣5分		
作业质量30分	1. 错判故障,每次扣10分		
	2. 故障处理后未进行试验,扣10分		
	3. 不清楚技术标准(考评员提问),扣10分		
工具使用10分	1. 操作方法不对,纠正一次扣5分		
	2. 损坏器材,扣10分		
	3. 损坏工具、仪表,按失格处理		
作业安全10分	1. 未按规定在作业前悬挂防护红旗(夜间防护红灯)并在司机操纵手柄处挂禁动牌,扣5分		
	2. 出现一次违章作业扣3分		
	3. 未按规定着装,扣2分		
合计			

考评员签名:　　　　被认定人:　　　　年　月　日

S11　处理通用式机车信号主机A板工作不正常故障

1. 考场准备

要求场地内有一套完整的车载设备系统,基本信号设备完备,能接收地面信号发码并开放机车信号。场地内至少有一个实际的完整的LKJ监控装置系统、一套LKJ及机车信号设备,一套机车外挂设备,通信CIR设备一套,速度发码设备、信号发码设备各一套,并且能够检测实际有的设备。

2. 材料工具准备

序号	名称	规格	数量	备注	序号	名称	规格	数量	备注
1	车载设备配线图纸		1套		5	相关连接线		若干根	
2	万用表	MF-14	1块		6	机车信号主机板		1块	
3	防护用具		1套		7	检修工具		1套	
4	机车信号主机		1台		8	兆欧表	ZC-7	1块	

3. 考核要求

(1)被认定人入场后,首先由裁判告知题目,其次由被认定人检查准备工具,确认故障现象,当被认定人告知裁判可以开始时,由裁判开始计时。

(2)考核时间为 10 min。

(3)按故障处理要求由被认定人独立完成。

(4)处理故障期间,被认定人可以查阅机车配线图。

(5)在被认定人处理故障期间,裁判可以依据故障分析向被认定人提问,以确认被认定人找到的故障点是否有依据。

(6)考核过程中若被认定人出现烧表、电击等毁坏设备或者人身受到伤害的现象时,裁判有权利终止考试,成绩为零。

(7)考核完毕后,由被认定人在评分表上签字确认。

4. 考核评分

(1)考评人员 3 名以上。

(2)评分要点见"实作技能考核评分记录表"。

(3)评分程序及规则:考评员根据考生操作情况对照计分标准在评分表上给予记录评分。

(4)算分方法:采用百分制,满分 100 分,60 分及以上为及格。

5. 实作技能考核评分记录表

准考证号:________ 姓名:________ 性别:________ 单位:________

试题名称:处理通用式机车信号主机 A 板工作不正常故障。

考核时间:________ 开始时间:____时____分 结束时间:____时____分

项目	考核内容及评分标准	扣分因素及扣分	得分
操作程序 50 分	1. 工具、材料准备齐全,检查工具、仪表是否良好。必要工具缺一件扣 2 分		
	2. 询访司机并回收 LKJ/CIR 系统检测合格证。缺一项扣 2 分		
	3. 确认故障现象。无此项扣 3 分		
	4. 通过对主机板 A、B 转换试验,判断故障性质。判断错误扣 8 分		
	5. 用万用表测量发现主机板内电源转换电路中电容 C9 是否有 50 V 电压,判断错误扣 8 分		
	6. 用万用表测量发现主机板内电源转换电路中电容 C10 是否有 50 V 电压。判断错误扣 8 分		
	7. 用万用表检查电感线圈是否短路,测试错误扣 8 分		
	8. 更换故障设备或插件并进行机车出库功能试验。缺一项扣 6 分		
	9. 在机车临修登记票签字,签发合格证。缺一项扣 5 分		
作业质量 30 分	1. 错判故障,每次扣 10 分		
	2. 故障处理后未进行试验,扣 10 分		
	3. 不清楚技术标准(考评员提问),扣 10 分		

续上表

项目	考核内容及评分标准	扣分因素及扣分	得分
工具使用10分	1. 操作方法不对,纠正一次扣5分		
	2. 损坏器材,扣10分		
	3. 损坏工具、仪表,按失格处理		
作业安全10分	1. 未按规定在作业前悬挂防护红旗(夜间防护红灯)并在司机操纵手柄处挂禁动牌,扣5分		
	2. 出现一次违章作业扣3分		
	3. 未按规定着装,扣2分		
合计			

考评员签名:　　　　　　　　被认定人:　　　　　　　　年　　月　　日

S12　处理GYK不能进入监控功能故障

1. 考场准备

要求场地内有一套完整的车载设备系统,基本信号设备完备,能接收地面信号发码并开放机车信号。场地内至少有一个实际的完整的GYK主机及DMI,一套机车外挂设备,通信CIR设备一套,速度发码设备、信号发码设备各一套,并且能够检测实际有的设备。

2. 材料工具准备

序号	名称	规格	数量	备注	序号	名称	规格	数量	备注
1	车载设备配线图纸		1套		5	DMI		1台	
2	万用表	MF-14	1块		6	速度传感器		1个	
3	防护用具		1套		7	检修工具		1套	
4	GYK主机		1台		8	兆欧表	ZC-7	1块	

3. 考核要求

(1)被认定人入场后,首先由裁判告知题目,其次由被认定人检查准备工具,确认故障现象,当被认定人告知裁判可以开始时,由裁判开始计时。

(2)考核时间为10 min。

(3)按故障处理要求由被认定人独立完成。

(4)处理故障期间,被认定人可以查阅机车配线图。

(5)在被认定人处理故障期间,裁判可以依据故障分析向被认定人提问,以确认被认定人找到的故障点是否有依据。

(6)考核过程中若被认定人出现烧表、电击等毁坏设备或者人身受到伤害的现象时,裁判有权利终止考试，成绩为零。

(7)考核完毕后，由被认定人在评分表上签字确认。

4. 考核评分

(1)考评人员3名以上。

(2)评分要点见"实作技能考核评分记录表"。

(3)评分程序及规则：考评员根据考生操作情况对照计分标准在评分表上给予记录评分。

(4)算分方法：采用百分制，满分100分，60分及以上为及格。

5. 实作技能考核评分记录表

准考证号：________ 姓名：________ 性别：________ 单位：________

试题名称：处理GYK不能进入监控功能故障。

考核时间：________ 开始时间：____时____分　结束时间：____时____分

项目	考核内容及评分标准	扣分因素及扣分	得分
操作程序50分	1. 工具、材料准备齐全，检查工具、仪表是否良好。必要工具缺一件扣2分		
	2. 询访司机并回收GYK检测合格证。缺一项扣2分		
	3. 确认故障现象。无此项扣3分		
	4. 通过DMI查询所输入的司机号、车次、交路、车站代码是否正确。判断错误扣7分		
	5. 检查数据版本是否匹配，判断错误扣7分		
	6. 检查是否有地面数据芯片不良。判断错误扣7分		
	7. 速度传感器及有关连线是否存在故障，测试错误扣7分		
	8. 更换故障设备或插件并进行机车出库功能试验。缺一项扣6分		
	9. 重新写入正确的数据版本。缺一项扣4分		
	10. 在机车临修登记票签字，签发合格证。缺一项扣5分		
作业质量30分	1. 错判故障，每次扣10分		
	2. 故障处理后未进行试验，扣10分		
	3. 不清楚技术标准(考评员提问)，扣10分		
工具使用10分	1. 操作方法不对，纠正一次扣5分		
	2. 损坏器材，扣10分		
	3. 损坏工具、仪表，按失格处理		
作业安全10分	1. 未按规定在作业前悬挂防护红旗(夜间防护红灯)并在司机操纵手柄处挂禁动牌，扣5分		
	2. 出现一次违章作业扣3分		
	3. 未按规定着装，扣2分		
合计			

考评员签名：　　　　被认定人：　　　　年　　月　　日

S13 处理 LKJ2000 型监控装置常用制动不减压故障

1. 考场准备

要求场地内有一套完整的车载设备系统，基本信号设备完备，能接收地面信号发码并开放机车信号。场地内至少有一个实际的完整的 LKJ 监控装置系统、一套 LKJ 及机车信号设备，一套机车外挂设备，通信 CIR 设备一套，速度发码设备、信号发码设备各一套，并且能够检测实际有的设备。

2. 材料工具准备

序号	名称	规格	数量	备注	序号	名称	规格	数量	备注
1	车载设备配线图纸		1套		5	X30 连接线		1根	
2	万用表	MF-14	1块		6	监控主机备用插件		1套	
3	防护用具		1套		7	检修工具		1套	
4	LKJ2000 型监控主机		1台		8	兆欧表	ZC-7	1块	

3. 考核要求

(1)被认定人入场后，首先由裁判告知题目，其次由被认定人检查准备工具，确认故障现象，当被认定人告知裁判可以开始时，由裁判开始计时。

(2)考核时间为 10 min。

(3)按故障处理要求由被认定人独立完成。

(4)处理故障期间，被认定人可以查阅机车配线图。

(5)在被认定人处理故障期间，裁判可以依据故障分析向被认定人提问，以确认被认定人找到的故障点是否有依据。

(6)考核过程中若被认定人出现烧表、电击等毁坏设备或者人身受到伤害的现象时，裁判有权利终止考试，成绩为零。

(7)考核完毕后，由被认定人在评分表上签字确认。

4. 考核评分

(1)考评人员 3 名以上。

(2)评分要点见“实作技能考核评分记录表”。

(3)评分程序及规则：考评员根据考生操作情况对照计分标准在评分表上给予记录评分。

(4)算分方法：采用百分制，满分 100 分，60 分及以上为及格。

5. 实作技能考核评分记录表

准考证号：________ 姓名：______ 性别：______ 单位：____________

试题名称：处理 LKJ2000 型监控装置常用制动不减压故障。

考核时间：____________ 开始时间：___时___分 结束时间：___时___分

项目	考核内容及评分标准	扣分因素及扣分	得分
操作程序50分	1. 工具、材料准备齐全，检查工具、仪表是否良好。必要工具缺一件扣 2 分		
	2. 询访司机并回收 LKJ/CIR 系统检测合格证。缺一项扣 2 分		
	3. 确认故障现象。无此项扣 3 分		
	4. 检查 X30 插头、插座插针状态，判断故障性质。判断错误扣 7 分		
	5. 用万用表直流电压挡测量 J147、J152 上有无 110 V 电压，判断错误扣 7 分		
	6. 检查 X30 到Ⅰ室副台间配线。判断错误扣 7 分		
	7. 检查监控主机箱是否存在故障。测试错误扣 7 分		
	8. 检查数字量输入/输出插件是否存在故障。缺一项扣 6 分		
	9. 更换故障设备或插件并进行机车出库功能试验。缺一项扣 6 分		
	10. 在机车临修登记票签字，签发合格证。缺一项扣 5 分		
作业质量30分	1. 错判故障，每次扣 10 分		
	2. 故障处理后未进行试验，扣 10 分		
	3. 不清楚技术标准(考评员提问)，扣 10 分		
工具使用10分	1. 操作方法不对，纠正一次扣 5 分		
	2. 损坏器材，扣 10 分		
	3. 损坏工具、仪表，按失格处理		
作业安全10分	1. 未按规定在作业前悬挂防护红旗(夜间防护红灯)并在司机操纵手柄处挂禁动牌，扣 5 分		
	2. 出现一次违章作业扣 3 分		
	3. 未按规定着装，扣 2 分		
合计			

考评员签名： 被认定人： 年 月 日

S14 处理监控装置紧急制动不排风故障

1. 考场准备

要求场地内有一套完整的车载设备系统，基本信号设备完备，能接收地面信号发码并开放机车信号。场地内至少有一个实际的完整的 LKJ 监控装置系统、一套 LKJ 及机车信号设备，一套机车外挂设备，通信 CIR 设备一套，速度发码设备、信号发码设备各一套，并且能够检测实际有的设备。

2. 材料工具准备

序号	名称	规格	数量	备注	序号	名称	规格	数量	备注
1	车载设备配线图纸		1 套		5	X30 连接线		1 根	
2	万用表	MF-14	1 块		6	监控主机备用插件		1 套	
3	防护用具		1 套		7	检修工具		1 套	
4	LKJ2000 型监控主机		1 台		8	兆欧表	ZC-7	1 块	

3. 考核要求

(1)被认定人入场后,首先由裁判告知题目,其次由被认定人检查准备工具,确认故障现象,当被认定人告知裁判可以开始时,由裁判开始计时。

(2)考核时间为 10 min。

(3)按故障处理要求由被认定人独立完成。

(4)处理故障期间,被认定人可以查阅机车配线图。

(5)在被认定人处理故障期间,裁判可以依据故障分析向被认定人提问,以确认被认定人找到的故障点是否有依据。

(6)考核过程中若被认定人出现烧表、电击等毁坏设备或者人身受到伤害的现象时,裁判有权利终止考试,成绩为零。

(7)考核完毕后,由被认定人在评分表上签字确认。

4. 考核评分

(1)考评人员 3 名以上。

(2)评分要点见“实作技能考核评分记录表”。

(3)评分程序及规则:考评员根据考生操作情况对照计分标准在评分表上给予记录评分。

(4)算分方法:采用百分制,满分 100 分,60 分及以上为及格。

5. 实作技能考核评分记录表

准考证号:__________ 姓名:________ 性别:________ 单位:________________________

试题名称:处理监控装置紧急制动不排风故障。

考核时间:________________________ 开始时间:____时____分 结束时间:____时____分

项目	考 核 内 容 及 评 分 标 准	扣分因素及扣分	得分
操作程序50 分	1. 工具、材料准备齐全,检查工具、仪表是否良好。必要工具缺一件扣 2 分		
	2. 询访司机并回收 LKJ/CIR 系统检测合格证。缺一项扣 2 分		
	3. 确认故障现象。无此项扣 3 分		
	4. 检查 X30 插头有无松动或接触不良。判断错误扣 8 分		

续上表

项目	考核内容及评分标准	扣分因素及扣分	得分
操作程序50分	5. 用万用表直流电压挡测量机车端子排 J145 上是否有 110 V 电压,区分故障性质。测试错误扣 8 分		
	6. 利用 J149 线(−110 V),用万用表直流电阻挡测量副台到 X30 的 15 脚有无断路。测试错误扣 8 分		
	7. 检查监控主机及数字量输入/输出插件是否存在故障,判断错误扣 8 分		
	8. 更换故障设备或插件并进行机车出库功能试验。缺一项扣 6 分		
	9. 在机车临修登记票签字,签发合格证。缺一项扣 5 分		
作业质量30分	1. 错判故障,每次扣 10 分		
	2. 故障处理后未进行试验,扣 10 分		
	3. 不清楚技术标准(考评员提问),扣 10 分		
工具使用10分	1. 操作方法不对,纠正一次扣 5 分		
	2. 损坏器材,扣 10 分		
	3. 损坏工具、仪表,按失格处理		
作业安全10分	1. 未按规定在作业前悬挂防护红旗(夜间防护红灯)并在司机操纵手柄处挂禁动牌,扣 5 分		
	2. 出现一次违章作业扣 3 分		
	3. 未按规定着装,扣 2 分		
合计			

考评员签名: 被认定人: 年 月 日

S15 处理将平调信号盒开关打到调车位,不能自动转入平面调车状态故障

1. 考场准备

要求场地内有一套完整的车载设备系统,基本信号设备完备,能接收地面信号发码并开放机车信号。场地内至少有一个实际的完整的 LKJ 监控装置系统、一套 LKJ 及机车信号设备,一套机车外挂设备,通信 CIR 设备一套,速度发码设备、信号发码设备各一套,并且能够检测实际有的设备。

2. 材料工具准备

序号	名称	规格	数量	备注	序号	名称	规格	数量	备注
1	车载设备配线图纸		1 套		5	X34-PX36 连接线		1 根	
2	万用表	MF-14	1 块		6	X32-PX32 连接线		1 根	
3	防护用具		1 套		7	检修工具		1 套	
4	平面调车盒		1 台		8	兆欧表	ZC-7	1 块	

3. 考核要求

(1)被认定人入场后,首先由裁判告知题目,其次由被认定人检查准备工具,确认故障现象,当被认定人告知裁判可以开始时,由裁判开始计时。

(2)考核时间为 10 min。

(3)按故障处理要求由被认定人独立完成。

(4)处理故障期间,被认定人可以查阅机车配线图。

(5)在被认定人处理故障期间,裁判可以依据故障分析向被认定人提问,以确认被认定人找到的故障点是否有依据。

(6)考核过程中若被认定人出现烧表、电击等毁坏设备或者人身受到伤害的现象时,裁判有权利终止考试,成绩为零。

(7)考核完毕后,由被认定人在评分表上签字确认。

4. 考核评分

(1)考评人员 3 名以上。

(2)评分要点见“实作技能考核评分记录表”。

(3)评分程序及规则:考评员根据考生操作情况对照计分标准在评分表上给予记录评分。

(4)算分方法:采用百分制,满分 100 分,60 分及以上为及格。

5. 实作技能考核评分记录表

准考证号:__________ 姓名:__________ 性别:__________ 单位:__________________

试题名称:处理将平调信号盒开关打到调车位,不能自动转入平面调车状态故障。

考核时间:__________________ 开始时间:____时____分 结束时间:____时____分

项目	考核内容及评分标准	扣分因素及扣分	得分
操作程序 50分	1. 工具、材料准备齐全,检查工具、仪表是否良好。必要工具缺一件扣 2 分		
	2. 询访司机并回收 LKJ/CIR 系统检测合格证。缺一项扣 2 分		
	3. 确认故障现象。无此项扣 3 分		
	4. 检查平调信号盒是否故障。判断错误扣 8 分		
	5. 用万用表电阻挡测量 X34-PX36 插头连线,判断故障性质。判断错误扣 8 分		
	6. 用万用表电阻挡测量 X32-PX32 插头连线是否存在断线或短路。判断错误扣 8 分		
	7. 检查机控器插头插接是否良好。测试错误扣 8 分		
	8. 更换故障设备或插件并进行机车出库功能试验。缺一项扣 6 分		
	9. 在机车临修登记票签字,签发合格证。缺一项扣 5 分		
作业质量 30分	1. 错判故障,每次扣 10 分		
	2. 故障处理后未进行试验,扣 10 分		
	3. 不清楚技术标准(考评员提问),扣 10 分		

续上表

项目	考核内容及评分标准	扣分因素及扣分	得分
工具使用10分	1. 操作方法不对，纠正一次扣5分		
	2. 损坏器材，扣10分		
	3. 损坏工具、仪表，按失格处理		
作业安全10分	1. 未按规定在作业前悬挂防护红旗（夜间防护红灯）并在司机操纵手柄处挂禁动牌，扣5分		
	2. 出现一次违章作业扣3分		
	3. 未按规定着装，扣2分		
合计			

考评员签名：　　　　被认定人：　　　　年　月　日

S16　处理通用式机车信号接线盒断线故障

1. 考场准备

要求场地内有一套完整的车载设备系统，基本信号设备完备，能接收地面信号发码并开放机车信号。场地内至少有一个实际的完整的 LKJ 监控装置系统、一套 LKJ 及机车信号设备，一套机车外挂设备，通信 CIR 设备一套，速度发码设备、信号发码设备各一套，并且能够检测实际有的设备。

2. 材料工具准备

序号	名称	规格	数量	备注	序号	名称	规格	数量	备注
1	车载设备配线图纸		1套		5	X25、X26 连接线		各1根	
2	万用表	MF-14	1块		6	接线盒		1个	
3	防护用具		1套		7	检修工具		1套	
4	机车信号主机		1台		8	兆欧表	ZC-7	1块	

3. 考核要求

(1)被认定人入场后，首先由裁判告知题目，其次由被认定人检查准备工具，确认故障现象，当被认定人告知裁判可以开始时，由裁判开始计时。

(2)考核时间为 10 min。

(3)按故障处理要求由被认定人独立完成。

(4)处理故障期间，被认定人可以查阅机车配线图。

(5)在被认定人处理故障期间，裁判可以依据故障分析向被认定人提问，以确认被认定人找到的故障点是否有依据。

(6)考核过程中若被认定人出现烧表、电击等毁坏设备或者人身受到伤害的现象时,裁判有权利终止考试,成绩为零。

(7)考核完毕后,由被认定人在评分表上签字确认。

4. 考核评分

(1)考评人员 3 名以上。

(2)评分要点见“实作技能考核评分记录表”。

(3)评分程序及规则:考评员根据考生操作情况对照计分标准在评分表上给予记录评分。

(4)算分方法:采用百分制,满分 100 分,60 分及以上为及格。

5. 实作技能考核评分记录表

准考证号:__________ 姓名:________ 性别:________ 单位:______________________

试题名称:处理通用式机车信号接线盒断线故障。

考核时间:______________________ 开始时间:___时___分 结束时间:___时___分

项目	考核内容及评分标准	扣分因素及扣分	得分
操作程序50分	1. 工具、材料准备齐全,检查工具、仪表是否良好。必要工具缺一件扣 2 分		
	2. 询访司机并回收 LKJ/CIR 系统检测合格证。缺一项扣 2 分		
	3. 确认故障现象。无此项扣 3 分		
	4. 检查接线盒是否良好,连接线插头是否紧固。缺一项扣 3 分		
	5. 将接线盒转换在Ⅰ端位置,用万用表测量接线盒外 X26 插头是否有信号输入。测试错误扣 10 分		
	6. 用万用表测量接线盒外 X25 插头是否有信号输入。测试错误扣 10 分		
	7. 用万用表测量接线盒内部电源板端 8、5、6 引入线是否断线。判断错误扣 9 分		
	8. 更换故障设备或插件并进行机车出库功能试验。缺一项扣 6 分		
	9. 在机车临修登记票签字,签发合格证。缺一项扣 5 分		
作业质量30分	1. 错判故障,每次扣 10 分		
	2. 故障处理后未进行试验,扣 10 分		
	3. 不清楚技术标准(考评员提问),扣 10 分		
工具使用10分	1. 操作方法不对,纠正一次扣 5 分		
	2. 损坏器材,扣 10 分		
	3. 损坏工具、仪表,按失格处理		
作业安全10分	1. 未按规定在作业前悬挂防护红旗(夜间防护红灯)并在司机操纵手柄处挂禁动牌,扣 5 分		
	2. 出现一次违章作业扣 3 分		
	3. 未按规定着装,扣 2 分		
合计			

考评员签名: 被认定人: 年 月 日

S17　处理机车信号开机自检后,指示灯显示正常,而手动切换A机或B机工作,其中有一主板不工作故障

1. 考场准备

要求场地内有一套完整的车载设备系统,基本信号设备完备,能接收地面信号发码并开放机车信号。场地内至少有一个实际的完整的 LKJ 监控装置系统、一套 LKJ 及机车信号设备,一套机车外挂设备,通信 CIR 设备一套,速度发码设备、信号发码设备各一套,并且能够检测实际有的设备。

2. 材料工具准备

序号	名称	规格	数量	备注	序号	名称	规格	数量	备注
1	车载设备配线图纸		1套		5	X26 连接线		1根	
2	万用表	MF-14	1块		6	接收线圈		1台	
3	防护用具		1套		7	检修工具		1套	
4	机车信号主机		1台		8	兆欧表	ZC-7	1块	

3. 考核要求

(1)被认定人入场后,首先由裁判告知题目,其次由被认定人检查准备工具,确认故障现象,当被认定人告知裁判可以开始时,由裁判开始计时。

(2)考核时间为 10 min。

(3)按故障处理要求由被认定人独立完成。

(4)处理故障期间,被认定人可以查阅机车配线图。

(5)在被认定人处理故障期间,裁判可以依据故障分析向被认定人提问,以确认被认定人找到的故障点是否有依据。

(6)考核过程中若被认定人出现烧表、电击等毁坏设备或者人身受到伤害的现象时,裁判有权利终止考试,成绩为零。

(7)考核完毕后,由被认定人在评分表上签字确认。

4. 考核评分

(1)考评人员 3 名以上。

(2)评分要点见"实作技能考核评分记录表"。

(3)评分程序及规则:考评员根据考生操作情况对照计分标准在评分表上给予记录评分。

(4)算分方法:采用百分制,满分 100 分,60 分及以上为及格。

5. 实作技能考核评分记录表

准考证号:__________ 姓名:________ 性别:________ 单位:____________________

试题名称:处理机车信号开机自检后,指示灯显示正常,而手动切换A机或B机工作,其中有一主板不工作故障。

考核时间:____________________ 开始时间:___时___分 结束时间:___时___分

项目	考核内容及评分标准	扣分因素及扣分	得分
操作程序50分	1. 工具、材料准备齐全,检查工具、仪表是否良好。必要工具缺一件扣2分		
	2. 询访司机并回收LKJ/CIR系统检测合格证。缺一项扣2分		
	3. 确认故障现象。无此项扣3分		
	4. 手动切换A机或B机工作,确定故障主机板。判断错误扣7分		
	5. 检查主机板熔断器是否正常。缺一项扣6分		
	6. 检查对应主机板的接收线圈是否处于断路状态。判断错误扣7分		
	7. 检查相应的接收线圈连线至接线盒是否断线。判断错误扣6分		
	8. 检查接线盒至X26插头连线是否断线。测试错误扣6分		
	9. 更换故障设备或插件并进行机车出库功能试验。缺一项扣6分		
	10. 在机车临修登记票签字,签发合格证。缺一项扣5分		
作业质量30分	1. 错判故障,每次扣10分		
	2. 故障处理后未进行试验,扣10分		
	3. 不清楚技术标准(考评员提问),扣10分		
工具使用10分	1. 操作方法不对,纠正一次扣5分		
	2. 损坏器材,扣10分		
	3. 损坏工具、仪表,按失格处理		
作业安全10分	1. 未按规定在作业前悬挂防护红旗(夜间防护红灯)并在司机操纵手柄处挂禁动牌,扣5分		
	2. 出现一次违章作业扣3分		
	3. 未按规定着装,扣2分		
合计			

考评员签名: 被认定人: 年 月 日

S18 安装操作轨道车运行控制设备(GYK)接收线圈

1. 考场准备

要求场地内有一套完整的车载设备系统,基本信号设备完备,能接收地面信号发码并开放机车信号。场地内至少有一个实际的完整的GYK主机及DMI,一套机车外挂设备,通信CIR设备一套,速度发码设备、信号发码设备各一套,并且能够检测实际有的设备。

2. 材料工具准备

序号	名称	规格	数量	备注	序号	名称	规格	数量	备注
1	车载设备配线图纸		1套		5	相关连接线		若干根	
2	万用表	MF-14	1块		6	接收线圈		1个	
3	防护用具		1套		7	检修工具		1套	
4	GYK 主机		1台		8	兆欧表	ZC-7	1块	

3. 考核要求

(1)被认定人入场后,首先由裁判告知题目,其次由被认定人检查准备工具,确认故障现象,当被认定人告知裁判可以开始时,由裁判开始计时。

(2)考核时间为 10 min。

(3)按故障处理要求由被认定人独立完成。

(4)处理故障期间,被认定人可以查阅机车配线图。

(5)在被认定人处理故障期间,裁判可以依据故障分析向被认定人提问,以确认被认定人找到的故障点是否有依据。

(6)考核过程中若被认定人出现烧表、电击等毁坏设备或者人身受到伤害的现象时,裁判有权利终止考试,成绩为零。

(7)考核完毕后,由被认定人在评分表上签字确认。

4. 考核评分

(1)考评人员 3 名以上。

(2)评分要点见"实作技能考核评分记录表"。

(3)评分程序及规则:考评员根据考生操作情况对照计分标准在评分表上给予记录评分。

(4)算分方法:采用百分制,满分 100 分,60 分及以上为及格。

5. 实作技能考核评分记录表

准考证号:________ 姓名:________ 性别:________ 单位:________________

试题名称:安装操作轨道车运行控制设备(GYK)接收线圈。

考核时间:________________ 开始时间:____时____分 结束时间:____时____分

项目	考核内容及评分标准	扣分因素及扣分	得分
操作程序 50分	1. 工具、材料准备齐全,检查工具、仪表是否良好。必要工具缺一件扣 2 分		
	2. 询访司机并回收 GYK 检测合格证。缺一项扣 2 分		
	3. 确认故障现象。无此项扣 3 分		
	4. 轨道车(GYK)接收线圈安装位置在轨道车排障器后与第一轮对之间。安装错误扣 6分		

续上表

项目	考核内容及评分标准	扣分因素及扣分	得分
操作程序50分	5. 接收线圈底部与轨面距离为155 mm±5 mm,安装错误扣6分		
	6. 接收线圈中心与轨面中心偏移小于0 mm±5 mm。安装错误扣7分		
	7. 接收线圈外壳上方箭头指向一致。安装错误扣7分		
	8. 接收线圈周围300 mm空间内不应有大体积的金属物体,电缆与机车底部固定点捆绑牢固。缺一项扣6分		
	9. 进行机车出库功能试验。缺一项扣6分		
	10. 在机车临修登记票签字,签发合格证。缺一项扣5分		
作业质量30分	1. 错判故障,每次扣10分		
	2. 故障处理后未进行试验,扣10分		
	3. 不清楚技术标准(考评员提问),扣10分		
工具使用10分	1. 操作方法不对,纠正一次扣5分		
	2. 损坏器材,扣10分		
	3. 损坏工具、仪表,按失格处理		
作业安全10分	1. 未按规定在作业前悬挂防护红旗(夜间防护红灯)并在司机操纵手柄处挂禁动牌,扣5分		
	2. 出现一次违章作业扣3分		
	3. 未按规定着装,扣2分		
合计			

考评员签名：　　　　被认定人：　　　　年　月　日

S19 处理机车信号开机后不点灯故障

1. 考场准备

要求场地内有一套完整的车载设备系统,基本信号设备完备,能接收地面信号发码并开放机车信号。场地内至少有一个实际的完整的LKJ监控装置系统、一套LKJ及机车信号设备,一套机车外挂设备,通信CIR设备一套,速度发码设备、信号发码设备各一套,并且能够检测实际有的设备。

2. 材料工具准备

序号	名称	规格	数量	备注	序号	名称	规格	数量	备注
1	车载设备配线图纸		1套		5	机车信号机		1台	
2	万用表	MF-14	1块		6	X27、X28连接线		各1根	
3	防护用具		1套		7	检修工具		1套	
4	机车信号主机		1台		8	兆欧表	ZC-7	1块	

3. 考核要求

(1)被认定人入场后,首先由裁判告知题目,其次由被认定人检查准备工具,确认故障现象,当被认定人告知裁判可以开始时,由裁判开始计时。

(2)考核时间为 10 min。

(3)按故障处理要求由被认定人独立完成。

(4)处理故障期间,被认定人可以查阅机车配线图。

(5)在被认定人处理故障期间,裁判可以依据故障分析向被认定人提问,以确认被认定人找到的故障点是否有依据。

(6)考核过程中若被认定人出现烧表、电击等毁坏设备或者人身受到伤害的现象时,裁判有权利终止考试,成绩为零。

(7)考核完毕后,由被认定人在评分表上签字确认。

4. 考核评分

(1)考评人员 3 名以上。

(2)评分要点见"实作技能考核评分记录表"。

(3)评分程序及规则:考评员根据考生操作情况对照计分标准在评分表上给予记录评分。

(4)算分方法:采用百分制,满分 100 分,60 分及以上为及格。

5. 实作技能考核评分记录表

准考证号:________ 姓名:________ 性别:________ 单位:________________

试题名称:处理机车信号开机后不点灯故障。

考核时间:________________ 开始时间:____时____分 结束时间:____时____分

项目	考核内容及评分标准	扣分因素及扣分	得分
操作程序50分	1. 工具、材料准备齐全,检查工具、仪表是否良好。必要工具缺一件扣 2 分		
	2. 询访司机并回收 LKJ/CIR 系统检测合格证。缺一项扣 2 分		
	3. 确认故障现象。无此项扣 3 分		
	4. 检查机车信号主机电源板是否输出 12 V 电压。测试错误扣 6 分		
	5. 检查信号机 X27、X28 连接线插头是否紧固。缺一项扣 5 分		
	6. 检查信号机是否有 5 V 点灯电源输入。测试错误扣 7 分		
	7. 检查 DSP 芯片或 A/D 转换器是否存在故障。测试错误扣 7 分		
	8. 用万用表测 U7 的引脚 16 和 14 是否有复位信号。测试错误扣 7 分		
	9. 更换故障设备或插件并进行机车出库功能试验。缺一项扣 6 分		
	10. 在机车临修登记票签字,签发合格证。缺一项扣 5 分		
作业质量30分	1. 错判故障,每次扣 10 分		
	2. 故障处理后未进行试验,扣 10 分		
	3. 不清楚技术标准(考评员提问),扣 10 分		

续上表

项目	考核内容及评分标准	扣分因素及扣分	得分
工具使用10分	1. 操作方法不对,纠正一次扣5分		
	2. 损坏器材,扣10分		
	3. 损坏工具、仪表,按失格处理		
作业安全10分	1. 未按规定在作业前悬挂防护红旗(夜间防护红灯)并在司机操纵手柄处挂禁动牌,扣5分		
	2. 出现一次违章作业扣3分		
	3. 未按规定着装,扣2分		
合计			

考评员签名:　　　　被认定人:　　　　年　月　日

S20　处理查询设备状态窗口,功能扩展盒亮红灯故障

1. 考场准备

要求场地内有一套完整的车载设备系统,基本信号设备完备,能接收地面信号发码并开放机车信号。场地内至少有一个实际的完整的 LKJ 监控装置系统、一套 LKJ 及机车信号设备,一套机车外挂设备,通信 CIR 设备一套,速度发码设备、信号发码设备各一套,并且能够检测实际有的设备。

2. 材料工具准备

序号	名称	规格	数量	备注	序号	名称	规格	数量	备注
1	车载设备配线图纸		1套		5	相关连接线		若干根	
2	万用表	MF-14	1块		6	保险管	2A	1个	
3	防护用具		1套		7	检修工具		1套	
4	功能扩展盒		1台		8	兆欧表	ZC-7	1块	

3. 考核要求

(1)被认定人入场后,首先由裁判告知题目,其次由被认定人检查准备工具,确认故障现象,当被认定人告知裁判可以开始时,由裁判开始计时。

(2)考核时间为 10 min。

(3)按故障处理要求由被认定人独立完成。

(4)处理故障期间,被认定人可以查阅机车配线图。

(5)在被认定人处理故障期间,裁判可以依据故障分析向被认定人提问,以确认被认定人找到的故障点是否有依据。

(6)考核过程中若被认定人出现烧表、电击等毁坏设备或者人身受到伤害的现象时，裁判有权利终止考试，成绩为零。

(7)考核完毕后，由被认定人在评分表上签字确认。

4. 考核评分

(1)考评人员 3 名以上。

(2)评分要点见“实作技能考核评分记录表”。

(3)评分程序及规则：考评员根据考生操作情况对照计分标准在评分表上给予记录评分。

(4)算分方法：采用百分制，满分 100 分，60 分及以上为及格。

5. 实作技能考核评分记录表

准考证号：______ 姓名：______ 性别：______ 单位：______

试题名称：处理查询设备状态窗口，功能扩展盒亮红灯故障。

考核时间：______________ 开始时间：____时____分 结束时间：____时____分

项目	考核内容及评分标准	扣分因素及扣分	得分
操作程序 50分	1. 工具、材料准备齐全，检查工具、仪表是否良好。必要工具缺一件扣 2 分		
	2. 询访司机并回收 LKJ/CIR 系统检测合格证。缺一项扣 2 分		
	3. 确认故障现象。无此项扣 3 分		
	4. 检查功能扩展盒电源线是否接线不良。判断错误扣 5 分		
	5. 用万用表直流电压挡测量功能扩展盒 EX1T 的 1、2 脚是否有 77 V 至 137 V 电压。测试错误扣 7 分		
	6. 用万用表电阻挡测量功能扩展盒 2A 熔断器是否完好。判断错误扣 7 分		
	7. 检查功能扩展盒是否死机。判断错误扣 7 分		
	8. 将功能扩展盒断电 30 s 以上重新开机试验。缺一项扣 6 分		
	9. 更换故障设备或插件并进行机车出库功能试验。缺一项扣 6 分		
	10. 在机车临修登记票签字，签发合格证。缺一项扣 5 分		
作业质量 30分	1. 错判故障，每次扣 10 分		
	2. 故障处理后未进行试验，扣 10 分		
	3. 不清楚技术标准(考评员提问)，扣 10 分		
工具使用 10分	1. 操作方法不对，纠正一次扣 5 分		
	2. 损坏器材，扣 10 分		
	3. 损坏工具、仪表，按失格处理		
作业安全 10分	1. 未按规定在作业前悬挂防护红旗(夜间防护红灯)并在司机操纵手柄处挂禁动牌，扣 5 分		
	2. 出现一次违章作业扣 3 分		
	3. 未按规定着装，扣 2 分		
合计			

考评员签名： 被认定人： 年 月 日

第二部分　中　级　工

1. LKJ2000型监控装置在监控、调车、降级状态下采用了哪几种防溜功能？

答：LKJ2000型监控装置在监控、调车、降级状态下采用了手柄防溜、管压防溜和相位防溜三种功能。

2. LKJ固定控制参数分为哪两部分？

答：LKJ固定控制参数分为LKJ控制模式设定参数和LKJ列车参数两部分。

3. 检修机车外部电务设备时应注意什么？

答：严禁在机车行驶中检修机车外部的电务设备，机车入库或在车站停车检修机车外部电务设备时，应挂红色信号旗或红灯防护，并在操纵手柄上悬挂红色“禁止操纵牌”。

4. JT-C机车信号有哪几种辅助信号？

答：JT-C机车信号有速度等级信号输出、制式区分输出、过绝缘节信号输出三种辅助信号。

5. 微电子交流计数机车信号两种绿码有何不同？

答：周期不同，A码1.6 s，B码1.92 s；脉宽及大间隔不同。

6. JY·J型移频线圈的电气参数有何规定？

答：JY·J型线圈的电气参数为直流电阻不大于8 Ω，电感量为60 mH，品质因数大于5.5。

7. 检修机车外部设备或检修接收线圈时，应采取哪些安全防护措施？

答：检修机车外部设备或检修接收线圈时，应挂红色信号旗或红灯防护，并需在机车操纵把柄上悬挂“车下有人”白底红字作业牌。

8. 如何查看监控主机各插件发生故障？

答：利用【查询】+【4】查看各插件自检信息，显示红色，则表示该插件自检不通过，发生故障。

查看主机各插件工作指示灯，发现故障指示灯亮，则该插件发生故障。

9. TAX2 箱通信记录单元面板指示灯 2A 灯亮表示什么?

答:TAX2 箱通信记录单元面板指示灯 2A 灯亮表示通信记录单元与监控装置通信故障。

10. LKJ2000 型监控装置的四大功能是指什么?

答:LKJ2000 型监控装置的四大功能是指监控、记录、语音提示和显示功能。

11. LKJ 文件中出现信号异常时,应如何分析处理?

答:查看安全信息记录,检索全程记录和运行曲线,分析信号异常情况,对信号掉码、接码晚、信号突变等信号异常情况结合 CF 卡数据进行分析,确定具体原因做出处理。

12. LKJ 文件记录中出现 A、B 模块检测故障时,应如何分析处理?

答:打开全程记录界面,检索全程记录中的 A、B 模块故障记录或选择【组合查询】,有"A/B 模块检测(故障)"记录、但无"A/B 模块恢复"记录时,应根据记录模块提示及时反馈车间更换相应插件。

13. 机车信号分为哪几类?分别用在什么区段?

答:机车信号分为连续式和接近连续式。自动闭塞区段应装设连续式机车信号,半自动闭塞和自动站间闭塞区段应装设接近连续式机车信号。

14. 什么是制动空走距离?

答:在制动空走时间内闸瓦压力为零,且在不考虑外力情况下,列车以制动初速度做等速运行,而在制动空走时间内列车所走行的距离称为制动空走距离。

15. 什么是速度连续控制方式?

答:以列车运行前方的停车信号或限速地点为目标点,计算产生平滑的控制曲线,防止列车越过关闭的信号机或超过目标点限制速度的控制方式,称之为速度连续控制方式。

16. 机车工况包括哪些信息?它们是通过 LKJ2000 型监控装置主机的哪个插头引进的?

答:机车工况包括零位、向前、向后、牵引、制动。它们是通过 X30T 插头引进的。

17. LKJ 运行文件中记录速度信息异常时,应如何处理?

答:全程记录中有速度通道频繁切换记录、"速度突降"记录或"人工速度通道切换"记录,一个及以上速度通道不良等现象时,要检查速度通道电缆或更换相应速度传感器。

18. LKJ2000 型监控装置车载软件包含哪些?

答:LKJ2000 型监控装置车载软件包含四部分独立的软件,即监控记录插件软件、对外通信软件、地面信息处理插件软件、显示器软件。

19. LKJ 数据包含哪五部分?

答:LKJ 数据分为 LKJ 基础数据、LKJ 临时数据(IC 卡数据)、LKJ 固定控制参数、LKJ 临时控制参数(司机输入数据)、LKJ 运行记录数据。

20. LKJ2000 型监控显示器软件有哪些功能?

答:(1)通过 CAN 总线与监控记录插件通信,显示列车运行的各种状态。

(2)接收司机的操作及乘务信息卡设定信息及揭示,发送至监控记录插件。

(3)可将运行记录转储至乘务信息卡。

21. 显示器显示均衡风缸压力跟实际压力不符如何处理?

答:(1)检查均衡风缸压力传感器是否故障。

(2)检查模拟量输入/输出板是否故障。

(3)检查主板是否故障。

22. 机车信号主机板 A 板或 B 板有一块不工作如何处理?

答:(1)首先查看信号主机连接板上工作指示灯和正常指示灯是 A 机不亮还是 B 机不亮,然后判断是 A 板不工作还是 B 板不工作。

(2)查看主机电源板Ⅰ、电源板Ⅱ指示灯是否正常,不正常则更换。

(3)如果电源板正常,判断是否为某一块主板故障,若故障则更换主板。

23. 更换接收线圈后,机车信号某端(单节车)不接码或需发很大电流才能接码,如何处理?

答:(1)检查机车工况是否在接收端,信号机上工作灯是否点亮。

(2)检查接收线圈安装方向是否正确。

(3)检查接收线圈连接线是否接错。

24. LKJ 手柄防溜解除控制的方式有哪些?

答:机车手柄在零位,由停车状态移动,速度大于或等于 3 km/h 或移动距离大于或等于 10 m 时,产生“注意手柄防溜”报警,司机 10 s 内按压【警惕】键或加载时,一次性解除报警,否则监控装置实施紧急制动,同时产生“手柄防溜动作”语音提示。机车手柄非零位停车,若手柄没有变化,非零位再起车,仍然执行手柄防溜报警模式。

25. JT-C 系列机车信号记录器地面分析处理系统的软件主要有哪些功能?

答:文件管理与数据转存、数据波形文件操作、数据波形文件频谱分析和状态信息文件分析。

26. LKJ 运行记录数据文件质量分析项点包括哪些内容？

答：文件完整性、连续性；车型、车号、年份、日期、程序数据版本和机车轮径；监控开机、关机；监控复位，记录复位；单机运行；主备机切换；A、B 模块故障；速度信号；过机丢失；管压；柴油机转速；机车工况；信号灭灯；信号异常；走行距离误差。

27. 机车信号显示绿灯时，LKJ2000 型监控装置限速值是如何规定的？

答：机车信号显示绿灯时，LKJ2000 型监控装置限速值按照线路允许速度、机车允许速度、车辆允许速度、其他允许速度中的最低值控制。

28. 对安装鸣笛记录装置的机车，按“LKJ 系统出入段检测作业程序”，鸣笛记录功能试验方法和内容是如何规定的？

答：通过屏幕显示器【查询】+【4】键进入设备状态查询窗口，确认功能扩展盒状态。按压Ⅰ端或Ⅱ端鸣笛按钮，鸣笛记录框由绿色变黄色即表示正常。

29. LKJ 数据源文件中信号机种类有哪些？

答：通过信号机、进站信号机、出站信号机、预告信号机、2 预告信号机、容许信号机、进出站信号机。

30. 当 LKJ 语音播报“速度信号故障”如何处理？

答：当 3 路速度信号同时由控制模式设定值(20 km/h)的速度突降为 0 时，LKJ 语音播报“速度信号故障”。出现此问题的原因可能为速度传感器故障、15 V1 异常、模拟量输入/输出插件 OP5 光耦异常或 X34 电缆异常。

解决方案：

①更换主、备用速度传感器；

②更换主机电源板；

③检查或更换 X34 电缆。

31. 出现速度通道频繁切换如何处理？

答：当动车组(机车)运行过程中速度通道频繁切换，原因可能为速度传感器故障、15 V1 异常、模拟量输入/输出插件异常或 X34 电缆异常。

解决方案：

①更换主、备用速度传感器；

②更换主机电源板；

③更换模拟量输入/输出插件；

④检查或更换 X34 电缆。

32. LKJ 监控主机的 CAN 总线故障时如何处理?

答:(1)通过替换监控记录插件、地面信息处理插件、通信插件、扩展通信插件和屏幕显示器确认 CAN 总线引起故障的具体插件。

(2)将故障插件更换为良好插件。

33. LKJ 主机包括哪些插件?

答:主机由 A、B 两组完全相同的控制单元组成,每组有 8 个插件位置(包括一个预留位置)。各插件位置以机箱中心线为基准对称排列,包括监控记录插件、地面信息处理插件、通信插件、模拟量输入/输出插件、数字量输入插件、数字量输入/输出插件、电源插件(预留位置为扩展通信插件)。

34. 安装信号机构应符合哪些要求?

答:(1)机构安装位置正确,方便乘务员瞭望。

(2)机构安装牢固,色玻璃完整,清洁颜色正确。

(3)机构外壳无裂纹,无破损,灯室不串光。

35. JT-C 系列机车信号主机连接板内有哪些元件及电路?

答:JT-C 系列机车信号主机连接板内有两个双极转换继电器、上/下行保持继电器、一个输入隔离变压器及输入输出连接电路和接插件等。

36. JT-C 系列机车信号可以接收哪些信息?

答:JT-C 机车信号可以接收 4 信息、8 信息、18 信息移频、交流计数信息、极频信息和 UM71 制式的移频信息。

37. 机车Ⅱ端只接收下行信号如何处理?

答:(1)检查机车信号机下行开关是否良好。

(2)检查信号主机插头Ⅱ-SZ 到信号机插头(Ⅱ-LL)接触是否良好,有无断线。

(3)若机车信号主机故障,则更换。

38. 检测 HXD2 型机车进入电器间前应怎样做?

答:进入电器间前必须确认机车两端隔离开关是否置于隔离位,如果没有置于隔离位,要求机车乘务员或地检人员及检修作业人员将隔离开关置于隔离位,确认隔离开关在隔离位后在隔离开关上悬挂禁止操纵牌。

39. 在正常使用和检测维修的情况下,LKJ 设备维修后质量保证期限是如何要求的?

答:(1)Ⅰ级修质量保证期限:至下一个计划修程;

(2)Ⅱ级修质量保证期限:6个月;

(3)Ⅲ级修质量保证期限:12个月。

40. LKJ2000型监控主机电源插件输出电源有哪些?

答:LKJ2000型监控装置将110 V输入电源转换成系统所需的各种电源。输出电压包括供主机箱各插件工作的+5 V、+12 V、−12 V及+24 V;供显示器的+15 V,供速度传感器的+15 V以及供压力传感器的+15 V。除+5 V、+12 V及−12 V共地外,其他各路输出电压相互隔离。

41. LKJ文件记录中出现过机信息丢失时,应如何分析处理?

答:分析运行文件,查看安全信息记录,若上/下行均出现在自动闭塞区段过机信息丢失率超过10%,或在半自动闭塞区段过机信息丢失率超过25%的情况,且机车运行后续区段丢失率超过范围,应检查LKJ设备(地面信息插件)、机车信号设备、电线路等,进行相应处理。

42. 如何进行LKJ原始运行文件的转储分析?

答:当机车出乘返回入库或继乘换班时,地面工作人员或乘务员用IC卡转储运行数据,转储成功后通过读卡器传输到文件数据库,终端分析站可通过局域网在机车运行记录分析系统中进行运用分析和质量分析。

43. LKJ文件记录中出现"监控开机、关机"时,应如何分析处理?

答:打开全程记录,选择【分类查询】下拉菜单中的"开机/关机"选项。分析监控状态下的关机、开机记录,因机车柴油机停机后重启造成的瞬间关机为正常,如果出现原因不明的关机记录,须向车间反馈,通知检测人员检查电源线路或更换A/B机电源插件。

44.《列车运行监控装置(LKJ)运用维护规则》中对LKJ是如何定义的?

答:LKJ是中国列车运行控制系统体系的组成部分,是用于防止列车冒进信号、运行超速事故和辅助机车司机(含动车组司机,下同)提高操纵能力的重要行车设备。LKJ是机车、动车组的组成部分。

45. 简述无线传输车载设备的基本组成。

答:无线传输系统车载设备由无线传输主机、车载通话器、外围接口设备、GSM/GPRS天线、WLAN天线及机车走行部车载监测装置等组成。

46. 显示器使用IC卡进行参数输入或临时揭示信息输入时,应如何操作?

答:将IC卡插入屏幕显示器上的IC卡座,待IC卡灯点亮后,按压"设定"键,装置就会将IC卡内的揭示信息传送给LKJ2000型监控主机,然后弹出信息提示窗口,说明发送揭示是否成功(成功:“揭示发送成功”,失败:“揭示发送失败”),若显示失败,则需要重新插入 IC 卡,重新按压“设定 ”键,重新发送揭示及个人信息。按压“确认”键后,出现个人信息设定对话框,其中的参数值为 IC 卡中预先写入的个人信息(如司机代号、副司机代号、交路号、车次、列车种类及编组信息等)。

47. 车载设备检修工区在机车信号记录器方面的工作内容有哪些?

答:(1)负责记录器的入所修、测试及 CF 卡数据分析、管理工作。

(2)负责对全段的 CF 卡、转储 U 盘进行编号标识及台账管理、备品管理。

(3)负责全段地面分析系统的台账管理及本工区地面分析系统的保管和日常维护。

48. JT-C 系列机车信号主要由哪些部分组成?简述各部分主要作用。

答:JT-C 系列机车信号主要由主机、接收线圈、信号机构及连接电缆等组成。

主机用于机车信号译码和机车信号点灯控制;接收线圈通过电磁感应接收轨面信息,供主机译码;信号机构构成机车信号绿、绿黄、黄、黄 2、黄 2 闪、双半黄、双半黄闪、红黄、红黄闪、红、白灯 11 种显示。

49. 机车信号分为哪几种制式?有何作用?

答:机车信号分为连续式机车信号和接近连续式机车信号。

(1)连续式机车信号能在区间和站内整条线路上连续不断地接收轨面信息用于自动闭塞区段。

(2)接近连续式机车信号只在车站接近区段和站内到发线上接收轨面信息用于半自动闭塞区段。

50. JT-C 系列机车信号点白灯后不译码的故障原因有哪些?

答:(1)接收线圈故障;

(2)输入信号线断线或混线;

(3)上/下行开关故障或开关机械移动造成上/下行方向错位;

(4)制式选择错误。

51. 如何分析 LKJ 文件中出现柴油机转速异常?应如何处理?

答:打开全程记录,检索全程记录,若有“转速变化”记录,且变化范围在±30 r/min 以上来回抖动,或转速为 0 等异常记录,运行曲线发生异常抖动时,应向车间反馈。

处理方法:检查脉冲数是否正确,检查模拟量输入/输出插件以及电线路。

52. LKJ 控制模式对调车控制是如何规定的?

答:(1)调车工作状态无论停车多长时间,始终不清除调车走行距离。

(2)通常监控状态下的调车显示调车实际公里标。

(3)入库状态下退出调车工作状态,无限制。

(4)必须人工按【调车】键进入调车模式。

53. 简要分析机车信号两个线圈反接的原因。

答:因为线路上两钢轨中信号电流方向相反,机车两侧接收线圈的感应电势也相反。因此,反向串联也就使两接收线圈的感应电势相加,即接收感应电压升高能使主机可靠工作。而对于牵引电流在两钢轨中传输的方向一致,因此在机车两侧接收线圈的感应电势方向也一致,反向串联后互相抵消,大大减小对机车信号的干扰。

54. LKJ 过机误差分为哪几种?

答:过机误差有两种。

(1)滞后误差:机车越过信号机时距离显示仍有余值,经过一段距离后才显示 0。这种零显示出现在驶过信号机位置之后的过机误差称为滞后误差。

(2)超前误差:机车距信号机还有一段距离,但距离显示值提前进入零显示。这种零显示出现在信号机之前的过机误差称为超前误差。

55. LKJ2000 型监控地面信息处理插件软件有哪些功能?

答:(1)识别地面过机信号,然后以中断方式实时通知监控记录插件。

(2)通过双口 RAM 与地面点式信息设备通信,并将收到的地面点式信息发送至 CAN 总线上(需要附加点式信息选件)。

(3)将自身的自检报告发送至 CAN 总线上。

56. LKJ 控制模式对车位调整是如何规定的?

答:(1)正常监控状态下,只要前方信号是非关闭信号均允许进行车位调整。

(2)车位调整的方式为:【车位】+【向前】或【车位】+【向后】。

(3)对于车位向后校正最大距离为 300 m,自动校正允许调整的最大距离为 300 m。

(4)在站内侧线模式时、处于模式报警时、停车状态下、临时限速模式下允许进行车位调整。

57. JT-C 系列机车信号在移频和 UM71 区段,上、下行载频分别是多少?

答:国产移频区段,上行载频为 650 Hz 和 850 Hz;下行载频为 550 Hz 和 750 Hz;UM71 区段上行载频为 2 000 Hz 和 2 600 Hz,下行载频为 1 700 Hz 和 2 300 Hz。

58. 机车信号出入库检查应满足哪些要求?

答:(1)主机自检状态良好,主机工作灯、上/下行灯显示正常,机车信号机构显示正确。

(2)方向、电源等开关作用良好,转换灵活;线圈接线盒、接收线圈安装牢固,符合标准;各部螺丝不松动;插接件接触可靠。

(3)环线发码试验机车信号显示关系正确。

(4)记录板各指示灯显示正确。

59. 机车运行数据文件特别大如何处理?

答:分析运行数据,如果长时间记录卸载信息,而卸载继电器没有动作,卸载信息中没放风记录,判断防撞土挡连线或装置接地造成,通知机务相关部门处理。

60. 如何分析 LKJ 运行记录数据文件的完整性、连续性?

答:全程记录日期、时间记录连续,文件记录首尾相接,形成往返闭环,无非正常丢失或断点。分析记录无重复、错误,无缺少时间、公里标、站名等内容,无记录混乱、丢失现象。

61. JT-C 系列机车信号的主要特点是采用了数字信号处理技术,什么是数字信号处理?

答:数字信号处理是一种信号处理方式,它是将要处理的信号先进行模数转换,将模拟信号变成数字信号,然后由数字信号处理器用程序对数字信号进行运算处理,最后得到所需要的信息。它用纯数字运算的方式代替了传统的用电容、电感、放大器等实现模拟信号处理的硬件处理方式。

62. JT-C 系列机车信号的 JT1·JS-2 型双路接收线圈内部设计为双路接收线圈有什么意义?

答:每路接收线圈对应机车信号主机中的一路主机板,接收线圈的一路出现故障时,主机可以通过自动切换控制电路,把对应正常接收线圈的主机转换成工作机,提高系统的可靠性。双路接收线圈可实现车载系统的闭环自动检测,测试时线圈的一路作为测试线圈发送信号,另一路线圈接收信号,并控制与接收线圈相连接的主机进行译码和接收,从而实现了车载系统的闭环测试。

63. JT-C 系列机车信号主机的 X26 插座,插座中端子与哪些输入信号条件线连接?

答:X26 配线电缆通过一个插头上的多束电缆分别与机车直流 110 V 电源(X26-7、9),Ⅰ端、Ⅱ端感应信号控制电源(X26-10、11),Ⅰ端感应信号输入(X26-14、15;19、20),Ⅱ端感应信号输入(X26-16、17;22、23)连接。

64. JT-C 系列机车信号配线电缆的装配要求包括哪些内容?

答:(1)配线整齐,芯线应与预留有 5 mm 以上余量,防止过紧折断;

(2)电缆按要求固定,每个尼龙紧固卡间距在 20 cm～30 cm 间;

(3)电缆走向平直,与其他电缆不交叉,引入口有防磨卡措施;

(4)屏蔽线引到机车上,要集中单端接地。

65. JT-C 系列机车信号显示需要变化时,怎样实现继电器接点的无电转换?

答:信号显示需要变化时,DSP 芯片首先通过光电开关切断继电器接点上的 50 V 电源,然后动作继电器,最后控制光电开关导通,接通 50 V 动态点灯电源,从而实现了继电器接点的无电转换。

66. 按压显示器按键无效,不能输入和修改数据的故障如何处理?

答:先关机 30 s 后再开机。

(1)如果开机后按压显示器按键有效,能够输入和修改数据正常,说明监控记录插件通信自检通过。

(2)如果开机后按压显示器按键无效,不能输入和修改数据,说明显示器按键面膜故障、通信不良,更换显示器。

(3)更换显示器后按压显示器按键无效,不能输入和修改数据,说明监控记录插件通信故障,更换监控记录插件。

67. LKJ 运行文件中出现哪些现象视为显示器记录异常? 应如何处理?

答:在全程记录中有“显示器通信超时”记录,但无“显示器通信恢复”记录;有“A/B 模块检测(故障)”记录、但无“A/B 模块恢复”记录;“A/B 模块检测(故障)/恢复”时间间隔在 10 s 以上时,视为显示器记录异常应立即更换相应(Ⅰ端或Ⅱ端)显示器。

68. 试分析 JT-C 机车信号“A、B 机不能正常切换”现象的故障原因。

答:(1)主机板故障;

(2)电源板故障;

(3)连接板 A、B 机切换继电电路故障或按钮故障;

(4)感应线圈一路有断路现象。

69. LKJ2000 型监控装置常用制动不减压故障如何判断和处理?

答:(1)检查 LKJ 主机 X30T 插针状态,并重新紧固 X30T。

(2)用万用表直流电压挡测量 J147、J152 上有无 110 V 电压,如无则检查 X30T 到Ⅰ室副台配线。如良好则依次更换数字量输入/输出插件、监控主机箱。

(3)如故障仍未消除通知机务处理。

70. 如何删除机车信号状态文件?

答:提供文件删除操作是为了满足对状态文件进行定期清理的要求。在状态文件列表区通过鼠标左键单击选定要删除的状态文件后,可单击相应的菜单项:【文件】→【删除】或按下工具条上的【删除】按钮 X,系统显示删除文件操作确认信息对话框。用鼠标左键单击【是】按钮则将状态文件删除。

注意:无法在回收站中找到被删除的文件,被删除的文件无法恢复。

71. LKJ 的数字量输入插件各指示灯所表示的含义是什么?

答:1A 点亮时表示接收的是绿灯信号,1B 点亮时表示接收的是绿/黄灯信号。

2A 点亮时表示接收的是黄灯信号,2B 灯点亮时表示接收的是黄 2 灯信号。

3A 灯点亮时表示接收的是双黄灯信号,3B 灯点亮时表示接收的是红黄灯信号。

4A 灯点亮时表示接收的是红灯信号,4B 灯点亮时表示接收的是白灯信号。

5A 灯点亮时表示接收到速度等级 1,5B 灯点亮时表示接收到速度等级 2。

6A 灯点亮时表示接收到速度等级 3,6B 灯点亮时表示接收制式信号。

7A 灯点亮时表示接收到绝缘节信号。

72. 更换 JT1 型通用式机车信号主机的作业程序是什么?

答:(1)准备好工具、仪表。

(2)关掉电源。

(3)拧下插接件,用螺丝刀拧下固定螺丝,卸下主机。

(4)将新主机换上,拧紧固定螺丝,插上插接件并拧紧。

(5)送电试验。

(6)填写更换记录。

73. 电子设备防静电伤害的措施有哪些?

答:(1)尽量戴上棉制的干净手套或防静电的手环,不要穿着容易产生静电的服装(如某些化纤衣物)。操作印刷基板的人穿经过防静电处理的工作服,操作前采取措施释放人体静电。

(2)在无静电的工作区拿放对静电敏感的箱体、基板或组件。如有可能,操作印刷基板的作业台应铺有导电橡胶垫。

(3)搬运时,搬运车上采取接地措施,以防静电损害。要把印刷基板放到专门存放印刷基板的架子、防静电容器或导电聚乙烯袋里进行搬运,袋子口用胶带封好。

74. LKJ2000 型监控装置显示器不能正常显示或自检不正常应如何处理?

答:显示器本身是一个独立的 CPU 系统(包括数显和屏显),如果自检不正常,多为显示器本身的问题,如果不能正常显示,可以检查另一端的显示器显示是否正常,如果显示也不正常,应怀疑监控记录插件,否则可能是通信电缆或显示器有故障。

故障处理方法:

(1)检查主机与显示器连线;

(2)更换显示器;

(3)更换监控记录、电源插件;

(4)检查 110 V 电源连线。

75. LKJ2000 型监控装置无列车管压力显示的故障如何处理?

答:(1)检查 X34T 插头插座插针状态,并重新紧固 X34T。

(2)用万用表直流电压挡测量列车管压力信号线插头 1、4 间有无 15 V 电压,如无更换该条件线。

(3)检查列车管压力传感器连接铜管折角塞门状态。

(4)更换压力传感器。

(5)更换模拟量输入/输出插件。

76. LKJ 文件中出现信号灭灯现象时,应如何分析处理?

答:查看安全信息记录,检索全程记录和运行曲线,分析信号灭灯现象,结合机车信号 CF 卡数据进行分析。除柴油机启机和平面调车切换造成的灭灯外,其余灭灯现象视为异常,须作相应处理,更换相应的数字量输入插件或检查机车信号设备和电缆。

77. 显示器按【查询】+【4】地面信息板软件版本号亮红,应如何分析处理?

答:(1)按【查询】+【4】发现信息处理软件版本亮红灯;

(2)A/B 机分别单机上电,确认 A/B 机地面信息板软件版本;

(3)更新信息处理板软件为在用版本。

78. 双路接收线圈如何安装?

答:双路接收线圈安装位置在机车排障器后与第一轮对之间,距第一轮对轴心水平距离大于 1.5 m 处机车提供的安装架上,必须要保证接收线圈底部与轨面距离为 155 mm±5 mm,接收线圈中心与轨面中心偏移小于 0 mm±5 mm,安装时必须使线圈外壳上方箭头指向一致,以免同名端接反。

接收线圈周围 300 mm 空间内不应有大体积的金属物体。安装布线时,将电缆与机车底部固定点捆绑牢固,防止机车在高速运行中,产生剧烈振动对线缆造成疲劳性损坏,以确保线缆的正常使用寿命。

79. LKJ 控制模式中对"20 km/h 限速模式"是如何控制的?

答:(1)当机车信号故障时,列车在停车状态,持续按【↑】2 s 后,进入"非正常行车确认"窗口,点击"4""20 km/h 限速模式",确认操作后,监控装置转为"20 km/h 限速模式"。2 min 以后监控装置不再按照机车信号信息监控列车运行,监控列车以不超过 21 km/h 的速度运行,至前方站停车。

(2)停车状态下允许退出"20 km/h 限速模式",退出"20 km/h 限速模式"后自动降级。

(3)"20 km/h 限速模式"状态下不进行过机校正。

(4)"20 km/h 限速模式"状态下色灯变化不进行语音提示。

(5)监控装置判断发生空转、轮滑时,发出语音提示。

80. 为什么不用万用表而用兆欧表测量绝缘电阻?

答:兆欧表俗称摇表,它是专供检测电器设备、供电线路绝缘电阻用的一种可携式仪表。因为绝缘电阻的阻值比较大,可达到几十兆欧或几百兆欧。在这个范围内万用表的刻度很不准确,另外,万用表在测量电阻时所用的电源电压很低,在低电压下呈现的电阻值并不能反映出绝缘电阻的真正数值。因此,绝缘电阻需用备有高压电源的兆欧表进行测量。兆欧表的标尺刻度是以 MΩ 为单位的,可以较准确地测量出绝缘电阻的阻值。

81. 什么是 JT-C 系列机车信号简化的功能测试?适用于什么情况?

答:因 JT-C 系列机车信号采用数字信号处理方式,不同制式、不同载频的信号通过同一通道处理,它还有完善的软硬件自检功能,日常出入库检查时只需发送某些信号,检查显示机构每个灯位都能点亮即可,这就是机车信号简化的功能测试。简化的功能测试适用于日常的机车出入库检查。

82. LKJ 记录哪些内容?

答:LKJ 记录以下内容:

(1)开/关机时相关参数;

(2)乘务员输入参数(或 IC 卡输入);

(3)运行中的参数;

(4)事故时状态;

(5)插件故障。

83. 库内 LKJ 数据换装作业要求有哪些?

答:(1)换装前确认文件转储完整;

(2)关闭主机电源,拆卸监控主机板上芯片放入芯片管内;

(3)按顺序插入新版芯片;

(4)插上主机板后开机自检;

(5)IC 卡刷屏后开机自检;

(6)核对参数和软件、数据版本;

(7)输入特定检测车次并转储检测文件;

(8)插入版本校核仪;

(9)检查相应插件安装到位并进行固定。

84. 如何分析处理 LKJ 不能进入通常工作状态或监控功能不正常?

答:(1)检查司机号是否全是“0”,如是则更改。

(2)检查所输入的车次、交路、车站代码。

(3)重新输入正确的数据。

(4)检查是否有地面数据芯片(或不良)。

(5)显示器按键不良。

(6)速度传感器及有关连线故障(速度故障)。

(7)更换显示器或监控主机插件。

(8)检查数据版本是否匹配。

85. LKJ 与机车信号设备之间的通信内容有哪些?是如何连接的?

答:LKJ 与 JT-C 系列机车信号之间通信内容包括 LKJ 设备向机车信号设备提供机车型号、机车号、车站号、公里标、速度信息,机车信号设备向 LKJ 设备提供色灯信号、速度等级、绝缘节信号、机车感应器接收的轨道电路信息。

LKJ 与机车信号之间通信接口分为两种接线方式,一种是监控装置 X32 直接连接机车信号 X22;一种是装有本/补切换装置和调车灯显接口盒设备的机车,连接方式为监控装置 X32-本/补切换装置 X32-调车灯显接口盒-机车信号 X22。

86. LKJ 常用制动试验不减压或紧急制动试验不排风应如何处理?

答:制动试验包括两个过程。首先 LKJ 发出指令,即指出制动电压。然后执行机构动作,即常用制动得电排风减压,或紧急制动阀得电排风减压至 0 kPa。

若 LKJ 常用制动试验时不减压,或紧急制动放风阀未排风至 0 kPa。首先判断哪部分故障,判断方法可用万用表直流挡测量机、电双方界定的 1 号、3 号常制阀接线端子,或 8 号常制阀、紧急放风阀接线端子上是否有直流 96 V~110 V 电压(制动指令)。若有电压,由机务处理;若无电压,在排除负载原因后(可甩开负载接线进行检查),由电务人员查找处理。

87. LKJ2000 型监控装置如何采集机车工况信号?

答:机车工况零位、向前、向后、牵引、制动信号取自机车电器间 LLC(励磁机励磁接触器)及转换开关装置的独立辅助联锁装置,其连线取自常闭联锁接点。

以(标准化司机室)为例:Ⅰ端向前时向前线(J191)为 110 V,Ⅱ端向前时向后线(J192)为 110 V,牵引时 J193 为 110 V,制动时 J194 为 110 V,零位时 LLC 释放,常闭联锁接点闭合,J195 为 110 V,均为直流电压(正极性),允许波动范围 AC 77 V~AC 138 V。LKJ 取用上述信号须将接线安装在机、电双方共同确定的端子上面,出现故障后,机、电双方在各自分工的范围处理。

88. 工况窗口备用速度信号波动如何处理?

答:(1)J133 未接线

在 J133 未接线情况下,V2 通道正常速度值应一直为 0。在 J133 悬空或者未做接地处理的情况下,若机车上存在电磁干扰,且干扰电压大于 9 V,则会出现备用速度信号波动的情况。

解决方案:

①将 X34 插头处 J133 信号线剪断并做好绝缘处理;

②将 J133、J179 端子短接,消除电磁干扰产生的电压。

(2)J133 接线

在 J133 接线情况下,V2 通道速度正常情况下应与 V0、V1 通道保持一致。若出现速度信号波动,则可能是备用速度传感器故障或者 V2 速度通道受到干扰。

解决方案:

①更换备用速度传感器;

②检查或更换 X34 电缆(J133 信号线),做好绝缘处理。

89. 当具备常用制动接口功能的机车牵引列车在减速区运行时,取消 LKJ 常用制动控制功能的条件有哪些?

答:在车载数据中预先设置为“长大下坡道”的区段,且设置为机车不具备电阻制动功能时,LKJ 取消常用制动控制功能。

当列车管减压大于等于 50 kPa 后,取消常用制动控制功能,列车缓解后,在本减速区不恢复常用制动控制功能。

列车在站内停车控制时,取消 LKJ 的常用制动控制功能。

90. LKJ 监控记录插件出现 5A、5B 灯灭,该现象是否正常?分析原因并提出处理意见。

答:不正常。

(1)分析原因:

5A、5B 灯灭说明主机数字量输入/输出插件故障或监控记录插件本身没有检测到数字量输入/输出插件的信号。

(2)处理方法:

①检查机车工况布线和制动输出布线;

②用替换插件的方法确认监控记录插件故障还是数字量输入/输出插件故障;

③如确认监控记录插件故障,检查自检数据线有无短路或开路现象;

④如确认数字量输入/输出插件故障,更换数字量输入/输出插件。

91. 简述 LKJ2000 型监控装置的监控功能。

答:(1)LKJ 在列车速度超过安全行车允许的速度时启动制动设备;当列车速度低于安全行车允许的速度时,LKJ 不得影响列车的正常运行。

(2)LKJ 依据机车信号信息进行限速控制,以防止列车越过关闭的信号机。

(3)LKJ 应防止列车超过线路允许速度、机车允许速度、车辆允许速度及其他允许速度中的最低值。

(4)LKJ 可按揭示命令要求控制列车在规定的施工区段速度不超过临时限速。

(5)LKJ 应防止列车超过规定的调车限速。

(6)LKJ 应根据车载数据和输入条件，计算产生输出不同控制指令的控制曲线。

(7)当列车达到报警速度时，LKJ 应报警，若列车速度超过 LKJ 设定的动作值，则解除牵引动力、实施常用或紧急制动，控制列车减速或停车。

(8)LKJ 应防止列车溜逸运行。

(9)LKJ 启动制动设备实施列车制动后，对于紧急制动方式，必须停车后才可缓解；对于常用制动方式，在列车速度低于 LKJ 设定的速度时，LKJ 提供人工缓解条件。

92. LKJ 电务类基础数据包括哪些内容?

答:信号机坐标、半自动闭塞接近区段上码地点坐标、信号机间距离、轨道电路制式、特殊发码地点、车站股道固定无码、关联发码特殊信号机显示关系、防护 18 号及以上道岔信号机位置、级间转换、车站及区间信号机设置的平面示意图、侧出连续发码车站(股道)、出站引导车站、半自动闭塞(自动站间闭塞)区段进站信号转白停车等数据。

93. LKJ2000 型监控装置开机无显示故障如何处理?

答:(1)先检查主机开关状态和熔断器安装是否牢固，再检查主机 X30T 是否紧固到位并检查插针是否弯曲，重新紧固 X30T。

(2)检查Ⅰ、Ⅱ室电源开关是否破封、是否在正常工作位并检查插头插接是否紧固。

(3)用万用表测量主机 110 V 电源线 J140 和 J149 间是否有 110 V 电压，如有则说明机务部门提供的电源和Ⅰ、Ⅱ室电源开关及配线无问题；再量主机 X30T 内 16、17 针是否有 110 V 电压，如有更换监控主机，如有更换 X30T 配线。

(4)如无 110 V 电压，量机务部门提供的 J421 和 J901 是否有 110 V 电压，如无通知机务部门处理；如有则检查Ⅰ、Ⅱ室电源开关及配线，更换故障的开关或配线。

94. LKJ2000 型监控装置什么情况下使用【警惕】键进行操作?

答:(1)降级状态下监控装置周期报警，司机 7 s 内周期按压【警惕】键解除报警；

(2)防溜报警时司机 10 s 内按压【警惕】键解除报警；

(3)监控装置发生防溜动作紧急制动停车后，需缓解时，司机按压【警惕】键缓解；

(4)半自动闭塞“信号突变”7 s 内按压【警惕】键解除报警；

(5)调车工作状态动车确认。

95. LKJ 在降级工作状态下的控制模式是如何规定的?

答:(1)列车开车时如果监控装置处于原始降级状态下运行，当机车信号为停车信号时，运行 800 m 后限速为 20 km/h。列车运行速度超过 5 km/h 时，监控装置实施周期报警，机车司机在 7 s 内按【警惕】键应答暂停报警，暂停 4 s 后重新启动报警。在 7 s 报警时间内如果没有按键应答，监控装置实施紧急制动控制。

(2)机车信号显示进行信号,监控装置由通常工作状态转入降级工作状态,运行 2 000 m 后限速为 60 km/h,在 2 000 m 内限速下降的过程中,运行速度超过 60 km/h,不进行 ZTL(自动停车装置)报警。

(3)在降级状态下,进行信号之间相互转化或者停车信号之间相互转化,出口限速目标距离延续控制。停车信号包括黄转白、双黄转白(包括双黄闪转白)、红黄灯、红灯、固定白灯(开机后的白灯)。

96. 如何对过机误差进行调整?

答:过机误差分为滞后误差和超前误差。

滞后误差的调整。方法一:当出现滞后误差时,在信号机位置按压【向前】键,显示距离余值清零,调出下一架信号机的位置。方法二:当出现滞后误差时,在信号机位置,按压【自动校正】键,显示距离余值清零,调出下一架信号机的位置。

超前误差的调整。方法一:当出现超前误差时,在信号机位置按压【向后】键,装置将自动拉回提前越过的距离。方法二:当出现超前误差时,在信号机位置按压【自动校正】键,装置将自动拉回提前越过的距离。【自动校正】键在误差小于 300 m 时操作有效。

97. 测试电缆绝缘的内容及测试方法是什么?

答:测试电缆包括测试环线屏电缆和电缆盒电缆,要求测试电缆线间绝缘和对地绝缘。

(1)线间绝缘。将电缆一端各线开路,另一端拧在一起,与兆欧表的 L 端子相连,抽出其中一根芯线与兆欧表的 E 端子相连。摇兆欧表,待兆欧表指针稳定后,其读数即为该芯线对其他芯线的绝缘值。

(2)电缆对地绝缘。电缆对地绝缘不小于 1 MΩ。将电缆两端全部开路,500 V 兆欧表的 E 端子接地,L 端子依次连接各芯线,摇动兆欧表待指针稳定后,其读数即所得值。

98. 在处理机车信号设备故障前要注意什么?

答:机车返回后,司机反映机车信号设备不良,维修人员应首先向司机进行询问了解(故障特点、现象、时间、地点、上/下行区段、机车运行方向、天气情况以及司机有无特殊操作机车等情况),核实故障现象,并尽可能记录下故障设备的原始状态[包括机车信号机显示、主机面板所有指示灯显示、上/下行(方向)开关位置及指示灯显示、Ⅰ/Ⅱ操作端位置]。切换主备机 15 s 后转储数据,为以后地面分析留下必要资料,然后根据不同的故障现象采取相应的处理方式。

99. 机车信号只前行或后行接收不到信号如何处理?

答:(1)首先观察不接收信号端机车信号机上的操纵端灯是否点亮。

(2)如果不亮,检查工况端子线 10、11 号接触是否良好,有无断线。

(3)检查机车信号机上/下行开关是否跟地面环线发码一致。

(4)检查接收线圈插头(L12A、L34A,L12B、L34B)跟接线盒连线是否正确,以及接线盒到信号主机连线(L27A/28A,L27B/28B)、X26(14、15,16、17,19、20,22、23插针)插头是否断线、插头接触是否良好。

(5)检查主机运行、试验开关的位置是否在运行位。

100. JT-C系列机车信号主机板"二取二"容错安全结构是如何实现的?

答:每个主机板有4个CPU(或称为DSP),分成独立两路,每路包括一个译码CPU和一个输出控制CPU。两路译码CPU独立译码,译码结果分别提供给输出控制CPU,由输出控制CPU完成运算结果比较、输出控制与反馈检查等功能。两路译码比较结果一致才能有效输出。其中输出控制CPU本身带有内部独立的"看门狗"复位电路,而输出控制CPU又作为信号处理CPU的"看门狗"复位电路。

S1　处理 LKJ2000 型监控装置过机校正故障

1. 考场准备

要求场地内有一套完整的车载设备系统，基本信号设备完备，能接收地面信号发码并开放机车信号。场地内至少有一个实际的完整的 LKJ 监控装置系统、一套 LKJ 及机车信号设备，一套机车外挂设备，通信 CIR 设备一套，速度发码设备、信号发码设备各一套，并且能够检测实际有的设备。

2. 材料工具准备

序号	名称	规格	数量	备注	序号	名称	规格	数量	备注
1	车载设备配线图纸		1 套		5	X32-X22 配线		1 根	
2	万用表	MF-14	1 块		6	监控主机互换板件		1 套	
3	防护用具		1 套		7	检修工具		1 套	
4	LKJ2000 型监控主机		1 台		8	兆欧表	ZC-7	1 块	

3. 考核要求

(1)被认定人入场后，首先由裁判告知题目，其次由被认定人检查准备工具，确认故障现象，当被认定人告知裁判可以开始时，由裁判开始计时。

(2)考核时间为 10 min。

(3)按故障处理要求由被认定人独立完成。

(4)处理故障期间，被认定人可以查阅机车配线图。

(5)在被认定人处理故障期间，裁判可以依据故障分析向被认定人提问，以确认被认定人找到的故障点是否有依据。

(6)考核过程中若被认定人出现烧表、电击等毁坏设备或者人身受到伤害的现象时，裁判有权利终止考试，成绩为零。

(7)考核完毕后，由被认定人在评分表上签字确认。

4. 考核评分

(1)考评人员 3 名以上。

(2)评分要点见“实作技能考核评分记录表”。

(3)评分程序及规则：考评员根据考生操作情况对照计分标准在评分表上给予记录评分。

(4)算分方法：采用百分制，满分 100 分，60 分及以上为及格。

5. 实作技能考核评分记录表

准考证号：________ 姓名：________ 性别：________ 单位：________
试题名称：处理 LKJ2000 型监控装置过机校正故障。
考核时间：________ 开始时间：____时____分 结束时间：____时____分

项目	考核内容及评分标准	扣分因素及扣分	得分
操作程序50分	1. 工具、材料准备齐全，检查工具、仪表是否良好。必要工具缺一件扣 2 分		
	2. 询访司机并回收 LKJ/CIR 系统检测合格证。缺一项扣 2 分		
	3. 确认故障现象。无此项扣 3 分		
	4. 通过显示器【查询】+【4】查看主备轮径设置是否正确。判断失误扣 8 分		
	5. 检查监控主机地面信息插件是否正常。判断失误扣 5 分		
	6. 检查 X32-X22 连线是否正常。判断失误扣 10 分		
	7. 检查机车感应器的安装及连线是否正常。判断失误扣 10 分		
	8. 更换故障设备并进行机车出库功能试验。缺一项扣 5 分		
	9. 在机车临修登记票签字，签发合格证。缺一项扣 5 分		
作业质量30分	1. 错判故障，每次扣 10 分		
	2. 故障处理后未进行试验，扣 10 分		
	3. 不清楚技术标准(考评员提问)，扣 10 分		
工具使用10分	1. 操作方法不对，纠正一次扣 5 分		
	2. 损坏器材，扣 10 分		
	3. 损坏工具、仪表，按失格处理		
作业安全10分	1. 未按规定在作业前悬挂防护红旗(夜间防护红灯)并在司机操纵手柄处挂禁动牌，扣 5 分		
	2. 出现一次违章作业扣 3 分		
	3. 未按规定着装，扣 2 分		
合计			

考评员签名： 被认定人： 年 月 日

S2 处理 JT-CZ2000 型机车信号操作端信号机“操作指示灯”不亮故障

1. 考场准备

要求场地内有一套完整的车载设备系统，基本信号设备完备，能接收地面信号发码并开放机车信号。场地内至少有一个实际的完整的 LKJ 监控装置系统、一套 LKJ 及机车信号设备，一套机车外挂设备，通信 CIR 设备一套，速度发码设备、信号发码设备各一套，并且能够检测实际有的设备。

2. 材料工具准备

序号	名称	规格	数量	备注	序号	名称	规格	数量	备注
1	车载设备配线图纸		1套		5	机车信号相关配线		1套	
2	万用表	MF-14	1块		6	机车信号主机互换板件		1套	
3	防护用具		1套		7	检修工具		1套	
4	机车信号机		1台		8	兆欧表	ZC-7	1块	

3. 考核要求

(1)被认定人入场后,首先由裁判告知题目,其次由被认定人检查准备工具,确认故障现象,当被认定人告知裁判可以开始时,由裁判开始计时。

(2)考核时间为 10 min。

(3)按故障处理要求由被认定人独立完成。

(4)处理故障期间,被认定人可以查阅机车配线图。

(5)在被认定人处理故障期间,裁判可以依据故障分析向被认定人提问,以确认被认定人找到的故障点是否有依据。

(6)考核过程中若被认定人出现烧表、电击等毁坏设备或者人身受到伤害的现象时,裁判有权利终止考试,成绩为零。

(7)考核完毕后,由被认定人在评分表上签字确认。

4. 考核评分

(1)考评人员 3 名以上。

(2)评分要点见"实作技能考核评分记录表"。

(3)评分程序及规则:考评员根据考生操作情况对照计分标准在评分表上给予记录评分。

(4)算分方法:采用百分制,满分 100 分,60 分及以上为及格。

5. 实作技能考核评分记录表

准考证号:__________ 姓名:________ 性别:________ 单位:________________________

试题名称:处理 JT-CZ2000 型机车信号操作端信号机"操作指示灯"不亮故障。

考核时间:________________________ 开始时间:____时____分 结束时间:____时____分

项目	考核内容及评分标准	扣分因素及扣分	得分
操作程序50分	1. 工具、材料准备齐全,检查工具、仪表是否良好。必要工具缺一件扣 2 分		
	2. 询访司机并回收 LKJ/CIR 系统检测合格证。缺一项扣 2 分		
	3. 确认故障现象。无此项扣 3 分		
	4. 切换机车Ⅰ、Ⅱ端观察两端信号机及机车信号主机电源板Ⅰ"Ⅰ端"和"Ⅱ端"指示灯是否正常。判断失误扣 5 分		

续上表

项目	考核内容及评分标准	扣分因素及扣分	得分
操作程序50分	5. 更换信号机进行试验,检查信号机是否正常。判断失误扣5分		
	6. 用万用表直流挡测量信号机Ⅰ-LL/Ⅱ-LL线缆3脚(主机输入)、9脚(−50 V地线)间是否有50 V电压。判断失误扣8分		
	7. 若信号机Ⅰ-LL/Ⅱ-LL线缆3脚(主机输入)、9脚(−50 V地线)间无50 V,检查Ⅰ-SZ、Ⅱ-SZ线缆3脚是否正常导通。判断失误扣10分		
	8. 若Ⅰ-SZ、Ⅱ-SZ线缆3脚正常导通,则为机车信号主机故障。判断失误扣5分		
	9. 更换故障设备并进行机车出库功能试验。缺一项扣5分		
	10. 在机车临修登记票签字,签发合格证。缺一项扣5分		
作业质量30分	1. 错判故障,每次扣10分		
	2. 故障处理后未进行试验,扣10分		
	3. 不清楚技术标准(考评员提问),扣10分		
工具使用10分	1. 操作方法不对,纠正一次扣5分		
	2. 损坏器材,扣10分		
	3. 损坏工具、仪表,按失格处理		
作业安全10分	1. 未按规定在作业前悬挂防护红旗(夜间防护红灯)并在司机操纵手柄处挂禁动牌,扣5分		
	2. 出现一次违章作业扣3分		
	3. 未按规定着装,扣2分		
合计			

考评员签名： 被认定人： 年 月 日

S3 人工校正 LKJ2000 型监控装置滞后误差

1. 考场准备

要求场地内有一套完整的车载设备系统,基本信号设备完备,能接收地面信号发码并开放机车信号。场地内至少有一个实际的完整的 LKJ 监控装置系统、一套 LKJ 及机车信号设备,一套机车外挂设备,通信 CIR 设备一套,速度发码设备、信号发码设备各一套,并且能够检测实际有的设备。

2. 材料工具准备

序号	名称	规格	数量	备注	序号	名称	规格	数量	备注
1	车载设备配线图纸		1套		5	机车信号相关配线		1套	
2	万用表	MF-14	1块		6	监控主机互换板件		1套	
3	防护用具		1套		7	检修工具		1套	
4	LKJ2000 监控主机		1台		8	兆欧表	ZC-7	1块	

3. 考核要求

(1)被认定人入场后，首先由裁判告知题目，其次由被认定人检查准备工具，确认故障现象，当被认定人告知裁判可以开始时，由裁判开始计时。

(2)考核时间为 10 min。

(3)按故障处理要求由被认定人独立完成。

(4)处理故障期间，被认定人可以查阅机车配线图。

(5)在被认定人处理故障期间，裁判可以依据故障分析向被认定人提问，以确认被认定人找到的故障点是否有依据。

(6)考核过程中若被认定人出现烧表、电击等毁坏设备或者人身受到伤害的现象时，裁判有权利终止考试，成绩为零。

(7)考核完毕后，由被认定人在评分表上签字确认。

4. 考核评分

(1)考评人员 3 名以上。

(2)评分要点见"实作技能考核评分记录表"。

(3)评分程序及规则:考评员根据考生操作情况对照计分标准在评分表上给予记录评分。

(4)算分方法:采用百分制，满分 100 分，60 分及以上为及格。

5. 实作技能考核评分记录表

准考证号:__________ 姓名:________ 性别:________ 单位:________________________

试题名称:人工校正 LKJ2000 型监控装置滞后误差。

考核时间:________________________ 开始时间:____时____分 结束时间:____时____分

项目	考核内容及评分标准	扣分因素及扣分	得分
操作程序 50分	1. 工具、材料准备齐全，检查工具、仪表是否良好。必要工具缺一件扣 2 分		
	2. 询访司机并回收 LKJ/CIR 系统检测合格证。缺一项扣 2 分		
	3. 确认故障现象。无此项扣 3 分		
	4. 在显示器上信号机位置，按压【车位】+【向前】键，显示距离余值清零，调出下一架信号机的位置。操作失误扣 15 分		
	5. 确认滞后误差小于 300 m 时，可采用【自动校正】进行滞后误差调整。操作失误扣 5 分		
	6. 在显示器上信号机位置，按压【自动校正】键，显示距离余值清零，调出下一架信号机的位置。操作失误扣 12 分		
	7. 更换故障设备并进行机车出库功能试验。缺一项扣 6 分		
	8. 在机车临修登记票签字，签发合格证。缺一项扣 5 分		
作业质量 30分	1. 错判故障，每次扣 10 分		
	2. 故障处理后未进行试验，扣 10 分		
	3. 不清楚技术标准(考评员提问)，扣 10 分		

续上表

项目	考核内容及评分标准	扣分因素及扣分	得分
工具使用10分	1. 操作方法不对,纠正一次扣5分		
	2. 损坏器材,扣10分		
	3. 损坏工具、仪表,按失格处理		
作业安全10分	1. 未按规定在作业前悬挂防护红旗(夜间防护红灯)并在司机操纵手柄处挂禁动牌,扣5分		
	2. 出现一次违章作业扣3分		
	3. 未按规定着装,扣2分		
合计			

考评员签名:　　　　　　　　被认定人:　　　　　　　　年　　月　　日

S4　处理LKJ2000型监控主机开机后插件面板指示灯不能正常显示故障

1. 考场准备

要求场地内有一套完整的车载设备系统,基本信号设备完备,能接收地面信号发码并开放机车信号。场地内至少有一个实际的完整的LKJ监控装置系统、一套LKJ及机车信号设备,一套机车外挂设备,通信CIR设备一套,速度发码设备、信号发码设备各一套,并且能够检测实际有的设备。

2. 材料工具准备

序号	名称	规格	数量	备注	序号	名称	规格	数量	备注
1	车载设备配线图纸		1套		5	LKJ2000监控主机		1台	
2	万用表	MF-14	1块		6	监控主机互换板件		1套	
3	防护用具		1套		7	检修工具		1套	
4	显示器		1台		8	兆欧表	ZC-7	1块	

3. 考核要求

(1)被认定人入场后,首先由裁判告知题目,其次由被认定人检查准备工具,确认故障现象,当被认定人告知裁判可以开始时,由裁判开始计时。

(2)考核时间为10 min。

(3)按故障处理要求由被认定人独立完成。

(4)处理故障期间,被认定人可以查阅机车配线图。

(5)在被认定人处理故障期间,裁判可以依据故障分析向被认定人提问,以确认被认定人找到的故障点是否有依据。

(6)考核过程中若被认定人出现烧表、电击等毁坏设备或者人身受到伤害的现象时，裁判有权利终止考试，成绩为零。

(7)考核完毕后，由被认定人在评分表上签字确认。

4. 考核评分

(1)考评人员3名以上。

(2)评分要点见“实作技能考核评分记录表”。

(3)评分程序及规则：考评员根据考生操作情况对照计分标准在评分表上给予记录评分。

(4)算分方法：采用百分制，满分100分，60分及以上为及格。

5. 实作技能考核评分记录表

准考证号：________ 姓名：_______ 性别：_______ 单位：________________

试题名称：处理LKJ2000型监控主机开机后插件面板指示灯不能正常显示故障。

考核时间：________________ 开始时间：___时___分 结束时间：___时___分

项目	考核内容及评分标准	扣分因素及扣分	得分
操作程序50分	1. 工具、材料准备齐全，检查工具、仪表是否良好。必要工具缺一件扣2分		
	2. 询访司机并回收LKJ/CIR系统检测合格证。缺一项扣2分		
	3. 确认故障现象。无此项扣3分		
	4. 检查监控主机各插件指示灯指示情况，确认故障插件位置。判断失误扣10分		
	5. 更换相应故障插件查看故障现象是否存在。操作失误扣5分		
	6. 检查故障指示插件对应外围电路。操作失误扣8分		
	7. 检查监控主机箱工作状态。操作失误扣9分		
	8. 更换故障设备并进行机车出库功能试验。缺一项扣6分		
	9. 在机车临修登记票签字，签发合格证。缺一项扣5分		
作业质量30分	1. 错判故障，每次扣10分		
	2. 故障处理后未进行试验，扣10分		
	3. 不清楚技术标准(考评员提问)，扣10分		
工具使用10分	1. 操作方法不对，纠正一次扣5分		
	2. 损坏器材，扣10分		
	3. 损坏工具、仪表，按失格处理		
作业安全10分	1. 未按规定在作业前悬挂防护红旗(夜间防护红灯)并在司机操纵手柄处挂禁动牌，扣5分		
	2. 出现一次违章作业扣3分		
	3. 未按规定着装，扣2分		
合计			

考评员签名： 被认定人： 年 月 日

S5 处理信号机显示正常,监控输出不正常故障

1. 考场准备

要求场地内有一套完整的车载设备系统,基本信号设备完备,能接收地面信号发码并开放机车信号。场地内至少有一个实际的完整的 LKJ 监控装置系统、一套 LKJ 及机车信号设备,一套机车外挂设备,通信 CIR 设备一套,速度发码设备、信号发码设备各一套,并且能够检测实际有的设备。

2. 材料工具准备

序号	名称	规格	数量	备注	序号	名称	规格	数量	备注
1	车载设备配线图纸		1套		6	相关配线		1套	
2	万用表	MF-14	1块		7	监控主机互换板件		1套	
3	防护用具		1套		8	检修工具		1套	
4	机车信号主机		1台		9	兆欧表	ZC-7	1块	
5	LKJ2000 型监控主机		1台						

3. 考核要求

(1)被认定人入场后,首先由裁判告知题目,其次由被认定人检查准备工具,确认故障现象,当被认定人告知裁判可以开始时,由裁判开始计时。

(2)考核时间为 10 min。

(3)按故障处理要求由被认定人独立完成。

(4)处理故障期间,被认定人可以查阅机车配线图。

(5)在被认定人处理故障期间,裁判可以依据故障分析向被认定人提问,以确认被认定人找到的故障点是否有依据。

(6)考核过程中若被认定人出现烧表、电击等毁坏设备或者人身受到伤害的现象时,裁判有权利终止考试,成绩为零。

(7)考核完毕后,由被认定人在评分表上签字确认。

4. 考核评分

(1)考评人员 3 名以上。

(2)评分要点见“实作技能考核评分记录表”。

(3)评分程序及规则:考评员根据考生操作情况对照计分标准在评分表上给予记录评分。

(4)算分方法:采用百分制,满分 100 分,60 分及以上为及格。

5. 实作技能考核评分记录表

准考证号:＿＿＿＿＿ 姓名:＿＿＿＿ 性别:＿＿＿＿ 单位:＿＿＿＿＿＿＿＿＿＿

试题名称:处理信号机显示正常,监控输出不正常故障。

考核时间:＿＿＿＿＿＿＿＿＿＿＿ 开始时间:＿＿时＿＿分 结束时间:＿＿时＿＿分

项目	考核内容及评分标准	扣分因素及扣分	得分
操作程序50分	1. 工具、材料准备齐全,检查工具、仪表是否良好。必要工具缺一件扣2分		
	2. 询访司机并回收LKJ/CIR系统检测合格证。缺一项扣2分		
	3. 确认故障现象。无此项扣3分		
	4. 检查机车信号监控装置与主体化机车信号X22T-X32T连线是否正常。判断失误扣10分		
	5. 更换数字量输入插件查看故障是否消除。操作失误扣5分		
	6. 检查机车信号上/下行开关位置、前/后位置。判断失误扣7分		
	7. 如故障现象仍存在,更换监控记录板排除故障点。判断失误扣5分		
	8. 更换机车信号主机查看故障是否恢复。判断失误扣5分		
	9. 进行机车出库功能试验。缺一项扣6分		
	10. 在机车临修登记票签字,签发合格证。缺一项扣5分		
作业质量30分	1. 错判故障,每次扣10分		
	2. 故障处理后未进行试验,扣10分		
	3. 不清楚技术标准(考评员提问),扣10分		
工具使用10分	1. 操作方法不对,纠正一次扣5分		
	2. 损坏器材,扣10分		
	3. 损坏工具、仪表,按失格处理		
作业安全10分	1. 未按规定在作业前悬挂防护红旗(夜间防护红灯)并在司机操纵手柄处挂禁动牌,扣5分		
	2. 出现一次违章作业扣3分		
	3. 未按规定着装,扣2分		
合计			

考评员签名: 被认定人: 年 月 日

S6 处理LKJ显示器数据ROM亮红灯故障

1. 考场准备

要求场地内有一套完整的车载设备系统,基本信号设备完备,能接收地面信号发码并开放机车信号。场地内至少有一个实际的完整的LKJ监控装置系统、一套LKJ及机车信号设备,一套机车外挂设备,通信CIR设备一套,速度发码设备、信号发码设备各一套,并且能够检测实际有的设备。

2. 材料工具准备

序号	名称	规格	数量	备注	序号	名称	规格	数量	备注
1	车载设备配线图纸		1套		6	监控主机互换板件		1套	
2	万用表	MF-14	1块		7	检修工具		1套	
3	防护用具		1套		8	兆欧表	ZC-7	1块	
4	显示器		1台		9	数据IC卡		1张	
5	LKJ2000型监控主机		1台						

3. 考核要求

(1)被认定人入场后,首先由裁判告知题目,其次由被认定人检查准备工具,确认故障现象,当被认定人告知裁判可以开始时,由裁判开始计时。

(2)考核时间为10 min。

(3)按故障处理要求由被认定人独立完成。

(4)处理故障期间,被认定人可以查阅机车配线图。

(5)在被认定人处理故障期间,裁判可以依据故障分析向被认定人提问,以确认被认定人找到的故障点是否有依据。

(6)考核过程中若被认定人出现烧表、电击等毁坏设备或者人身受到伤害的现象时,裁判有权利终止考试,成绩为零。

(7)考核完毕后,由被认定人在评分表上签字确认。

4. 考核评分

(1)考评人员3名以上。

(2)评分要点见"实作技能考核评分记录表"。

(3)评分程序及规则:考评员根据考生操作情况对照计分标准在评分表上给予记录评分。

(4)算分方法:采用百分制,满分100分,60分及以上为及格。

5. 实作技能考核评分记录表

准考证号:________ 姓名:________ 性别:________ 单位:________

试题名称:处理LKJ显示器数据ROM亮红灯故障。

考核时间:________ 开始时间:____时____分 结束时间:____时____分

项目	考核内容及评分标准	扣分因素及扣分	得分
操作程序50分	1. 工具、材料准备齐全,检查工具、仪表是否良好。必要工具缺一件扣2分		
	2. 询访司机并回收LKJ/CIR系统检测合格证。缺一项扣2分		
	3. 确认故障现象。无此项扣3分		
	4. 通过显示器【查询】+【4】界面发现数据ROM灯亮红。操作失误扣8分		

续上表

项目	考核内容及评分标准	扣分因素及扣分	得分
操作程序50分	5. 分析造成数据ROM亮红的原因主要有换装作业中未换装完即断电关机拔U盘,或插件芯片故障。分析失误扣15分		
	6. 使用数据转存器完成数据换装。操作失误扣10分		
	7. 进行机车出库功能试验。缺一项扣5分		
	8. 在机车临修登记票签字,签发合格证。缺一项扣5分		
作业质量30分	1. 错判故障,每次扣10分		
	2. 故障处理后未进行试验,扣10分		
	3. 不清楚技术标准(考评员提问),扣10分		
工具使用10分	1. 操作方法不对,纠正一次扣5分		
	2. 损坏器材,扣10分		
	3. 损坏工具、仪表,按失格处理		
作业安全10分	1. 未按规定在作业前悬挂防护红旗(夜间防护红灯)并在司机操纵手柄处挂禁动牌,扣5分		
	2. 出现一次违章作业扣3分		
	3. 未按规定着装,扣2分		
合计			

考评员签名:　　　　　　　　　　被认定人:　　　　　　　　　　年　　月　　日

S7　处理机车信号主机Ⅰ/Ⅱ端不能正常切换故障

1. 考场准备

要求场地内有一套完整的车载设备系统,基本信号设备完备,能接收地面信号发码并开放机车信号。场地内至少有一个实际的完整的LKJ监控装置系统、一套LKJ及机车信号设备,一套机车外挂设备,通信CIR设备一套,速度发码设备、信号发码设备各一套,并且能够检测实际有的设备。

2. 材料工具准备

序号	名称	规格	数量	备注	序号	名称	规格	数量	备注
1	车载设备配线图纸		1套		5	机车信号主机互换板件		1套	
2	万用表	MF-14	1块		6	检修工具		1套	
3	防护用具		1套		7	兆欧表	ZC-7	1块	
4	相关配线		1套		8	机车信号测试盒		1台	

3. 考核要求

(1)被认定人入场后,首先由裁判告知题目,其次由被认定人检查准备工具,确认故障现象,当被认定人告知裁判可以开始时,由裁判开始计时。

(2)考核时间为 10 min。

(3)按故障处理要求由被认定人独立完成。

(4)处理故障期间,被认定人可以查阅机车配线图。

(5)在被认定人处理故障期间,裁判可以依据故障分析向被认定人提问,以确认被认定人找到的故障点是否有依据。

(6)考核过程中若被认定人出现烧表、电击等毁坏设备或者人身受到伤害的现象时,裁判有权利终止考试,成绩为零。

(7)考核完毕后,由被认定人在评分表上签字确认。

4. 考核评分

(1)考评人员 3 名以上。

(2)评分要点见"实作技能考核评分记录表"。

(3)评分程序及规则:考评员根据考生操作情况对照计分标准在评分表上给予记录评分。

(4)算分方法:采用百分制,满分 100 分,60 分及以上为及格。

5. 实作技能考核评分记录表

准考证号:________ 姓名:________ 性别:________ 单位:________

试题名称:处理机车信号主机Ⅰ/Ⅱ端不能正常切换故障。

考核时间:________ 开始时间:____时____分 结束时间:____时____分

项目	考核内容及评分标准	扣分因素及扣分	得分
操作程序 50 分	1. 工具、材料准备齐全,检查工具、仪表是否良好。必要工具缺一件扣 2 分		
	2. 询访司机并回收 LKJ/CIR 系统检测合格证。缺一项扣 2 分		
	3. 确认故障现象。无此项扣 3 分		
	4. 确定工况条件是否良好:用万用表测量检查接线端子 J140、J149 工况 110 V 电压是否正常。测试错误扣 15 分		
	5. 确定机车信号主机Ⅰ/Ⅱ端条件是否正常:使用测试盒测量 LX3027(Ⅰ端)、28(Ⅱ端)对 30(110 V−)电压是否正常。测试错误扣 10 分		
	6. 确定连接板是否正常:更换或者倒换连接板进行确认试验。操作失误扣 8 分		
	7. 更换故障设备并进行机车出库功能试验。缺一项扣 5 分		
	8. 在机车临修登记票签字,签发合格证。缺一项扣 5 分		
作业质量 30 分	1. 错判故障,每次扣 10 分		
	2. 故障处理后未进行试验,扣 10 分		
	3. 不清楚技术标准(考评员提问),扣 10 分		

续上表

项目	考核内容及评分标准	扣分因素及扣分	得分
工具使用10分	1. 操作方法不对,纠正一次扣5分		
	2. 损坏器材,扣10分		
	3. 损坏工具、仪表,按失格处理		
作业安全10分	1. 未按规定在作业前悬挂防护红旗(夜间防护红灯)并在司机操纵手柄处挂禁动牌,扣5分		
	2. 出现一次违章作业扣3分		
	3. 未按规定着装,扣2分		
合计			

考评员签名:　　　　被认定人:　　　　年　月　日

S8　处理机车信号主机电源板Ⅰ50 V指示灯不亮故障

1. 考场准备

要求场地内有一套完整的车载设备系统,基本信号设备完备,能接收地面信号发码并开放机车信号。场地内至少有一个实际的完整的LKJ监控装置系统、一套LKJ及机车信号设备,一套机车外挂设备,通信CIR设备一套,速度发码设备、信号发码设备各一套,并且能够检测实际有的设备。

2. 材料工具准备

序号	名称	规格	数量	备注	序号	名称	规格	数量	备注
1	车载设备配线图纸		1套		5	相关配线		1套	
2	万用表	MF-14	1块		6	机车信号主机互换板件		1套	
3	防护用具		1套		7	检修工具		1套	
4	保险管		1个		8	兆欧表	ZC-7	1块	

3. 考核要求

(1)被认定人入场后,首先由裁判告知题目,其次由被认定人检查准备工具,确认故障现象,当被认定人告知裁判可以开始时,由裁判开始计时。

(2)考核时间为10 min。

(3)按故障处理要求由被认定人独立完成。

(4)处理故障期间,被认定人可以查阅机车配线图。

(5)在被认定人处理故障期间,裁判可以依据故障分析向被认定人提问,以确认被认定人找到的故障点是否有依据。

(6)考核过程中若被认定人出现烧表、电击等毁坏设备或者人身受到伤害的现象时,裁判有权利终止考试,成绩为零。

(7)考核完毕后,由被认定人在评分表上签字确认。

4. 考核评分

(1)考评人员 3 名以上。

(2)评分要点见"实作技能考核评分记录表"。

(3)评分程序及规则:考评员根据考生操作情况对照计分标准在评分表上给予记录评分。

(4)算分方法:采用百分制,满分 100 分,60 分及以上为及格。

5. 实作技能考核评分记录表

准考证号:______ 姓名:______ 性别:______ 单位:______

试题名称:处理机车信号主机电源板Ⅰ50 V 指示灯不亮故障。

考核时间:______ 开始时间:___时___分 结束时间:___时___分

项目	考核内容及评分标准	扣分因素及扣分	得分
操作程序 50分	1. 工具、材料准备齐全,检查工具、仪表是否良好。必要工具缺一件扣 2 分		
	2. 询访司机并回收 LKJ/CIR 系统检测合格证。缺一项扣 2 分		
	3. 确认故障现象。无此项扣 3 分		
	4. 检查该电源板熔断器是否正常。判断失误扣 10 分		
	5. 用万用表测量保险管是否断路。操作失误扣 10 分		
	6. 保险管正常则检查电源板硬件是否发生故障。判断失误扣 8 分		
	7. 更换电源插件查看故障是否消除。判断失误扣 5 分		
	8. 进行机车出库功能试验。缺一项扣 5 分		
	9. 在机车临修登记票签字,签发合格证。缺一项扣 5 分		
作业质量 30分	1. 错判故障,每次扣 10 分		
	2. 故障处理后未进行试验,扣 10 分		
	3. 不清楚技术标准(考评员提问),扣 10 分		
工具使用 10分	1. 操作方法不对,纠正一次扣 5 分		
	2. 损坏器材,扣 10 分		
	3. 损坏工具、仪表,按失格处理		
作业安全 10分	1. 未按规定在作业前悬挂防护红旗(夜间防护红灯)并在司机操纵手柄处挂禁动牌,扣 5 分		
	2. 出现一次违章作业扣 3 分		
	3. 未按规定着装,扣 2 分		
合计			

考评员签名: 被认定人: 年 月 日

S9 处理机车信号主机不能加电故障

1. 考场准备

要求场地内有一套完整的车载设备系统,基本信号设备完备,能接收地面信号发码并开放机车信号。场地内至少有一个实际的完整的 LKJ 监控装置系统、一套 LKJ 及机车信号设备,一套机车外挂设备,通信 CIR 设备一套,速度发码设备、信号发码设备各一套,并且能够检测实际有的设备。

2. 材料工具准备

序号	名称	规格	数量	备注	序号	名称	规格	数量	备注
1	车载设备配线图纸		1套		6	相关配线		1套	
2	万用表	MF-14	1块		7	机车信号主机互换板件		1套	
3	防护用具		1套		8	检修工具		1套	
4	机车信号主机		1台		9	兆欧表	ZC-7	1块	
5	保险管		1个						

3. 考核要求

(1)被认定人入场后,首先由裁判告知题目,其次由被认定人检查准备工具,确认故障现象,当被认定人告知裁判可以开始时,由裁判开始计时。

(2)考核时间为 10 min。

(3)按故障处理要求由被认定人独立完成。

(4)处理故障期间,被认定人可以查阅机车配线图。

(5)在被认定人处理故障期间,裁判可以依据故障分析向被认定人提问,以确认被认定人找到的故障点是否有依据。

(6)考核过程中若被认定人出现烧表、电击等毁坏设备或者人身受到伤害的现象时,裁判有权利终止考试,成绩为零。

(7)考核完毕后,由被认定人在评分表上签字确认。

4. 考核评分

(1)考评人员 3 名以上。

(2)评分要点见“实作技能考核评分记录表”。

(3)评分程序及规则:考评员根据考生操作情况对照计分标准在评分表上给予记录评分。

(4)算分方法:采用百分制,满分 100 分,60 分及以上为及格。

5. 实作技能考核评分记录表

准考证号:________ 姓名:________ 性别:______ 单位:________________
试题名称:处理机车信号主机不能加电故障。
考核时间:________________ 开始时间:____时____分 结束时间:____时____分

项目	考核内容及评分标准	扣分因素及扣分	得分
操作程序50分	1. 工具、材料准备齐全,检查工具、仪表是否良好。必要工具缺一件扣2分		
	2. 询访司机并回收LKJ/CIR系统检测合格证。缺一项扣2分		
	3. 确认故障现象。无此项扣3分		
	4. 检查机车供电电压110 V是否正常,主机背后开关是否处于正确位置。判断失误扣5分		
	5. 检查X26插头是否紧固,X26线缆及主机X26插座插针是否良好。判断失误扣5分		
	6. 使用万用表测量X26线缆7脚(110 V+)、9脚(110 V−)是否有110 V电压。测试错误扣10分		
	7. 通过电源板Ⅰ/Ⅱ上110 V指示灯来判断电源板Ⅰ/Ⅱ上F1熔断器是否正常。判断失误扣8分		
	8. 如110 V电源输入正常,则可能为两块电源板同时故障。判断失误扣5分		
	9. 更换故障设备并进行机车出库功能试验。缺一项扣5分		
	10. 在机车临修登记票签字,签发合格证。缺一项扣5分		
作业质量30分	1. 错判故障,每次扣10分		
	2. 故障处理后未进行试验,扣10分		
	3. 不清楚技术标准(考评员提问),扣10分		
工具使用10分	1. 操作方法不对,纠正一次扣5分		
	2. 损坏器材,扣10分		
	3. 损坏工具、仪表,按失格处理		
作业安全10分	1. 未按规定在作业前悬挂防护红旗(夜间防护红灯)并在司机操纵手柄处挂禁动牌,扣5分		
	2. 出现一次违章作业扣3分		
	3. 未按规定着装,扣2分		
合计			

考评员签名: 被认定人: 年 月 日

S10 处理机车入库检测试验鸣笛记录装置时,两端均不良故障

1. 考场准备

要求场地内有一套完整的车载设备系统,基本信号设备完备,能接收地面信号发码并开放机车信号。场地内至少有一个实际的完整的LKJ监控装置系统、一套LKJ及机车信号设备,一套机车外挂设备,通信CIR设备一套,速度发码设备、信号发码设备各一套,并且能够检测实际有的设备。

2. 材料工具准备

序号	名称	规格	数量	备注	序号	名称	规格	数量	备注
1	车载设备配线图纸		1套		6	相关配线		1套	
2	万用表	MF-14	1块		7	检修工具		1套	
3	防护用具		1套		8	兆欧表	ZC-7	1块	
4	鸣笛压力转换器		1个		9	功能扩展盒		1个	
5	LKJ2000型监控主机		1台						

3. 考核要求

(1)被认定人入场后,首先由裁判告知题目,其次由被认定人检查准备工具,确认故障现象,当被认定人告知裁判可以开始时,由裁判开始计时。

(2)考核时间为10 min。

(3)按故障处理要求由被认定人独立完成。

(4)处理故障期间,被认定人可以查阅机车配线图。

(5)在被认定人处理故障期间,裁判可以依据故障分析向被认定人提问,以确认被认定人找到的故障点是否有依据。

(6)考核过程中若被认定人出现烧表、电击等毁坏设备或者人身受到伤害的现象时,裁判有权利终止考试,成绩为零。

(7)考核完毕后,由被认定人在评分表上签字确认。

4. 考核评分

(1)考评人员3名以上。

(2)评分要点见"实作技能考核评分记录表"。

(3)评分程序及规则:考评员根据考生操作情况对照计分标准在评分表上给予记录评分。

(4)算分方法:采用百分制,满分100分,60分及以上为及格。

5. 实作技能考核评分记录表

准考证号:__________ 姓名:________ 性别:________ 单位:________________________

试题名称:处理机车入库检测试验鸣笛记录装置时,两端均不良故障。

考核时间:________________________ 开始时间:____时____分 结束时间:____时____分

项目	考核内容及评分标准	扣分因素及扣分	得分
操作程序50分	1. 工具、材料准备齐全,检查工具、仪表是否良好。必要工具缺一件扣2分		
	2. 询访司机并回收LKJ/CIR系统检测合格证。缺一项扣2分		
	3. 确认故障现象。无此项扣3分		
	4. 通过显示器【查询】+【4】进入设备状态栏,观察右侧功能扩展盒指示灯是否亮红灯。判断失误扣4分		

续上表

项目	考核内容及评分标准	扣分因素及扣分	得分
操作程序50分	5. 如果亮红灯，检查功能扩展盒指示灯显示是否正确，如果不亮检查功能扩展盒熔断器及电源线接线是否断线。判断失误扣10分		
	6. 如功能扩展盒工作正常，检查EX2插头和X36插头插接情况，再检查设备状态栏右侧功能扩展盒指示灯是否正常。判断失误扣8分		
	7. 如DF4B型机车，排除上述步骤后仍然亮红灯，检查扩展通信插件芯片版本是否为最新版本。缺一项扣5分		
	8. 若芯片版本正确，查看扩展通信插件是否故障。判断操作失误扣5分		
	9. 更换故障设备并进行机车出库功能试验。缺一项扣6分		
	10. 在机车临修登记票签字，签发合格证。缺一项扣5分		
作业质量30分	1. 错判故障，每次扣10分		
	2. 故障处理后未进行试验，扣10分		
	3. 不清楚技术标准(考评员提问)，扣10分		
工具使用10分	1. 操作方法不对，纠正一次扣5分		
	2. 损坏器材，扣10分		
	3. 损坏工具、仪表，按失格处理		
作业安全10分	1. 未按规定在作业前悬挂防护红旗(夜间防护红灯)并在司机操纵手柄处挂禁动牌，扣5分		
	2. 出现一次违章作业扣3分		
	3. 未按规定着装，扣2分		
合计			

考评员签名：　　　　被认定人：　　　　年　　月　　日

S11　处理机车速度突升、突降故障

1. 考场准备

要求场地内有一套完整的车载设备系统，基本信号设备完备，能接收地面信号发码并开放机车信号。场地内至少有一个实际的完整的LKJ监控装置系统、一套LKJ及机车信号设备，一套机车外挂设备，通信CIR设备一套，速度发码设备、信号发码设备各一套，并且能够检测实际有的设备。

2. 材料工具准备

序号	名称	规格	数量	备注	序号	名称	规格	数量	备注
1	车载设备配线图纸		1套		5	光电速度传感器		1台	
2	万用表	MF-14	1块		6	监控主机互换板件		1套	
3	防护用具		1套		7	检修工具		1套	
4	X34连接线		1根		8	兆欧表	ZC-7	1块	

3. 考核要求

(1)被认定人入场后,首先由裁判告知题目,其次由被认定人检查准备工具,确认故障现象,当被认定人告知裁判可以开始时,由裁判开始计时。

(2)考核时间为 10 min。

(3)按故障处理要求由被认定人独立完成。

(4)处理故障期间,被认定人可以查阅机车配线图。

(5)在被认定人处理故障期间,裁判可以依据故障分析向被认定人提问,以确认被认定人找到的故障点是否有依据。

(6)考核过程中若被认定人出现烧表、电击等毁坏设备或者人身受到伤害的现象时,裁判有权利终止考试,成绩为零。

(7)考核完毕后,由被认定人在评分表上签字确认。

4. 考核评分

(1)考评人员 3 名以上。

(2)评分要点见“实作技能考核评分记录表”。

(3)评分程序及规则:考评员根据考生操作情况对照计分标准在评分表上给予记录评分。

(4)算分方法:采用百分制,满分 100 分,60 分及以上为及格。

5. 实作技能考核评分记录表

准考证号:________ 姓名:________ 性别:________ 单位:________________

试题名称:处理机车速度突升、突降故障。

考核时间:________________ 开始时间:___时___分 结束时间:___时___分

项目	考核内容及评分标准	扣分因素及扣分	得分
操作程序50分	1. 工具、材料准备齐全,检查工具、仪表是否良好。必要工具缺一件扣 2 分		
	2. 询访司机并回收 LKJ/CIR 系统检测合格证。缺一项扣 2 分		
	3. 确认故障现象。无此项扣 3 分		
	4. 更换主、备用速度传感器查看是否为速度传感器故障。操作失误扣 6 分		
	5. 用万用表直流电阻挡测量速度传感器连接线是否连接可靠。判断失误扣 6 分		
	6. 更换监控主机电源插件查看故障现象是否消除。操作失误扣 6 分		
	7. 加装/更换速度信号隔离装置。操作失误扣 6 分		
	8. 更换模拟量输入/输出插件及监控记录插件查看故障现象。操作失误扣 5 分		
	9. 检查或更换 X34 电缆是否正常。判断失误扣 4 分		
	10. 更换故障设备并进行机车出库功能试验。缺一项扣 5 分		
	11. 在机车临修登记票签字,签发合格证。缺一项扣 5 分		

续上表

项目	考核内容及评分标准	扣分因素及扣分	得分
作业质量30分	1. 错判故障,每次扣10分		
	2. 故障处理后未进行试验,扣10分		
	3. 不清楚技术标准(考评员提问),扣10分		
工具使用10分	1. 操作方法不对,纠正一次扣5分		
	2. 损坏器材,扣10分		
	3. 损坏工具、仪表,按失格处理		
作业安全10分	1. 未按规定在作业前悬挂防护红旗(夜间防护红灯)并在司机操纵手柄处挂禁动牌,扣5分		
	2. 出现一次违章作业扣3分		
	3. 未按规定着装,扣2分		
合计			

考评员签名:　　　　　　　　　　　　被认定人:　　　　　　　　　　年　　月　　日

S12　处理机车信号八显示信号机显示多灯故障

1. 考场准备

要求场地内有一套完整的车载设备系统,基本信号设备完备,能接收地面信号发码并开放机车信号。场地内至少有一个实际的完整的LKJ监控装置系统、一套LKJ及机车信号设备,一套机车外挂设备,通信CIR设备一套,速度发码设备、信号发码设备各一套,并且能够检测实际有的设备。

2. 材料工具准备

序号	名称	规格	数量	备注	序号	名称	规格	数量	备注
1	车载设备配线图纸		1套		5	相关配线		1套	
2	万用表	MF-14	1块		6	机车信号主机互换板件		1套	
3	防护用具		1套		7	检修工具		1套	
4	机车信号机		1台		8	兆欧表	ZC-7	1块	

3. 考核要求

(1)被认定人入场后,首先由裁判告知题目,其次由被认定人检查准备工具,确认故障现象,当被认定人告知裁判可以开始时,由裁判开始计时。

(2)考核时间为10 min。

(3)按故障处理要求由被认定人独立完成。

(4)处理故障期间,被认定人可以查阅机车配线图。

(5)在被认定人处理故障期间,裁判可以依据故障分析向被认定人提问,以确认被认定人找到的故障点是否有依据。

(6)考核过程中若被认定人出现烧表、电击等毁坏设备或者人身受到伤害的现象时,裁判有权利终止考试,成绩为零。

(7)考核完毕后,由被认定人在评分表上签字确认。

4. 考核评分

(1)考评人员3名以上。

(2)评分要点见"实作技能考核评分记录表"。

(3)评分程序及规则:考评员根据考生操作情况对照计分标准在评分表上给予记录评分。

(4)算分方法:采用百分制,满分100分,60分及以上为及格。

5. 实作技能考核评分记录表

准考证号:__________ 姓名:________ 性别:________ 单位:______________________________

试题名称:处理机车信号八显示信号机显示多灯故障。

考核时间:______________________________ 开始时间:____时____分 结束时间:____时____分

项目	考核内容及评分标准	扣分因素及扣分	得分
操作程序50分	1. 工具、材料准备齐全,检查工具、仪表是否良好。必要工具缺一件扣2分		
	2. 询访司机并回收LKJ/CIR系统检测合格证。缺一项扣2分		
	3. 确认故障现象。无此项扣3分		
	4. 检查信号机是否有混线或者进水现象。判断失误扣5分		
	5. 检查信号机X27/28线缆、线缆接插头,观察和测量是否有进水或者其他短路的情况。判断失误扣8分		
	6. 更换机车信号机。判断失误扣10分		
	7. 更换或者倒换机车信号主机板进行确认试验。判断失误扣10分		
	8. 进行机车出库功能试验。缺一项扣5分		
	9. 在机车临修登记票签字,签发合格证。缺一项扣5分		
作业质量30分	1. 错判故障,每次扣10分		
	2. 故障处理后未进行试验,扣10分		
	3. 不清楚技术标准(考评员提问),扣10分		
工具使用10分	1. 操作方法不对,纠正一次扣5分		
	2. 损坏器材,扣10分		
	3. 损坏工具、仪表,按失格处理		
作业安全10分	1. 未按规定在作业前悬挂防护红旗(夜间防护红灯)并在司机操纵手柄处挂禁动牌,扣5分		
	2. 出现一次违章作业扣3分		
	3. 未按规定着装,扣2分		
合计			

考评员签名: 被认定人: 年 月 日

S13 处理 LKJ2000 型监控装置无机车信号显示或显示与机车信号显示不一致故障

1. 考场准备

要求场地内有一套完整的车载设备系统，基本信号设备完备，能接收地面信号发码并开放机车信号。场地内至少有一个实际的完整的 LKJ 监控装置系统、一套 LKJ 及机车信号设备，一套机车外挂设备，通信 CIR 设备一套，速度发码设备、信号发码设备各一套，并且能够检测实际有的设备。

2. 材料工具准备

序号	名称	规格	数量	备注	序号	名称	规格	数量	备注
1	车载设备配线图纸		1套		5	X32-X22 配线		1套	
2	万用表	MF-14	1块		6	机车信号主机互换板件		1套	
3	防护用具		1套		7	检修工具		1套	
4	机车信号主机		1台		8	兆欧表	ZC-7	1块	

3. 考核要求

(1)被认定人入场后，首先由裁判告知题目，其次由被认定人检查准备工具，确认故障现象，当被认定人告知裁判可以开始时，由裁判开始计时。

(2)考核时间为 10 min。

(3)按故障处理要求由被认定人独立完成。

(4)处理故障期间，被认定人可以查阅机车配线图。

(5)在被认定人处理故障期间，裁判可以依据故障分析向被认定人提问，以确认被认定人找到的故障点是否有依据。

(6)考核过程中若被认定人出现烧表、电击等毁坏设备或者人身受到伤害的现象时，裁判有权利终止考试，成绩为零。

(7)考核完毕后，由被认定人在评分表上签字确认。

4. 考核评分

(1)考评人员 3 名以上。

(2)评分要点见“实作技能考核评分记录表”。

(3)评分程序及规则：考评员根据考生操作情况对照计分标准在评分表上给予记录评分。

(4)算分方法：采用百分制，满分 100 分，60 分及以上为及格。

5. 实作技能考核评分记录表

准考证号:________ 姓名:________ 性别:________ 单位:____________________

试题名称:处理 LKJ2000 型监控装置无机车信号显示或显示与机车信号显示不一致故障。

考核时间:____________________ 开始时间:____时____分 结束时间:____时____分

项目	考核内容及评分标准	扣分因素及扣分	得分
操作程序 50 分	1. 工具、材料准备齐全,检查工具、仪表是否良好。必要工具缺一件扣 2 分		
	2. 询访司机并回收 LKJ/CIR 系统检测合格证。缺一项扣 2 分		
	3. 确认故障现象。无此项扣 3 分		
	4. 检查机车信号 X32-X22 连线是否正常。判断失误扣 10 分		
	5. 更换数字量输入插件查看故障现象是否消除。操作失误扣 5 分		
	6. 检查机车信号上/下行开关位置、前/后端位置是否正常。判断失误扣 5 分		
	7. 检查接收线圈安装、接线是否正常。判断失误扣 8 分		
	8. 若机车装有调车盒,则检查调车盒转换开关是否在监控位。判断失误扣 5 分		
	9. 更换故障设备并进行机车出库功能试验。缺一项扣 5 分		
	10. 在机车临修登记票签字,签发合格证。缺一项扣 5 分		
作业质量 30 分	1. 错判故障,每次扣 10 分		
	2. 故障处理后未进行试验,扣 10 分		
	3. 不清楚技术标准(考评员提问),扣 10 分		
工具使用 10 分	1. 操作方法不对,纠正一次扣 5 分		
	2. 损坏器材,扣 10 分		
	3. 损坏工具、仪表,按失格处理		
作业安全 10 分	1. 未按规定在作业前悬挂防护红旗(夜间防护红灯)并在司机操纵手柄处挂禁动牌,扣 5 分		
	2. 出现一次违章作业扣 3 分		
	3. 未按规定着装,扣 2 分		
合计			

考评员签名: 被认定人: 年 月 日

S14 处理 LKJ2000 型监控装置常用制动不能动作或减压量不正确故障

1. 考场准备

要求场地内有一套完整的车载设备系统,基本信号设备完备,能接收地面信号发码并开放机车信号。场地内至少有一个实际的完整的 LKJ 监控装置系统、一套 LKJ 及机车信号设备,一套机车外挂设备,通信 CIR 设备一套,速度发码设备、信号发码设备各一套,并且能够检测实际有的设备。

2. 材料工具准备

序号	名称	规格	数量	备注	序号	名称	规格	数量	备注
1	车载设备配线图纸		1套		6	监控主机互换板件		1套	
2	万用表	MF-14	1块		7	检修工具		1套	
3	防护用具		1套		8	兆欧表	ZC-7	1块	
4	LKJ2000型监控主机		1台		9	压力传感器		1个	
5	相关配线		1根						

3. 考核要求

(1)被认定人入场后,首先由裁判告知题目,其次由被认定人检查准备工具,确认故障现象,当被认定人告知裁判可以开始时,由裁判开始计时。

(2)考核时间为10 min。

(3)按故障处理要求由被认定人独立完成。

(4)处理故障期间,被认定人可以查阅机车配线图。

(5)在被认定人处理故障期间,裁判可以依据故障分析向被认定人提问,以确认被认定人找到的故障点是否有依据。

(6)考核过程中若被认定人出现烧表、电击等毁坏设备或者人身受到伤害的现象时,裁判有权利终止考试,成绩为零。

(7)考核完毕后,由被认定人在评分表上签字确认。

4. 考核评分

(1)考评人员3名以上。

(2)评分要点见"实作技能考核评分记录表"。

(3)评分程序及规则:考评员根据考生操作情况对照计分标准在评分表上给予记录评分。

(4)算分方法:采用百分制,满分100分,60分及以上为及格。

5. 实作技能考核评分记录表

准考证号:______ 姓名:______ 性别:______ 单位:______

试题名称:处理LKJ2000型监控装置常用制动不能动作或减压量不正确故障。

考核时间:____________ 开始时间:____时____分 结束时间:____时____分

项目	考核内容及评分标准	扣分因素及扣分	得分
操作程序50分	1. 工具、材料准备齐全,检查工具、仪表是否良好。必要工具缺一件扣2分		
	2. 询访司机并回收LKJ/CIR系统检测合格证。缺一项扣2分		
	3. 确认故障现象。无此项扣3分		
	4. 常用制动时,测量常用制动输出线得电状态是否正常,若状态不正常,需通知机务人员处理。判断失误扣8分		

续上表

项目	考核内容及评分标准	扣分因素及扣分	得分
操作程序50分	5. 检查常用制动输出连线(卸载、减压、关风信号线)是否正常。判断失误扣5分		
	6. 更换数字量输入/输出插件查看故障是否消除。操作失误扣5分		
	7. 更换过压抑制板查看故障现象。操作失误扣5分		
	8. 更换监控主机状态是否良好。操作失误扣5分		
	9. 若减压量不对,则通知机务人员调整常用制动排风速率。判断失误扣5分		
	10. 进行机车出库功能试验。缺一项扣5分		
	11. 在机车临修登记票签字,签发合格证。缺一项扣5分		
作业质量30分	1. 错判故障,每次扣10分		
	2. 故障处理后未进行试验,扣10分		
	3. 不清楚技术标准(考评员提问),扣10分		
工具使用10分	1. 操作方法不对,纠正一次扣5分		
	2. 损坏器材,扣10分		
	3. 损坏工具、仪表,按失格处理		
作业安全10分	1. 未按规定在作业前悬挂防护红旗(夜间防护红灯)并在司机操纵手柄处挂禁动牌,扣5分		
	2. 出现一次违章作业扣3分		
	3. 未按规定着装,扣2分		
合计			

考评员签名:　　　　被认定人:　　　　年　月　日

S15　处理GYK设备切换车辆换向开关时,DMI状态栏无相对应的工况显示故障

1. 考场准备

要求场地内有一套完整的车载设备系统,基本信号设备完备,能接收地面信号发码并开放机车信号。场地内至少有一个实际的完整的GYK主机及DMI,一套机车外挂设备,通信CIR设备一套,速度发码设备、信号发码设备各一套,并且能够检测实际有的设备。

2. 材料工具准备

序号	名称	规格	数量	备注	序号	名称	规格	数量	备注
1	车载设备配线图纸		1套		5	相关配线		1套	
2	万用表	MF-14	1块		6	GYK主机互换板件		1套	
3	防护用具		1套		7	检修工具		1套	
4	GYK主机		1台		8	兆欧表	ZC-7	1块	

3. 考核要求

(1)被认定人入场后,首先由裁判告知题目,其次由被认定人检查准备工具,确认故障现象,当被认定人告知裁判可以开始时,由裁判开始计时。

(2)考核时间为 10 min。

(3)按故障处理要求由被认定人独立完成。

(4)处理故障期间,被认定人可以查阅机车配线图。

(5)在被认定人处理故障期间,裁判可以依据故障分析向被认定人提问,以确认被认定人找到的故障点是否有依据。

(6)考核过程中若被认定人出现烧表、电击等毁坏设备或者人身受到伤害的现象时,裁判有权利终止考试,成绩为零。

(7)考核完毕后,由被认定人在评分表上签字确认。

4. 考核评分

(1)考评人员 3 名以上。

(2)评分要点见“实作技能考核评分记录表”。

(3)评分程序及规则:考评员根据考生操作情况对照计分标准在评分表上给予记录评分。

(4)算分方法:采用百分制,满分 100 分,60 分及以上为及格。

5. 实作技能考核评分记录表

准考证号:__________　姓名:________　性别:________　单位:__________

试题名称:处理 GYK 设备切换车辆换向开关时,DMI 状态栏无相对应的工况显示故障。

考核时间:____________________　开始时间:____时____分　结束时间:____时____分

项目	考核内容及评分标准	扣分因素及扣分	得分
操作程序50分	1. 工具、材料准备齐全,检查工具、仪表是否良好。必要工具缺一件扣 2 分		
	2. 询访司机并回收 GYK 系统检测合格证。缺一项扣 2 分		
	3. 确认故障现象。无此项扣 3 分		
	4. 检测工况信号输入是否正常,工况连接线有无松动。判断失误扣 5 分		
	5. 确认工况低电平有效还是高电平有效,工况转接板插头位置是否与此相对应。判断失误扣 5 分		
	6. 若输入信号正常,检测 307 转接板输入电压输入是否为 24 V。一切都正常则更换转接板,查看 DMI 显示结果。判断失误扣 8 分		
	7. 如果转接板仍显示不正常,检测 5030 电缆工况信号的通路好坏。判断失误扣 10 分		
	8. 其他正常则依次更换数字量输入/输出板、监控板、母板、主机。判断失误扣 5 分		
	9. 进行机车出库功能试验。缺一项扣 5 分		
	10. 在机车临修登记票签字,签发合格证。缺一项扣 5 分		

续上表

项目	考核内容及评分标准	扣分因素及扣分	得分
作业质量30分	1. 错判故障,每次扣10分		
	2. 故障处理后未进行试验,扣10分		
	3. 不清楚技术标准(考评员提问),扣10分		
工具使用10分	1. 操作方法不对,纠正一次扣5分		
	2. 损坏器材,扣10分		
	3. 损坏工具、仪表,按失格处理		
作业安全10分	1. 未按规定在作业前悬挂防护红旗(夜间防护红灯)并在司机操纵手柄处挂禁动牌,扣5分		
	2. 出现一次违章作业扣3分		
	3. 未按规定着装,扣2分		
合计			

考评员签名:　　　　　　　　被认定人:　　　　　　　　年　月　日

S16　处理GYK主机无压力显示故障

1. 考场准备

要求场地内有一套完整的车载设备系统,基本信号设备完备,能接收地面信号发码并开放机车信号。场地内至少有一个实际的完整的GYK主机及DMI,一套机车外挂设备,通信CIR设备一套,速度发码设备、信号发码设备各一套,并且能够检测实际有的设备。

2. 材料工具准备

序号	名称	规格	数量	备注	序号	名称	规格	数量	备注
1	车载设备配线图纸		1套		6	GYK主机互换板件		1套	
2	万用表	MF-14	1块		7	检修工具		1套	
3	防护用具		1套		8	兆欧表	ZC-7	1块	
4	GYK主机		1台		9	风压传感器		1个	
5	相关配线		1套						

3. 考核要求

(1)被认定人入场后,首先由裁判告知题目,其次由被认定人检查准备工具,确认故障现象,当被认定人告知裁判可以开始时,由裁判开始计时。

(2)考核时间为10 min。

(3)按故障处理要求由被认定人独立完成。

(4)处理故障期间,被认定人可以查阅机车配线图。

(5)在被认定人处理故障期间,裁判可以依据故障分析向被认定人提问,以确认被认定人找到的故障点是否有依据。

(6)考核过程中若被认定人出现烧表、电击等毁坏设备或者人身受到伤害的现象时，裁判有权利终止考试，成绩为零。

(7)考核完毕后，由被认定人在评分表上签字确认。

4. 考核评分

(1)考评人员 3 名以上。

(2)评分要点见“实作技能考核评分记录表”。

(3)评分程序及规则：考评员根据考生操作情况对照计分标准在评分表上给予记录评分。

(4)算分方法：采用百分制，满分 100 分，60 分及以上为及格。

5. 实作技能考核评分记录表

准考证号:________ 姓名:________ 性别:________ 单位:________________

试题名称：处理 GYK 主机无压力显示故障。

考核时间:________________ 开始时间:____时____分 结束时间:____时____分

项目	考核内容及评分标准	扣分因素及扣分	得分
操作程序50分	1. 工具、材料准备齐全，检查工具、仪表是否良好。必要工具缺一件扣 2 分		
	2. 询访司机并回收 GYK 检测合格证。缺一项扣 2 分		
	3. 确认故障现象。无此项扣 3 分		
	4. 检查风压线有无 15 V 电源。判断失误扣 10 分		
	5. 检查风压传感器接线是否正确。判断失误扣 5 分		
	6. 检查风压通道设置是否正确。判断失误扣 5 分		
	7. 检查模拟量输入/输出插件是否正常。判断失误扣 5 分		
	8. 检查主控记录板是否正常。判断失误扣 8 分		
	9. 更换故障设备并进行机车出库功能试验。缺一项扣 5 分		
	10. 在机车临修登记票签字，签发合格证。缺一项扣 5 分		
作业质量30分	1. 错判故障，每次扣 10 分		
	2. 故障处理后未进行试验，扣 10 分		
	3. 不清楚技术标准(考评员提问)，扣 10 分		
工具使用10分	1. 操作方法不对，纠正一次扣 5 分		
	2. 损坏器材，扣 10 分		
	3. 损坏工具、仪表，按失格处理		
作业安全10分	1. 未按规定在作业前悬挂防护红旗(夜间防护红灯)并在司机操纵手柄处挂禁动牌，扣 5 分		
	2. 出现一次违章作业扣 3 分		
	3. 未按规定着装，扣 2 分		
合计			

考评员签名：　　　　　　被认定人：　　　　　　年　　月　　日

S17　处理LKJ警惕按钮按下后不起作用的故障

1. 考场准备

要求场地内有一套完整的车载设备系统，基本信号设备完备，能接收地面信号发码并开放机车信号。场地内至少有一个实际的完整的LKJ监控装置系统、一套LKJ及机车信号设备，一套机车外挂设备，通信CIR设备一套，速度发码设备、信号发码设备各一套，并且能够检测实际有的设备。

2. 材料工具准备

序号	名称	规格	数量	备注	序号	名称	规格	数量	备注
1	车载设备配线图纸		1套		5	LKJ2000监控主机		1台	
2	万用表	MF-14	1块		6	监控主机互换板件		1套	
3	防护用具		1套		7	检修工具及相关配线		1套	
4	警惕按钮		1台		8	兆欧表	ZC-7	1块	

3. 考核要求

(1)被认定人入场后，首先由裁判告知题目，其次由被认定人检查准备工具，确认故障现象，当被认定人告知裁判可以开始时，由裁判开始计时。

(2)考核时间为10 min。

(3)按故障处理要求由被认定人独立完成。

(4)处理故障期间，被认定人可以查阅机车配线图。

(5)在被认定人处理故障期间，裁判可以依据故障分析向被认定人提问，以确认被认定人找到的故障点是否有依据。

(6)考核过程中若被认定人出现烧表、电击等毁坏设备或者人身受到伤害的现象时，裁判有权利终止考试，成绩为零。

(7)考核完毕后，由被认定人在评分表上签字确认。

4. 考核评分

(1)考评人员3名以上。

(2)评分要点见“实作技能考核评分记录表”。

(3)评分程序及规则：考评员根据考生操作情况对照计分标准在评分表上给予记录评分。

(4)算分方法：采用百分制，满分100分，60分及以上为及格。

5. 实作技能考核评分记录表

准考证号:________ 姓名:______ 性别:______ 单位:____________
试题名称:处理 LKJ 警惕按钮按下后不起作用的故障。
考核时间:____________ 开始时间:___时___分 结束时间:___时___分

项目	考核内容及评分标准	扣分因素及扣分	得分
操作程序50分	1. 工具、材料准备齐全,检查工具、仪表是否良好。必要工具缺一件扣2分		
	2. 询访司机并回收 LKJ/CIR 系统检测合格证。缺一项扣2分		
	3. 确认故障现象。无此项扣3分		
	4. 更换警惕按钮查看故障现象是否消除。操作失误扣10分		
	5. 更换数字量输入/输出插件查看故障现象是否消除。操作失误扣8分		
	6. 更换监控记录插件查看故障现象是否消除。操作失误扣8分		
	7. 检查警惕按钮连接电缆是否断线。判断失误扣7分		
	8. 更换故障设备并进行机车出库功能试验。缺一项扣5分		
	9. 在机车临修登记票签字,签发合格证。缺一项扣5分		
作业质量30分	1. 错判故障,每次扣10分		
	2. 故障处理后未进行试验,扣10分		
	3. 不清楚技术标准(考评员提问),扣10分		
工具使用10分	1. 操作方法不对,纠正一次扣5分		
	2. 损坏器材,扣10分		
	3. 损坏工具、仪表,按失格处理		
作业安全10分	1. 未按规定在作业前悬挂防护红旗(夜间防护红灯)并在司机操纵手柄处挂禁动牌,扣5分		
	2. 出现一次违章作业扣3分		
	3. 未按规定着装,扣2分		
合计			

考评员签名: 被认定人: 年 月 日

S18 处理 LKJ 显示器显示速度通道 V2 为零的故障

1. 考场准备

要求场地内有一套完整的车载设备系统,基本信号设备完备,能接收地面信号发码并开放机车信号。场地内至少有一个实际的完整的 LKJ 监控装置系统、一套 LKJ 及机车信号设备,一套机车外挂设备,通信 CIR 设备一套,速度发码设备、信号发码设备各一套,并且能够检测实际有的设备。

2. 材料工具准备

序号	名称	规格	数量	备注	序号	名称	规格	数量	备注
1	车载设备配线图纸		1套		6	X34 连接线		1根	
2	万用表	MF-14	1块		7	监控主机互换板件		1套	
3	防护用具		1套		8	检修工具		1套	
4	速度传感器		1个		9	兆欧表	ZC-7	1块	
5	LKJ2000 监控主机		1台						

3. 考核要求

(1)被认定人入场后,首先由裁判告知题目,其次由被认定人检查准备工具,确认故障现象,当被认定人告知裁判可以开始时,由裁判开始计时。

(2)考核时间为 10 min。

(3)按故障处理要求由被认定人独立完成。

(4)处理故障期间,被认定人可以查阅机车配线图。

(5)在被认定人处理故障期间,裁判可以依据故障分析向被认定人提问,以确认被认定人找到的故障点是否有依据。

(6)考核过程中若被认定人出现烧表、电击等毁坏设备或者人身受到伤害的现象时,裁判有权利终止考试,成绩为零。

(7)考核完毕后,由被认定人在评分表上签字确认。

4. 考核评分

(1)考评人员 3 名以上。

(2)评分要点见"实作技能考核评分记录表"。

(3)评分程序及规则:考评员根据考生操作情况对照计分标准在评分表上给予记录评分。

(4)算分方法:采用百分制,满分 100 分,60 分及以上为及格。

5. 实作技能考核评分记录表

准考证号:________ 姓名:______ 性别:______ 单位:________________

试题名称:处理 LKJ 显示器显示速度通道 V2 为零的故障。

考核时间:__________________ 开始时间:___时___分 结束时间:___时___分

项目	考核内容及评分标准	扣分因素及扣分	得分
操作程序 50分	1. 工具、材料准备齐全,检查工具、仪表是否良好。必要工具缺一件扣 2 分		
	2. 询访司机并回收 LKJ/CIR 系统检测合格证。缺一项扣 2 分		
	3. 确认故障现象。无此项扣 3 分		
	4. 检查端子 J133 电源 J170+15 V、J179-15 V 连线接触是否良好,有无断线。判断失误扣 5 分		

续上表

项目	考核内容及评分标准	扣分因素及扣分	得分
操作程序50分	5. 更换机车备用通道速度传感器查看故障是否消除。操作失误扣5分		
	6. 用万用表测量端子J133,电源J170+15 V、J179−15 V到速度传感器插座连线是否断线。判断失误扣8分		
	7. 用万用表测量J133端子到监控主机插头X34T:5、X34T:2、X34T:6插针之间连接线是否正常。判断失误扣5分		
	8. 检查主机模拟量输入/输出板工作是否正常。判断失误扣5分		
	9. 检查监控记录插件或主机工作是否正常。操作失误扣5分		
	10. 进行机车出库功能试验。缺一项扣5分		
	11. 在机车临修登记票签字,签发合格证。缺一项扣5分		
作业质量30分	1. 错判故障,每次扣10分		
	2. 故障处理后未进行试验,扣10分		
	3. 不清楚技术标准(考评员提问),扣10分		
工具使用10分	1. 操作方法不对,纠正一次扣5分		
	2. 损坏器材,扣10分		
	3. 损坏工具、仪表,按失格处理		
作业安全10分	1. 未按规定在作业前悬挂防护红旗(夜间防护红灯)并在司机操纵手柄处挂禁动牌,扣5分		
	2. 出现一次违章作业扣3分		
	3. 未按规定着装,扣2分		
合计			

考评员签名: 被认定人: 年 月 日

S19 处理JT-CZ2000型机车信号主机电源板Ⅰ或Ⅱ50 VD指示灯不亮故障

1. 考场准备

要求场地内有一套完整的车载设备系统,基本信号设备完备,能接收地面信号发码并开放机车信号。场地内至少有一个实际的完整的LKJ监控装置系统、一套LKJ及机车信号设备,一套机车外挂设备,通信CIR设备一套,速度发码设备、信号发码设备各一套,并且能够检测实际有的设备。

2. 材料工具准备

序号	名称	规格	数量	备注	序号	名称	规格	数量	备注
1	车载设备配线图纸		1套		5	机车信号主机		1台	
2	万用表	MF-14	1块		6	机车信号主机互换板件		1套	
3	防护用具		1套		7	检修工具		1套	
4	相关配线		1台		8	兆欧表	ZC-7	1块	

3. 考核要求

(1)被认定人入场后,首先由裁判告知题目,其次由被认定人检查准备工具,确认故障现象,当被认定人告知裁判可以开始时,由裁判开始计时。

(2)考核时间为 10 min。

(3)按故障处理要求由被认定人独立完成。

(4)处理故障期间,被认定人可以查阅机车配线图。

(5)在被认定人处理故障期间,裁判可以依据故障分析向被认定人提问,以确认被认定人找到的故障点是否有依据。

(6)考核过程中若被认定人出现烧表、电击等毁坏设备或者人身受到伤害的现象时,裁判有权利终止考试,成绩为零。

(7)考核完毕后,由被认定人在评分表上签字确认。

4. 考核评分

(1)考评人员 3 名以上。

(2)评分要点见“实作技能考核评分记录表”。

(3)评分程序及规则:考评员根据考生操作情况对照计分标准在评分表上给予记录评分。

(4)算分方法:采用百分制,满分 100 分,60 分及以上为及格。

5. 实作技能考核评分记录表

准考证号:__________ 姓名:________ 性别:________ 单位:________________________

试题名称:处理 JT-CZ2000 型机车信号主机电源板Ⅰ或Ⅱ50 VD 指示灯不亮故障。

考核时间:________________________ 开始时间:____时____分 结束时间:____时____分

项目	考核内容及评分标准	扣分因素及扣分	得分
操作程序 50 分	1. 工具、材料准备齐全,检查工具、仪表是否良好。必要工具缺一件扣 2 分		
	2. 询访司机并回收 LKJ/CIR 系统检测合格证。缺一项扣 2 分		
	3. 确认故障现象。无此项扣 3 分		
	4. 将工作机切换到该电源板对应的主机板,观察机车信号主机是否正常点灯。操作失误扣 8 分		
	5. 若点灯正常而 50 VD 指示灯不亮,检查电源板 R2 电阻或者 D3 二极管是否良好。测试错误扣 10 分		
	6. 若点灯不正常检查电源板动态点灯电源电路部分是否良好。操作失误扣 10 分		
	7. 检查电源板是否良好。测试错误扣 5 分		
	8. 更换故障设备并进行机车出库功能试验。缺一项扣 5 分		
	9. 在机车临修登记票签字,签发合格证。缺一项扣 5 分		
作业质量 30 分	1. 错判故障,每次扣 10 分		
	2. 故障处理后未进行试验,扣 10 分		
	3. 不清楚技术标准(考评员提问),扣 10 分		

续上表

项目	考核内容及评分标准	扣分因素及扣分	得分
工具使用10分	1. 操作方法不对,纠正一次扣5分		
	2. 损坏器材,扣10分		
	3. 损坏工具、仪表,按失格处理		
作业安全10分	1. 未按规定在作业前悬挂防护红旗(夜间防护红灯)并在司机操纵手柄处挂禁动牌,扣5分		
	2. 出现一次违章作业扣3分		
	3. 未按规定着装,扣2分		
合计			

考评员签名: 被认定人: 年 月 日

S20 处理LKJ2000型监控装置无压力显示或者压力显示不正确故障

1. 考场准备

要求场地内有一套完整的车载设备系统,基本信号设备完备,能接收地面信号发码并开放机车信号。场地内至少有一个实际的完整的LKJ监控装置系统、一套LKJ及机车信号设备,一套机车外挂设备,通信CIR设备一套,速度发码设备、信号发码设备各一套,并且能够检测实际有的设备。

2. 材料工具准备

序号	名称	规格	数量	备注	序号	名称	规格	数量	备注
1	车载设备配线图纸		1套		5	监控主机互换板件		1套	
2	万用表	MF-14	1块		6	检修工具		1套	
3	防护用具		1套		7	兆欧表	ZC-7	1块	
4	相关配线		1套		8	压力传感器	TQG14	1个	

3. 考核要求

(1)被认定人入场后,首先由裁判告知题目,其次由被认定人检查准备工具,确认故障现象,当被认定人告知裁判可以开始时,由裁判开始计时。

(2)考核时间为10 min。

(3)按故障处理要求由被认定人独立完成。

(4)处理故障期间,被认定人可以查阅机车配线图。

(5)在被认定人处理故障期间,裁判可以依据故障分析向被认定人提问,以确认被认定人找到的故障点是否有依据。

(6)考核过程中若被认定人出现烧表、电击等毁坏设备或者人身受到伤害的现象时，裁判有权利终止考试，成绩为零。

(7)考核完毕后，由被认定人在评分表上签字确认。

4. 考核评分

(1)考评人员 3 名以上。

(2)评分要点见"实作技能考核评分记录表"。

(3)评分程序及规则：考评员根据考生操作情况对照计分标准在评分表上给予记录评分。

(4)算分方法：采用百分制，满分 100 分，60 分及以上为及格。

5. 实作技能考核评分记录表

准考证号：＿＿＿＿＿ 姓名：＿＿＿＿ 性别：＿＿＿＿ 单位：＿＿＿＿＿＿＿＿＿＿＿＿

试题名称：处理 LKJ2000 型监控装置无压力显示或者压力显示不正确故障。

考核时间：＿＿＿＿＿＿＿＿＿＿＿＿ 开始时间：＿＿时＿＿分 结束时间：＿＿时＿＿分

项目	考核内容及评分标准	扣分因素及扣分	得分
操作程序50分	1. 工具、材料准备齐全，检查工具、仪表是否良好。必要工具缺一件扣 2 分		
	2. 询访司机并回收 LKJ/CIR 系统检测合格证。缺一项扣 2 分		
	3. 确认故障现象。无此项扣 3 分		
	4. 检查压力传感器连线是否正常。判断失误扣 5 分		
	5. 用万用表测量接线端子 J169、J170 上是否有 15 V 电压输出，测量 J120、J129 压力传感器 15 V 工作电压是否正常。测试错误扣 8 分		
	6. 若电压正常，检查压力传感器是否良好。操作失误扣 10 分		
	7. 检查模拟量输入/输出插件是否良好。判断失误扣 10 分		
	8. 更换故障设备并进行机车出库功能试验。缺一项扣 5 分		
	9. 在机车临修登记票签字，签发合格证。缺一项扣 5 分		
作业质量30分	1. 错判故障，每次扣 10 分		
	2. 故障处理后未进行试验，扣 10 分		
	3. 不清楚技术标准(考评员提问)，扣 10 分		
工具使用10分	1. 操作方法不对，纠正一次扣 5 分		
	2. 损坏器材，扣 10 分		
	3. 损坏工具、仪表，按失格处理		
作业安全10分	1. 未按规定在作业前悬挂防护红旗(夜间防护红灯)并在司机操纵手柄处挂禁动牌，扣 5 分		
	2. 出现一次违章作业扣 3 分		
	3. 未按规定着装，扣 2 分		
合计			

考评员签名： 被认定人： 年 月 日

第三部分　高　级　工

1. 为什么不能在带电的情况下拔插插件?

答:因为在带电情况下拔插插件时,电压的冲击易将插件内的部分芯片烧损。

2. 机车工况包括哪些信息?它们是通过 LKJ2000 型监控装置主机的哪个插头引进的?

答:机车工况包括零位、向前、向后、牵引、制动。它们是通过 X30T 插头引进的。

3. 在 TAX2 型综合监测装置主机箱中都有哪些插件?

答:电源板、通信板、轨道检测、弓网检测、TMIS 板、DMIS 板、语音录音板等。

4. LKJ 运行文件中出现单机工作时,应如何处理?

答:在"开车"后,运行文件中有"A 机单机""B 机单机"记录;或无"人工切换",但记录有"A 主 B 备""A 备 B 主"记录各 2 次及以上,须作更换插件板处理。

5. 机车信号地面分析处理系统具有哪些功能?

答:图像操作功能、播放操作功能、数据分析功能、频谱分析功能、网络传输功能、查询筛选功能。

6. GYK 主机由哪些插件组成?

答:GYK 主机由 UPS 电源插件、模拟量输入/输出插件、电源插件、数字量输入/输出插件、机车信号插件、主控记录插件、语音记录插件、备用插件组成。

7. GYK 电源插件主要给哪些设备供电?

答:GYK 电源插件主要用于主机各模块插件 5 V、外部速度传感器 15 V、压力传感器 15 V、DMI 高压板 24 V、机车信号点灯的电压 24 V 等单元供电。

8. LKJ 紧急制动控制功能的取消条件是什么?

答:总重达 8 000 t 及以上的货物列车或通过车载数据设置的特殊列车运行速度低于 20 km/h 时,LKJ 取消紧急制动指令输出控制功能(防溜控制除外)。

9. LKJ 监控主机电源板保险管的规格是多大?

答:LKJ 监控主机电源板保险管的规格是 4 A。

10. LY-5 型语音录音板正常工作时各指示灯状态是什么?

答:正常工作时,1A、1B、3A、4A、5B 灯亮;语音记录装置与通信记录插件通信正常时 2B 灯亮;启动录音时,3B 灯亮;启动放音时,4B 灯亮。

11. 什么情况下监控装置记录为速度故障?

答:速度传感器一路或多路速度信号由 20 km/h 突降为 0 km/h,监控装置就相应地产生一个事件,并把该事件记为速度故障。

12. 数字量输入插件的作用是什么?

答:数字量输入插件是完成机车信号输入隔离与电平转换的接口,并将转换后的电平送到数据总线,供监控主机采样用。

13. JT-C 系列机车信号主机完全不译码故障的原因有哪些?

答:接收线圈短路或断路;主机板信号输入电路故障;主机故障。

14. JT-C 系列机车信号可以接收哪些信息?

答:JT-C 系列机车信号可以接收 4 信息、8 信息、18 信息移频、交流计数信息、极频信息和 UM71 制式的移频信息。

15. JY・J 型移频线圈的电气参数有何规定?

答:JY・J 型移频线圈的电气参数为直流电阻小于 8 Ω,电感量为 63 mH±3 mH,品质因数大于 5.5。

16. 如果需要更换主机或主机板时,应该注意重新输入或修改什么参数?

答:应该注意重新输入或修改装置号、机车号、轮对直径参数、机车型号、柴速、双针表速度折算值。

17. 检修机车外部设备或检修接收线圈时,应采取哪些安全防护措施?

答:检修机车外部设备或检修接收线圈时,应挂红色信号旗或红灯防护,并须在机车操纵把柄上悬挂“车下有人”白底红字作业牌。

18. 机车信号记录器系统由哪两部分组成?

答:机车信号记录器以独立插板的形式,嵌入主体化机车信号主机箱,机车信号记录器系统由车载部分和地面数据处理部分构成。

19. LKJ2000 型监控装置用于互换修理的主要配件有哪些?

答:LKJ 监控主机(整套)、LKJ 人机界面单元、监控记录插件、地面信息处理插件、通信插件、模拟量输入/输出插件、扩展通信插件、数字量输入插件、数字量输入/输出插件、电源插件、主机箱。

20. 简述 LKJ2000 型监控装置检修参数的修改方法。

答:按压【设定】键,将光标移至"1 检修"选项处,按压【确认】键,输入检修密码,进入检修参数设定界面,移动光标至要修改的参数,输入正确值后,将光标移至"确定"选项处,按压【确认】键退出。

21. LKJ2000 型监控记录插件主要功能模块有哪些?

答:CPU 模块、程序存储器与地面线路存储器模块、记录数据存储器模块、实时时钟模块、CAN 通信接口模块、同步通信模块、RS-232 通信模块、VME 并行总线接口模块。

22. LKJ2000 型监控装置有哪些记录功能?

答:LKJ 具有运行数据实时记录功能,能够记录日期、时间、里程坐标、机车条件变化、运行状态、按键、检修人员/乘务员输入、系统自检、揭示控制、点式信息等内容。

23. LKJ 数据闭环管理的六大环节是什么?

答:基础资料的提供、数据修改与下发、LKJ 数据复核、IC 卡参数修改、数据换装和换装后的跟踪分析。

24. LKJ2000 型监控装置主要记录哪些内容?

答:时间、公里标、信号机种类及编号、距前方信号机距离、列车运行速度和限制速度、列车管压力、柴油机转速、机车工况、机车信号、均缸压力、闸缸压力。

25. 机车信号主机开机不上电如何处理?

答:(1)检查电源端子线 7、9 号接触是否良好,有无断线。

(2)信号主机 X26 插头接触是否良好。

(3)如果上述两项都正常,更换信号主机。

26. 机车信号主机上电不点白灯如何处理?

答:(1)更换故障机车信号主机。

(2)更换故障机车信号机。

(3)信号主机到信号机连线断线(X27-X29 或 X28-X30)或插头接触不良,更换线缆。

27. 机车信号机某一灯位不点灯如何处理?

答:(1)更换故障机车信号机。

(2)信号主机到信号机连线断线(X27-X29 或 X28-X30),更换线缆。

(3)更换故障机车信号主机。

28. 机车前行或后行时只接收上行或下行信号如何处理?

答:(1)检查机车信号机上/下行开关是否良好。

(2)检查机车信号主机插头Ⅰ-SZ、Ⅱ-SZ 到信号机插头(Ⅰ-LL、Ⅱ-LL)接触是否良好,有无断线。

(3)更换故障机车信号主机。

29. 机车信号接收灵敏度低,经常出现掉码现象如何处理?

答:(1)检查接收线圈安装位置、高度是否符合标准。

(2)检查接收线圈电气特性(阻抗、绝缘等)是否符合标准。

(3)主机故障更换。

30. LKJ 检修参数设定的主要内容是什么?

答:装置号、机车型号、机车号、轮径、最大总重、最大辆数、最大计长、柴油机脉冲、双针表量程等。

31. LKJ 专用轴端式速度传感器装置的维护分工是如何规定的?

答:以安装速度传感器的机车或动车轴箱端盖为分界,速度传感器及其固定螺栓由电务部门负责,机车、车辆管理部门负责提供符合速度传感器安装机械结构要求的轴箱盖及轴端连接装置(或法兰盘)。

32. LKJ 监控设备安装结构分界是什么?责任分工如何划分?

答:设备安装结构以将设备固定在车本体、机架或安装台上的螺孔、螺丝分界,车体、机架或安装台由机务、车辆部门负责。

如机车或动车组上需要加装改造 LKJ 等设备时,本着“谁管理、谁负责”的原则完成加装改造相关工作。

33. 机车信号分析软件分析机车信号数据文件时不显示机车号、公里标是何原因?如何处理?

答:一般判断原因为机车信号连线 LX22 至 TAX2 箱 X1 通信线缆插头虚接或线缆断

线。首先检查插头是否松动,然后测试连接线,检查线缆是否断线。若线缆断线则更换线缆。

34. 机车信号接收灵敏度低是何原因?如何处理?

答:(1)机车感应器安装高度不符合标准,机车信号感应器安装偏高,造成机车信号灵敏度低。应将机车感应器安装为标准高度。

(2)接收线圈安装方向不一致,不同时向前或向后。应将接收线圈安装方向调整为一致。

(3)机车信号接收线圈与接线盒插座连接错误。应改为正确连接方式。

35. 主体化机车信号适应哪些制式?

答:主体化机车信号适用于国产4信息移频轨道电路,国产18信息移频轨道电路,UM71型移频轨道电路,交流计数25 Hz、50 Hz、75 Hz和微电码轨道电路。

36. 主体化机车信号主机板反馈输入检测电路有什么作用?

答:主体化机车信号主机板反馈输入检测电路由光电隔离芯片、输入接口电路组成,反馈输入检测电路为DSP芯片提供点灯继电器或光电开关是否正常动作的检测信息。

37. 主体化机车信号主机有哪些硬件结构?

答:主机采用合体式六槽机箱结构,自左到右分别为记录器插板、主机板A插板、主机板B插板、连接板、电源板1和电源板2。

38. 机车信号记录器车载设备的主要功能有哪些?

答:对机车信号运用过程中的有关动态信息进行采集,并应用大容量CF卡作为记录介质进行记录。

39. LKJ是如何对A、B机进行识别的?

答:对A、B机的识别是靠对W/STB信号的高低电平进行判断的,W/STB信号通过母板恒接低电平的是A机,W/STB信号通过母板恒接高电平的是B机。

40. GYK人机界面单元(DMI)的作用是什么?

答:DMI高亮度显示屏用于显示运行图形、控制模式以及模式曲线、完成人机对话等功能。

两端的DMI相互独立,每个DMI内部都采用了PC104架构的工控机,用于与主机通信,因此DMI软件、GYK数据升级时,两端都要升级操作。两端可以用于相互交换位置,检测设备是否良好的一种检测方法。

41. 简述 LKJ 非本务工作状态的主要功能。

答:列车担当非本务运行时,通过本补切换装置或通过屏幕显示器设定进入非本务工作状态,非本务工作状态具备以下主要功能:

(1)LKJ 按机车最高运行速度和车辆最高运行速度的最低值确定固定模式限速。

(2)本工作状态下 LKJ 只提供模式限速值的显示,不输出相应的控制指令。

(3)运行记录功能。

42. LKJ 系统设备维护原则是什么? LKJ 系统设备用于进行修理的备品数量规定是多少?

答:LKJ 系统设备维护实行预防修与故障修相结合的体制,坚持专业化集中修理的原则。LKJ 系统设备的检修周期须与机车、动车组检修周期相适应并设置对应修程。

LKJ 系统设备用于进行互换修理和故障修理的备品应不少于安装数量的 20%。

43. 监控显示器按键无响应如何处理?

答:先检查显示器面膜本身是否已坏,已坏则更换面膜。更换面膜后,发现显示器按键仍然没反应,再检查键盘扫描电路,用示波器测量 U14(74HC245),若无输出,则更换 U14。

44. 环线电缆引入处应符合哪些条件?

答:(1)电缆引入处,应有足够量的电缆储备,并应排列整齐,盘放在电缆坑内;

(2)电缆引入处应均匀圆滑,整齐美观,不得有硬弯或背扣现象;

(3)电缆终端应有标明去向的铭牌。

45. LKJ2000 型监控装置系统故障输出原理是什么?

答:当 LKJ2000 型监控主机 A、B 机同时故障时,将产生系统故障输出。一方面数字量输入/输出插件输出 DC 110 V 故障信号至显示器,驱动蜂鸣器报警;另一方面启动过压抑制板上的 3 min 延时电路,要求在 3 min 内关断监控主机电源,否则实施紧急制动。

46. LKJ 数据换装过程作业要求有哪些?

答:数据换装实施工作实行双人作业,作业完成后,对照作业标准和参数设置情况逐项登记,并相互确认;对完成数据换装的 LKJ 设备,须在人机界面单元逐台粘贴含有换装日期、数据文件或控制文件版本号、数据使用范围等内容的换装标识。

47. LKJ2000 型监控装置实施常用制动控制的减压量是如何规定的?

答:(1)在减速区,机车牵引旅客列车取 130 kPa,货物列车取 120 kPa,动车组取最大常用制动减压量。

(2)在恒速区,机车牵引的客、货物列车均取 80 kPa,动车组取最大常用制动减压量。

(3)调车作业实施常用制动控制的减压量取 120 kPa。

48. 安装机车信号时对电缆装配有什么要求?

答:(1)配线整齐、芯线应预留有 5 mm 余量,防止过紧折断。

(2)电缆要固定在固定点上,每个尼龙紧固卡间距在 20～30 cm 间。

(3)电缆走向平直、与其他电缆不交叉,引入口有防磨卡装置。

(4)屏蔽线引到机车上,要集中单端接地。

49. 机车投入运用前,如何检测 LKJ 运用情况?

答:机车投入运用前,先确认设备外观、按键、插件板、接插件、铅封状态良好;确认主机指示灯及自检状态正确;确认屏幕显示器显示、语音正常;确认系统日期、时间正确。LKJ 时钟与标准时间的误差不得超过 30 s;确认机车型号、机车号设置正确;确认管压和柴油机转速(内燃机车)显示正确;确认机车停于信号发码环线上时复示机车信号状态正确;确认速度传感器安装牢固,紧固件齐全、无松动,机车动车时速度显示正确;确认牵引力解除、常用制动和紧急制动功能正常;确认数据转储功能正常。

50. LKJ 文件记录中出现"监控开机、关机"时,应如何分析处理?

答:打开全程记录,选择【分类查询】下拉菜单中的"开机/关机"选项。分析监控状态下的关机、开机记录,因机车柴油机停机后重启造成的瞬间关机为正常,如果出现原因不明的关机记录,须向车间反馈,通知检测人员检查电源线路或更换 A/B 机电源插件。

51. LKJ2000 型监控装置不能进入监控状态应如何处理?

答:(1)检查显示器按键是否良好,不良则更换按键;

(2)检查所输入信息是否正确,不正确则重新输入;

(3)检查监控、数据芯片是否良好,不良则更换;

(4)更换监控主机插件。

52. LKJ2000 型监控装置(无扩展功能装置)鸣笛不记录如何处理?

答:(1)检查监控装置 X31 插头 3 号芯线缆是否断线;

(2)测量机务端子是否有 110 V 电源供电;

(3)更换监控记录板。

53. 按压【警惕】按钮监控显示器不报警如何处理?

答:(1)检查【警惕】按钮是否故障。

(2)检查插头 X31T 至按钮端子连线是否断线。

(3)检查按钮端子至机务+110 V 端子连线是否断线。

(4)检查数字量输入/输出板是否正常。

54. 机车信号设备故障时如何处理?

答:机车信号设备故障时,在机车入库进入环线后,应立即进行故障查找和处理;遇有不明原因的故障,机电双方应共同查找、处理。原因不明、故障未查找出来和故障未克服的情况下,严禁出库牵引列车。

55. LKJ2000 型监控装置运行中语音提示"速度信号故障"如何处理?

答:(1)检查某一速度传感器是否良好,若不良则更换该速度传感器;

(2)检查并紧固速度传感器插头;

(3)检查并紧固速度信号条件线接线端子;

(4)用万用表电阻挡分别测量两条速度传感器配线,是否有接地、短路、断路现象,如有则更换故障的配线;

(5)如故障现象仍然存在,更换模拟量输入/输出插件。

56. LKJ 设备可以安装使用在哪些场合?

答:LKJ 设备适合于各型电力机车、内燃机车,适应自动闭塞、半自动闭塞区段,能适应各种信号制式,包括移频(含 18 信息移频、ZPW-2000 型)、交流计数、UM71、极频等。LKJ 既适合运行于不同速度等级线路的包括动车组在内的各型旅客列车及货物列车,也适合调车机车。装置的软件具有通用性,不同的用户可通过调整面向用户的软件参数来满足不同功能的要求和运行情况。

57. LKJ2000 型监控装置的哪些部件可以替换?

答:监控记录插件、模拟量输入/输出插件、数字量输入插件、数字量输入/输出插件、地面信息处理插件、通信插件、电源插件、事故状态记录器、主机箱、压力传感器、速度传感器、显示器 1(Ⅰ端)、显示器 2(Ⅱ端)和副台按钮。

58. 安装机车色灯信号机并配线需要哪些步骤?

答:(1)准备工具:克丝钳、尖嘴钳、斜口钳、剥线钳、活口扳手(150 mm)、螺丝刀(100 mm)、万用表、4 mm 套筒、5 mm 套筒。

(2)双面八显示信号机,安装前试验良好,接线正确。

(3)穿好工作服和绝缘鞋。

(4)将双面八显示信号机用 4 个 M8×30 mm 螺栓固定在信号机座上,对准八显示信号机的插座处向下打 ϕ12 mm 的圆洞,把配好的插头插在信号机的插座上拧紧,将配线从圆洞下到信号机的端子旁。

(5)配线。根据配线表及插头配线的线环处套管上的铭牌,进行端子接线。

59. 机车信号室内环线发码设备应满足哪些要求?

答:(1)电源电压为 AC 220 V±22 V,电源引入需要有防雷措施。

(2)移频制式载频误差小于±0.5 Hz,ZPW-2000 制式载频误差小于 2 Hz,调制低频周期误差小于±0.05 Hz。

(3)具备自动循环发送功能,可以发出机车信号所在运用区段应接收的所有信息的低频、载频,给出相应的频率和对应的机车信号显示,并具备能够满足现场一般测试的简易循环的发码模式。

60. 如何利用 LKJ 主机自检功能判断故障?

答:监控装置的主机箱各插件板、显示器均有自检功能。利用监控装置自诊断功能判别故障的前提是 CPU 及其总线工作正常。因此,该方法只能判别局部的故障。该方法是通过观察主机箱上各插件面板的二极管灯的状态,了解装置的工作状态,进而判别局部故障的位置和性质。

61. 分析 JT-C 系列机车信号主机不译码故障的原因。

答:(1)主机板"上行"/"下行"指示灯与预期的不符合,上/下行开关电路故障或开关扳错,载频自动切换错误。

(2)Ⅰ/Ⅱ端控制失效:机车单一运行方向不译码,换端即可正常工作。

(3)某种制式不译码:主机板跳线设置错误。

(4)完全不译码:接收线圈短路或断路;主机板信号输入电路故障;主机故障。

62. 如何删除机车信号状态文件?

答:提供文件删除操作是为了满足对状态文件进行定期清理的要求。在状态文件列表区通过鼠标左键单击选定要删除的状态文件后,可单击相应的菜单项:【文件】→【删除】或按下工具条上的【删除】按钮,系统显示删除文件操作确认信息对话框。用鼠标左键单击【是】按钮则将状态文件删除。

须注意无法在回收站中找到被删除的文件,被删除的文件无法恢复。

63. 分析 JT-C 系列机车信号采用双路接收线圈的作用。

答:JT-C 型机车信号的 JT1·S-Ⅱ型双路接收线圈内部设计为双路线圈,每路接收线圈对应机车信号主机中的一路主机板,接收线圈的一路出现故障时主机可以通过自动切换控制电路,把对应正常接收线圈的主机转换成工作机,提高系统的可靠性。双路接收线圈可实现车载系统的闭环自动检测,测试时线圈的一路作为测试线圈发送信号,另一路线圈接收信号,并控制与接收线圈相连接的主机进行译码和接收,从而实现了车载系统的闭环测试。

64. LKJ2000 型监控装置机车工况显示不正确应如何处理?

答:(1)分析:

机车工况条件的各路 110 V 信号，都是通过过压抑制板处理后送入数字量输入/输出插件，进行滤波、隔离、整形后送给总线。出现这种现象多为连线问题或数字量输入/输出插件故障导致。

(2)处理方法：

①检查机车工况连线；

②更换数字量输入/输出插件；

③更换监控记录插件；

④更换主机箱。

65. 在自动闭塞区间机车信号发生故障时应如何控制列车运行？

答：在自动闭塞区间，机车信号发生故障(含动车组在 CTCS-0 级区段列控车载设备故障不能正确接收地面信号)时，机车司机应立即停车，使用列车无线调度通信设备报告车站值班员、列车调度员。接到继续运行至前方站内停车的调度命令后，将 LKJ 转为 20 km/h 限速工作状态，严格按地面信号机的显示要求，操纵列车以规定的速度运行至前方站停车处理。

66. 用单片机仿真器查找 LKJ 故障应注意什么？

答：对专业维修人员，如果电路板上的 CPU 带有 IC 插座，便于用单片机仿真器查找 CPU 系统的故障。因此，维修人员首先必须了解仿真器的使用方法，其次还要熟悉 CPU 电路板上挂在总线上的存储器及 I/O 外接芯片的地址范围。

67. 简述 LKJ2000 型监控装置数字量输入插件的性能参数。

答：(1)机车信号(DC 50 V)输入通道，通道数为 16；

(2)输入阻抗大于或等于 10 kΩ；

(3)所有输入通道采用光电隔离方式进行隔离，隔离电压不低于 AC 500 V；

(4)具备自检回路，供主机对各输入通道进行检查。

68. 如何使用维修工具查找 LKJ 故障？

答：对 LKJ 装置较熟悉的维修人员可以使用维修工具查找故障，常用维修工具至少应包括：示波器 1 台、频率计 1 台、数字万用表 1 块、吸锡器 1 把、接地电烙铁 1 把。

一般情况，当出现故障时首先应检查电路板的供电电源是否正常。各路电源值应在技术标准规定的范围内。对 CPU 电路板应检查晶振电路、CPU 总线的滤波及复位电路是否正常。在使用万用表测量电压和使用示波器观察波形时应特别小心，不要使线间短路而损坏器件。不可对不共地(相互绝缘)的两点之间进行测量，否则会得到错误的结果。如果已经判断出焊接的元器件损坏，应使用吸锡器，拆下坏的元器件，换上好的元器件。

69. JT1-CZ2000 型机车信号主机板有哪些功能和特点？

答：主机板是主机的核心部件，对通过接收线圈接收到的地面轨道电路信息进行处理，并完成向后级设备的并口、串口输出和主机的输入输出控制。一个主机中有 2 块主机板，构成双机热备冗余结构。主机板为二取二结构，具有高安全性。

70. LKJ 记录中“车位向前”或“车位向后”的含义是什么？

答：按压【车位】+【向前】键进行车位调整有效时，监控装置把它作为一个事件记录下来，并记为“车位向前”；按压【车位】+【向后】键进行车位调整有效时，监控装置把它作为一个事件记录下来，并记为“车位向后”。车位向前调整，无距离限制，车位向后调整 300 m 内有效。

71. LKJ 对非单机车次的管压防溜控制要求有哪些？

答：除单机车次外的列车停车后列车管减压量小于 80 kPa，5 s 后 LKJ 输出语音提示指令，司机按键应答或追加减压大于或等于 80 kPa 以上时，撤除语音提示指令和管压防溜控制。输出语音提示指令 10 s 内，司机未按键应答或未追加减压，LKJ 输出紧急制动指令。

72. 自动闭塞区段信号突变控制要求是如何规定的？

答：LKJ 计算列车距前方信号机距离不超过 50 m 时，遇机车信号信息由 L、U2、U、UU、UUS 码突变为 HU 码、白灯的，LKJ 自动解除针对当前信号机的停车控制，并将计算的剩余距离消除。

73. LKJ 显示器标识粘贴原则是什么？

答：原则上只允许粘贴设备条形码、检修合格证标识、LKJ 数据换装标识、故障应急联系电话等，标识粘贴不得挡住感光孔及转储卡卡槽。设备条形码粘贴于显示器前面板上方中间位置，LKJ 数据换装标识、故障应急联系电话等标识粘贴于显示器左边明显位置，检修合格证粘贴于显示器后方横沿上空白处居中位置。特殊情况需粘贴其他标识的须铁路局集团公司电务部批准。

74. 电子设备防静电伤害的措施有哪些？

答：(1)尽量戴上棉制的干净手套或防静电的手环，不要穿着容易产生静电的服装(如某些化纤衣物)。操作印刷基板的人穿经过防静电处理的工作服，操作前采取措施释放静电。

(2)在无静电的工作区拿放对静电敏感的箱体、基板或组件。如有可能，操作印刷基板的作业台应铺有导电橡胶垫。

(3)搬运时，搬运车上采取接地措施，以防静电损害。要把印刷基板放到专门存放印刷基板的架子、防静电容器或导电聚乙烯袋里进行搬运，袋子口用胶带封好。

75. TAX2 主机箱各板件指示灯工作状态时,TMIS 板 4A 灯常亮如何处理?

答:(1)开机检查 TMIS 板自检是否正常,如正常检查 X5 插头、插座插针状态,并紧固;

(2)用万用表电阻挡测量 X5 和 BX1 的 1、2、3、4、5、6、7 脚是否有断路和短路现象,如有,则更换标签配线;

(3)如故障现象未消除,则更换机车电子标签;

(4)如故障仍然存在,则更换 TMIS 板或 TAX2 主机箱。

76. 主体化机车信号主机中光电开关的作用是什么?

答:光电开关的作用是控制点灯电源,在 DSP 芯片故障时切断点灯电源,在点灯继电器接点转换时切断点灯电源以实现点灯继电器接点的无电转换,从而提高点灯继电器的寿命。另外光电开关电路还包括过流保护电路,当点灯输出线负载电流过大时,光电开关将切断点灯电源。

77. LKJ2000 型监控装置主机与 TAX2 主机箱通信不良(通信记录插件 2A 灯常亮)**如何处理?**

答:(1)开机检查通信记录插件自检过程是否正常,如正常,检查 X37、X1 插头、插座插针状态,并紧固;

(2)用万用表电阻挡测量 X37 的 2、3、4 脚到 TX1T 的 1、2、3 脚是否有断路、短路现象,如有断路、短路现象则更换 X37 到 TX1T 间连线;

(3)如故障现象未消除,更换 TAX2 主机箱通信记录插件;

(4)如故障现象仍然存在,更换 LKJ2000 型主机箱上的通信插件。

78. LKJ2000 型监控装置显示器只显示零位、无非零位显示如何处理?

答:(1)检查机车工况由零位转换至非零位时 LKJ2000 型监控主机数字量输入/输出插件 1A、2B 指示灯显示是否正常;

(2)如不正常,用万用表直流电压挡测量 J195、J193 是否同时有+110 V 电压,如有,再用万用表电阻挡测量 X30 插头和插座 1、4 脚间有无短路,如无短路现象,机务 LLC 继电器反联锁辅助触子接触不良或配线断线;

(3)如故障现象仍然存在,更换数字量输入/输出插件、监控装置主机箱。

79. 机车信号、LKJ2000 型监控装置灯位显示正常,而按【查询】+【4】设备状态显示中数字量输入插件亮红灯如何处理?

答:(1)故障现象是机车信号输出直流+50 V 无输出;

(2)用万用表直流电压挡测量机车信号主机与监控主机 X32 插座 1、2 脚有无直流 50 V 输出,如无直流 50 V 输出,检查机车信号主机插 X22 插座 13、20 脚有无直流 50 V 输出,如无,更换 X32 至 X22 电缆;

(3)检查数字量输入插件自检电路是否故障,如故障,更换数字量输入插件。

80. 监控主机开机后电源插件显示正常、其他插件指示灯不能正常显示如何处理?

答:(1)此故障多为插件不能正常自检,重点检查带有CPU的插件(监控记录插件、地面信息处理插件、通信插件)及周围电路或写入程序的芯片;

(2)检查各插件指示灯指示状态,拔出指示灯指示不正常的插件检查有无故障,检查其他插件工作是否正常;如不正常拔出所有插件、重新插好监控记录插件、地面信息处理插件、通信插件,分别观察指示灯指示是否正常,更换不良插件。

81. LKJ机车工况显示不正确,应如何处理?

答:(1)分析:

机车工况条件的各路直流110 V信号,都是通过滤波电路板处理后送入数字量输入/输出插件,进行滤波、隔离、整形后送至总线。因此出现这种现象多为连线出问题或数字量输入/输出插件故障导致。

(2)应急处理方法:

①检查机车工况连线;

②更换数字量输入/输出插件。

82. 如何从LKJ运行记录数据文件中分析模块故障信息?

答:分析数据文件记录,当第×××项显示"A模块故障"、第×××项显示"A模块恢复",为了查明故障信息,确定是监控设备的哪块插件板故障,把光标定位到"A模块故障""A模块恢复"上面,就会在地面分析处理微机屏幕的最下方显示故障信息,提示具体是哪块插件故障。当把光标定位在"A模块故障"上面时,地面分析处理微机屏幕的最下方自动显示"通信板B",这说明该主机的B机的通信板出现异常,就可以通知检测人员检查处理,修复设备缺陷。

83. LKJ紧急制动不能动作,应如何处理?

答:(1)分析:

LKJ对列车实施紧急制动,是向电控阀或停车继电器送出直流110 V的正电源条件,由电控阀执行对列车实施紧急制动的控制。出现这种故障,先要判断是LKJ故障还是机车制动执行机构故障,检查110 V条件是否送入电控阀是判断故障范围的关键。

(2)应急处理方法:

①紧急制动时,测量电控阀是否得电,如得电,而电控阀不动作,则需由机务人员更换电控阀。如果没有得到制动信号电压,则执行下述两步;

②检查紧急制动接线;

③更换数字量输入/输出插件。

84. LKJ 常用制动不能动作或减压量不正确,应如何处理?

答:(1)分析:

LKJ 对列车实施常用制动,是向常用制动阀(由于制动机不同,在现场常用制动装置也有所区别)送出 110 V 的正电源条件,由常用制动装置执行对列车实施常用制动控制。如果常用制动不能动作,先要判断是 LKJ 故障还是常用制动装置故障,检查 110 V 条件是否送入常用制动装置是判断故障点的关键。如果减压量不正确,多为排风速率调整不当。常用制动和紧急制动继电器的工作电压是直流 24 V,如果电源板 24 V 电路故障,继电器不能正常工作,制动指令也不能输出。

(2)应急处理方法:

①检查常用制动输出连线;

②联系机务维护人员检查常用制动装置是否正常;

③更换数字量输入/输出插件;

④联系机务维护人员调整常用制动排风速率;

⑤更换电源板。

85. JT-C 机车信号“使用中闪白灯”现象的故障原因有哪些?

答:(1)电缆及插头接触不良。

(2)电源板Ⅰ或Ⅱ内接触不良。

(3)上/下行开关接触不良。

(4)前后端切换条件不稳。

(5)主机不良。

(6)接收线圈安装位置、参数不对。

(7)接收线圈电缆屏蔽层没有单点接地。

(8)地面发码设备故障。

86. 车载设备出入库检测安全控制措施有哪些内容?

答:(1)严格执行“三不动”“三不离”“三预想”安全制度;

(2)上下机车注意人身安全,禁止穿硬塑底鞋;

(3)禁止代替司机升降弓;

(4)禁止操作机车制动机;

(5)车外检修作业必须按规定设置好防护标识,如禁动标志牌等;

(6)无安全措施禁止上车顶检修天线;

(7)检查发现故障及时汇报工长(作业组长),如果不能及时排除,应根据故障情况,估计修复时间,以便机调安排机车运用,然后立即组织进行排除故障处理,完毕后通知作业组长到机调注销,并在故障处理记录簿内做好记录;

(8)作业结束后,确认机车信号“测试/运行”开关处于“运行”位置。

87. TX98-A 型通用机车信号环线发码箱的基本功能是什么？

答:(1)具有多股道检测环线接驳端口；

(2)信号制式库及库存制式调用功能；

(3)各制式环线电流值预设功能；

(4)制式单发或多制式串发自动循检功能；

(5)手动选码发码功能；

(6)语音及音频信号输出功能；

(7)工作状态掉电非易失功能；

(8)模拟信号机色灯显示功能。

88. LKJ 文件中的管压信息分析的标准是什么？管压信息异常时应如何处理？

答:打开全程记录，检索全程记录和运行曲线，分析管压值是否正常。正常情况下，运行时列车管压力客车为 600 kPa、货车为 500 kPa（允许相差在 ± 20 kPa 范围内），闸缸压力应为 0 kPa。查看管压曲线是否发生异常抖动。若有"管压变化""均衡缸压力变化""闸缸压力变化"记录，且变化幅度范围超过 ± 20 kPa 时，须向车间反馈。根据判断作相应处理，更换相应模拟量输入/输出插件、压力传感器、电源插件，检查压力传感器机车线路或主机线路。

89. 机车信号运行文件中公里标、速度等信息未知时如何处理？

答:(1)检查发现 TAX2 箱通信记录插件 2A 灯常亮、3B 灯闪亮；

(2)检查 TAX2 箱内语音录音插件通信指示灯状态是否正常，如不正常，更换 TAX2 箱内通信记录插件；

(3)检查 TAX2 箱机车信号转接插件位置与通信输出插座位置是否正确，如不正确，调整插件位置；

(4)用万用表电阻挡测量 TAX2 箱 X7 插头 1、4、3 脚间有无断路、短路现象，如有断路、短路现象，更换 TAX2 箱 X7 到 LX22 间连线；

(5)检查信号主机记录插件指示灯状态，正常状态下 COM 灯 1/8 s 点亮，3/8 s 灭，如不正常，更换机车信号主机记录插件。

90. 如何对 JT-C 系列机车信号记录器使用 U 盘转储操作？

答:(1)转储前先执行切换工作主机后保持 15 s 的操作。

(2)观察记录器板面上 STM、COM、CFC 三个灯状态是否正常，若正常将 U 盘插入 USB 口，此时 USB 灯应快闪，其他灯正常闪烁。

(3)CFC 和 USB 快闪（1/40 s 亮，1/40 s 灭，1/20 s 周期），其他灯均灭，表示进入转储过程。

(4)CFC 和 USB 两灯均就绪（2 s 一闪）表示转储完成（两灯交替闪或同时闪均为正常）。此时可拔出 U 盘，之后系统复位重启。

(5)将 U 盘直接和电脑连接，利用地面分析软件进行转存操作，将数据存到电脑中。

91. 列车进行引导进站时,LKJ 是如何监控列车运行的?

答:(1)列车在进站信号机前,机车信号为一个半黄半红闪光灯光时,监控装置控制列车以不超过 20 km/h 的速度越过该进站信号机。

(2)列车在进站信号机、接车进路信号机或四显示区段分割信号机前,机车信号为停车信号且列车速度低于 20 km/h 时,监控装置提供解除停车控制的条件。司机按规定操作后,LKJ 监控列车以不超过 20 km/h 的速度越过该信号机。

(3)对车载数据中已预先设置为“机外大坡道特殊车站”的,列车在进站信号机前,机车信号为停车信号时,允许列车速度高于 20 km/h,监控装置提供解除停车控制的条件。司机按规定操作后,LKJ 监控列车以不超过 20 km/h 的速度越过该进站信号机。

92. JT-C 系列机车信号主机板“二取二”容错安全结构是如何实现的?

答:每个主机板有 4 个 CPU(或称为 DSP),分成独立两路,每路包括一个译码 CPU 和一个输出控制 CPU。两路译码 CPU 独立译码,译结果分别提供给输出控制 CPU,由输出控制 CPU 完成运算结果比较、输出控制与反馈检查等功能。两路译码比较结果一致才有有效输出。其中输出控制 CPU 本身带有内部独立的“看门狗”复位电路,而输出控制 CPU 又作为信号处理 CPU 的“看门狗”复位电路。

93. LKJ 无压力显示或压力显示不正确,应如何处理?

答:(1)分析:

LKJ2000 型监控装置可以同时引入四路压力信号,压力信号通过压力传感器将 0 kPa～1 000 kPa 的压力信号转换成 0 V～5 V 的电压信号,经模拟量输入/输出插件处理后送到监控记录插件。所以出现这种现象多为压力传感器故障、压力传感器工作电压不正常、模拟量输入/输出插件故障导致。

(2)应急处理方法:

①检查压力传感器连线;

②检查压力传感器工作电压;

③更换压力传感器;

④更换模拟量输入/输出插件;

⑤更换电源插件。

94. TAX2 主机箱各板件指示灯工作状态时,各板件指示灯均不亮如何处理?

答:(1)检查 TAX2 主机箱电源线接线,如果接错或未接,重新接线;

(2)用万用表直流电压挡测量 TAX2 主机箱电源线插头 1、2 脚,是否有 110 V 电压,如果没有则说明 TAX2 主机箱电源线断线,更换配线;

(3)如电源正常,则更换 TAX2 主机箱电源插件;

(4)如故障仍然存在,则更换 TAX2 主机箱。

95. 车载设备的电务维护人员必须严格执行哪些作业纪律?

答:(1)严禁擅自修改 LKJ、ATP 控制模式和数据;

(2)严禁不确认日期、时间、减压量;

(3)严禁使用 ATP 测试开关代替环线发码;

(4)严禁使用非专用工具插拔芯片;

(5)严禁扳动机车操纵主手柄、换向手柄;

(6)严禁代签合格证;

(7)严禁电网下擅自登顶作业;

(8)严禁迟报、瞒报车载设备故障信息。

96. LKJ2000 型监控装置显示器无机车工况对应显示如何处理?

答:(1)转换机车工况同时观察数字量输入/输出插件 1A～3A 灯(A、B 机)是否对应点亮;

(2)如数字量输入/输出插件 1A～3A 灯不点亮,检查 X30 插头、插座插针状态,并重新紧固 X30;

(3)用万用表直流电压挡测量 X30 插头 17 脚与 1～5 脚对应机车的工况有无直流 110 V 电压;

(4)如 X30 插头 17 脚与 1～5 脚对应机车的工况无直流 110 V 电压,用万用表直流电压挡测量 J429、J291、J292、J293、J294 的机车工况条件线端子有无直流 110 V 电压,如无,故障原因为机务换向接触器辅助触子接触不良或配线断线;

(5)如故障现象仍未消除,说明 X30 插头配线有断线处,应更换 X30 配线;

(6)如故障现象仍然存在,说明数字量输入/输出插件工况通道故障或监控装置主机箱内过压抑制板烧损,更换监控装置主机箱及数字量输入/输出插件。

97. "走停走"解锁条件及控制要求是如何规定的?

答:(1)自动闭塞区段通过信号机前,机车信号为停车信号,LKJ 监控列车在该信号机前停车 2 min 后,解除停车控制,监控列车以不超过 20 km/h 的速度越过该信号机,并允许以不超过该速度运行至次一架信号机(经国铁集团批准的特殊列车另行规定)。

(2)在车载数据中设置为容许信号机的通过信号机前,机车信号为停车信号时,LKJ 监控货物列车以不超过 20 km/h 的速度越过该信号机,并允许以不超过该速度运行至次一架信号机。

98. LKJ 系统设备检测作业后应达到哪些技术要求?

答:(1)设备外观良好,安装牢固,各电缆连接可靠,粘贴标识清晰。

(2)设备上电后,人机界面单元(屏幕显示器)的设备状态指示灯正常。

(3)人机界面单元(屏幕显示器)按键操作状态良好,参数设置正常;设定参数后调用的有关数据正确;LKJ 临时数据读取正常;语音播放正常。

(4)LKJ 系统日期正确,时钟误差范围满足规定。

(5)车载各软件和数据文件版本与要求版本相符。

(6)制动系统风管压力、柴油机转速、工况、速度显示正确,误差范围满足规定。

(7)机车信号显示状态正确。

(8)解除牵引力、常用制动和紧急制动功能正常,常用制动排风量满足规定。

(9)数据转储功能正常。

99. LKJ 过机不校如何处理?

答:(1)检查主机箱 X32 插接状态、用万用表电阻挡测量 X32 的 19、20 脚间电阻值,有无断路、短路现象,如有断路、短路现象,更换 X22 至 X32 的连线;

(2)在地面发码的条件下用万用表交流电压挡测量 X32 的 19、20 脚间有无接收电压,如接收电压正常,检查地面信息处理插件和监控记录插件紧固状态;

(3)误差距离超过自动校正距离;

(4)检查机车轮径参数值是否与该机车动轮直径相符;

(5)如故障现象仍然存在,更换监控记录插件及地面信息处理插件。

100. LKJ2000 型监控装置运行中无速度显示如何处理?

答:(1)检查主机箱后 X34 接触状态,并重新紧固;

(2)用万用表直流电压挡测量 X34 的 2、6 脚输出的速度传感器工作电源应有 15 V 电压,如没有则测量 X34 到接线排间速度传感器工作电源 J170、J179 间应有 15 V 电压,并检查端子紧固状态;

(3)用万用表直流电压挡测量速度传感器上车线插座 C、G 和 A、F 间应有 15 V 电压;

(4)用万用表电阻挡测量两个速度传感器至主机 X34 间的配线有无短路、断路及接地现象,如有进行更换;

(5)如故障现象未消除,则更换模拟量输入/输出插件;

(6)如故障现象仍然存在,则更换速度传感器。

S1　处理监控装置开机显示器黑屏故障

1. 考场准备

要求场地内有一套完整的车载设备系统，基本信号设备完备，能接收地面信号发码并开放机车信号。场地内至少有一个实际的完整的 LKJ 监控装置系统、一套 LKJ 及机车信号设备，一套机车外挂设备，通信 CIR 设备一套，速度发码设备、信号发码设备各一套，并且能够检测实际有的设备。

2. 材料工具准备

序号	名称	规格	数量	备注	序号	名称	规格	数量	备注
1	车载设备配线图纸		1套		5	相关连接线		若干根	
2	万用表	MF-14	1块		6	显示器		1台	
3	防护用具		1套		7	检修工具		1套	
4	LKJ2000 型监控主机		1台		8	兆欧表	ZC-7	1块	

3. 考核要求

(1)被认定人入场后，首先由裁判告知题目，其次由被认定人检查准备工具，确认故障现象，当被认定人告知裁判可以开始时，由裁判开始计时。

(2)考核时间为 10 min。

(3)按故障处理要求由被认定人独立完成。

(4)处理故障期间，被认定人可以查阅机车配线图。

(5)在被认定人处理故障期间，裁判可以依据故障分析向被认定人提问，以确认被认定人找到的故障点是否有依据。

(6)考核过程中若被认定人出现烧表、电击等毁坏设备或者人身受到伤害的现象时，裁判有权利终止考试，成绩为零。

(7)考核完毕后，由被认定人在评分表上签字确认。

4. 考核评分

(1)考评人员 3 名以上。

(2)评分要点见“实作技能考核评分记录表”。

(3)评分程序及规则：考评员根据考生操作情况对照计分标准在评分表上给予记录评分。

(4)算分方法：采用百分制，满分 100 分，60 分及以上为及格。

5. 实作技能考核评分记录表

准考证号:__________ 姓名:________ 性别:________ 单位:________________________

试题名称:处理监控装置开机显示器黑屏故障。

考核时间:________________________ 开始时间:____时____分 结束时间:____时____分

项目	考核内容及评分标准	扣分因素及扣分	得分
操作程序50分	1. 工具、材料准备齐全,检查工具、仪表是否良好。必要工具缺一件扣2分		
	2. 询访司机并回收LKJ/CIR系统检测合格证。缺一项扣2分		
	3. 确认故障现象。无此项扣3分		
	4. 检查显示器后X7、X9插头、插座插针状态是否良好。判断错误扣6分		
	5. 用万用表测量机车110 V电源是否正常,测试错误扣6分		
	6. 用万用表直流电压挡测量显示器后X7的1、2脚间是否有77 V至137 V电压。测试错误扣7分		
	7. 用万用表直流电压挡测量主机箱后插座X38和X39的3、4脚间是否有15 V电压。安装错误扣7分		
	8. 用万用表测量X9的3、4脚间是否有15 V电压。测试错误扣6分		
	9. 更换故障设备并进行机车出库功能试验。缺一项扣6分		
	10. 在机车临修登记票签字,签发合格证。缺一项扣5分		
作业质量30分	1. 错判故障,每次扣10分		
	2. 故障处理后未进行试验,扣10分		
	3. 不清楚技术标准(考评员提问),扣10分		
工具使用10分	1. 操作方法不对,纠正一次扣5分		
	2. 损坏器材,扣10分		
	3. 损坏工具、仪表,按失格处理		
作业安全10分	1. 未按规定在作业前悬挂防护红旗(夜间防护红灯)并在司机操纵手柄处挂禁动牌,扣5分		
	2. 出现一次违章作业扣3分		
	3. 未按规定着装,扣2分		
合计			

考评员签名: 被认定人: 年 月 日

S2 处理显示器处于较暗环境时,面膜不能点亮故障

1. 考场准备

要求场地内有一套完整的车载设备系统,基本信号设备完备,能接收地面信号发码并开放机车信号。场地内至少有一个实际的完整的LKJ监控装置系统、一套LKJ及机车信号设备,一套机车外挂设备,通信CIR设备一套,速度发码设备、信号发码设备各一套,并且能够检测实际有的设备。

2. 材料工具准备

序号	名称	规格	数量	备注	序号	名称	规格	数量	备注
1	车载设备配线图纸		1套		5	面膜		1张	
2	万用表	MF-14	1块		6	显示器		1台	
3	防护用具		1套		7	检修工具		1套	
4	LKJ2000 型监控主机		1台		8	兆欧表	ZC-7	1块	

3. 考核要求

(1)被认定人入场后,首先由裁判告知题目,其次由被认定人检查准备工具,确认故障现象,当被认定人告知裁判可以开始时,由裁判开始计时。

(2)考核时间为 10 min。

(3)按故障处理要求由被认定人独立完成。

(4)处理故障期间,被认定人可以查阅机车配线图。

(5)在被认定人处理故障期间,裁判可以依据故障分析向被认定人提问,以确认被认定人找到的故障点是否有依据。

(6)考核过程中若被认定人出现烧表、电击等毁坏设备或者人身受到伤害的现象时,裁判有权利终止考试,成绩为零。

(7)考核完毕后,由被认定人在评分表上签字确认。

4. 考核评分

(1)考评人员 3 名以上。

(2)评分要点见“实作技能考核评分记录表”。

(3)评分程序及规则:考评员根据考生操作情况对照计分标准在评分表上给予记录评分。

(4)算分方法:采用百分制,满分 100 分,60 分及以上为及格。

5. 实作技能考核评分记录表

准考证号:________ 姓名:______ 性别:______ 单位:__________

试题名称:处理显示器处于较暗环境时,面膜不能点亮故障。

考核时间:__________ 开始时间:___时___分 结束时间:___时___分

项目	考核内容及评分标准	扣分因素及扣分	得分
操作程序 50分	1. 工具、材料准备齐全,检查工具、仪表是否良好。必要工具缺一件扣 2 分		
	2. 询访司机并回收 LKJ/CIR 系统检测合格证。缺一项扣 2 分		
	3. 确认故障现象。无此项扣 3 分		
	4. 检查显示器面板光电开关处是否有异物遮挡。缺一项扣 6 分		
	5. 打开显示器背板,用万用表测量显示器高压板上光敏电阻是否正常导通,测试错误扣 10 分		

续上表

项目	考核内容及评分标准	扣分因素及扣分	得分
操作程序50分	6. 检查显示器是否良好。判断错误扣7分		
	7. 更换显示器面膜,查看故障现象是否消除。判断错误扣9分		
	8. 进行机车出库功能试验。缺一项扣6分		
	9. 在机车临修登记票签字,签发合格证。缺一项扣5分		
作业质量30分	1. 错判故障,每次扣10分		
	2. 故障处理后未进行试验,扣10分		
	3. 不清楚技术标准(考评员提问),扣10分		
工具使用10分	1. 操作方法不对,纠正一次扣5分		
	2. 损坏器材,扣10分		
	3. 损坏工具、仪表,按失格处理		
作业安全10分	1. 未按规定在作业前悬挂防护红旗(夜间防护红灯)并在司机操纵手柄处挂禁动牌,扣5分		
	2. 出现一次违章作业扣3分		
	3. 未按规定着装,扣2分		
合计			

考评员签名:　　　　被认定人:　　　　年　月　日

S3 处理屏幕显示器按键无反应故障

1. 考场准备

要求场地内有一套完整的车载设备系统,基本信号设备完备,能接收地面信号发码并开放机车信号。场地内至少有一个实际的完整的LKJ监控装置系统、一套LKJ及机车信号设备,一套机车外挂设备,通信CIR设备一套,速度发码设备、信号发码设备各一套,并且能够检测实际有的设备。

2. 材料工具准备

序号	名称	规格	数量	备注	序号	名称	规格	数量	备注
1	车载设备配线图纸		1套		5	面膜		1张	
2	万用表	MF-14	1块		6	显示器		1台	
3	防护用具		1套		7	检修工具		1套	
4	LKJ2000型监控主机		1台		8	兆欧表	ZC-7	1块	

3. 考核要求

(1)被认定人入场后,首先由裁判告知题目,其次由被认定人检查准备工具,确认故障现象,当被认定人告知裁判可以开始时,由裁判开始计时。

(2)考核时间为 10 min。

(3)按故障处理要求由被认定人独立完成。

(4)处理故障期间,被认定人可以查阅机车配线图。

(5)在被认定人处理故障期间,裁判可以依据故障分析向被认定人提问,以确认被认定人找到的故障点是否有依据。

(6)考核过程中若被认定人出现烧表、电击等毁坏设备或者人身受到伤害的现象时,裁判有权利终止考试,成绩为零。

(7)考核完毕后,由被认定人在评分表上签字确认。

4. 考核评分

(1)考评人员 3 名以上。

(2)评分要点见“实作技能考核评分记录表”。

(3)评分程序及规则:考评员根据考生操作情况对照计分标准在评分表上给予记录评分。

(4)算分方法:采用百分制,满分 100 分,60 分及以上为及格。

5. 实作技能考核评分记录表

准考证号:__________ 姓名:________ 性别:________ 单位:______________________________

试题名称:处理屏幕显示器按键无反应故障。

考核时间:______________________________ 开始时间:____时____分 结束时间:____时____分

项目	考核内容及评分标准	扣分因素及扣分	得分
操作程序50分	1. 工具、材料准备齐全,检查工具、仪表是否良好。必要工具缺一件扣 2 分		
	2. 询访司机并回收 LKJ/CIR 系统检测合格证。缺一项扣 2 分		
	3. 确认故障现象。无此项扣 3 分		
	4. 显示器开机后,所有按键均不能使用,更换面膜查看故障是否消除。更换错误扣 17 分		
	5. 若更换面膜后仍不能正常使用,检查显示器是否良好,缺一项扣 15 分		
	6. 更换故障设备并进行机车出库功能试验。缺一项扣 6 分		
	7. 在机车临修登记票签字,签发合格证。缺一项扣 5 分		
作业质量30分	1. 错判故障,每次扣 10 分		
	2. 故障处理后未进行试验,扣 10 分		
	3. 不清楚技术标准(考评员提问),扣 10 分		
工具使用10分	1. 操作方法不对,纠正一次扣 5 分		
	2. 损坏器材,扣 10 分		
	3. 损坏工具、仪表,按失格处理		
作业安全10分	1. 未按规定在作业前悬挂防护红旗(夜间防护红灯)并在司机操纵手柄处挂禁动牌,扣 5 分		
	2. 出现一次违章作业扣 3 分		
	3. 未按规定着装,扣 2 分		
合计			

考评员签名: 被认定人: 年 月 日

S4　处理机车信号机点亮绿灯,只有一侧灯位点亮故障

1. 考场准备

要求场地内有一套完整的车载设备系统,基本信号设备完备,能接收地面信号发码并开放机车信号。场地内至少有一个实际的完整的 LKJ 监控装置系统、一套 LKJ 及机车信号设备,一套机车外挂设备,通信 CIR 设备一套,速度发码设备、信号发码设备各一套,并且能够检测实际有的设备。

2. 材料工具准备

序号	名称	规格	数量	备注	序号	名称	规格	数量	备注
1	车载设备配线图纸		1套		5	相关连接线		若干根	
2	万用表	MF-14	1块		6	LED灯泡		1个	
3	防护用具		1套		7	检修工具		1套	
4	机车信号主机		1台		8	兆欧表	ZC-7	1块	

3. 考核要求

(1)被认定人入场后,首先由裁判告知题目,其次由被认定人检查准备工具,确认故障现象,当被认定人告知裁判可以开始时,由裁判开始计时。

(2)考核时间为 10 min。

(3)按故障处理要求由被认定人独立完成。

(4)处理故障期间,被认定人可以查阅机车配线图。

(5)在被认定人处理故障期间,裁判可以依据故障分析向被认定人提问,以确认被认定人找到的故障点是否有依据。

(6)考核过程中若被认定人出现烧表、电击等毁坏设备或者人身受到伤害的现象时,裁判有权利终止考试,成绩为零。

(7)考核完毕后,由被认定人在评分表上签字确认。

4. 考核评分

(1)考评人员 3 名以上。

(2)评分要点见"实作技能考核评分记录表"。

(3)评分程序及规则:考评员根据考生操作情况对照计分标准在评分表上给予记录评分。

(4)算分方法:采用百分制,满分 100 分,60 分及以上为及格。

5. 实作技能考核评分记录表

准考证号:______ 姓名:______ 性别:______ 单位:______

试题名称:处理机车信号机点亮绿灯,只有一侧灯位点亮故障。

考核时间:______ 开始时间:____时____分 结束时间:____时____分

项目	考核内容及评分标准	扣分因素及扣分	得分
操作程序50分	1. 工具、材料准备齐全,检查工具、仪表是否良好。必要工具缺一件扣2分		
	2. 询访司机并回收LKJ/CIR系统检测合格证。缺一项扣2分		
	3. 确认故障现象。无此项扣3分		
	4. 更换故障灯位LED灯泡,查看故障是否恢复。安装错误扣10分		
	5. 用万用表测量不亮一侧信号灯是否存在断线,测试错误扣12分		
	6. 如故障现象仍然存在,更换机车信号机柱。安装错误扣10分		
	7. 进行机车出库功能试验。缺一项扣6分		
	8. 在机车临修登记票签字,签发合格证。缺一项扣5分		
作业质量30分	1. 错判故障,每次扣10分		
	2. 故障处理后未进行试验,扣10分		
	3. 不清楚技术标准(考评员提问),扣10分		
工具使用10分	1. 操作方法不对,纠正一次扣5分		
	2. 损坏器材,扣10分		
	3. 损坏工具、仪表,按失格处理		
作业安全10分	1. 未按规定在作业前悬挂防护红旗(夜间防护红灯)并在司机操纵手柄处挂禁动牌,扣5分		
	2. 出现一次违章作业扣3分		
	3. 未按规定着装,扣2分		
合计			

考评员签名: 被认定人: 年 月 日

S5 处理LKJ2000型监控装置三路速度信号同时掉零故障

1. 考场准备

要求场地内有一套完整的车载设备系统,基本信号设备完备,能接收地面信号发码并开放机车信号。场地内至少有一个实际的完整的LKJ监控装置系统、一套LKJ及机车信号设备,一套机车外挂设备,通信CIR设备一套,速度发码设备、信号发码设备各一套,并且能够检测实际有的设备。

2. 材料工具准备

序号	名称	规格	数量	备注	序号	名称	规格	数量	备注
1	车载设备配线图纸		1套		5	相关连接线		若干根	
2	万用表	MF-14	1块		6	速度传感器		1个	
3	防护用具		1套		7	检修工具		1套	
4	LKJ2000型监控主机		1台		8	兆欧表	ZC-7	1块	

3. 考核要求

(1)被认定人入场后,首先由裁判告知题目,其次由被认定人检查准备工具,确认故障现象,当被认定人告知裁判可以开始时,由裁判开始计时。

(2)考核时间为10 min。

(3)按故障处理要求由被认定人独立完成。

(4)处理故障期间,被认定人可以查阅机车配线图。

(5)在被认定人处理故障期间,裁判可以依据故障分析向被认定人提问,以确认被认定人找到的故障点是否有依据。

(6)考核过程中若被认定人出现烧表、电击等毁坏设备或者人身受到伤害的现象时,裁判有权利终止考试,成绩为零。

(7)考核完毕后,由被认定人在评分表上签字确认。

4. 考核评分

(1)考评人员3名以上。

(2)评分要点见“实作技能考核评分记录表”。

(3)评分程序及规则:考评员根据考生操作情况对照计分标准在评分表上给予记录评分。

(4)算分方法:采用百分制,满分100分,60分及以上为及格。

5. 实作技能考核评分记录表

准考证号:__________ 姓名:________ 性别:________ 单位:____________________

试题名称:处理LKJ2000型监控装置三路速度信号同时掉零故障。

考核时间:____________________ 开始时间:____时____分 结束时间:____时____分

项目	考核内容及评分标准	扣分因素及扣分	得分
操作程序50分	1. 工具、材料准备齐全,检查工具、仪表是否良好。必要工具缺一件扣2分		
	2. 询访司机并回收LKJ/CIR系统检测合格证。缺一项扣2分		
	3. 确认故障现象。无此项扣3分		

续上表

项目	考核内容及评分标准	扣分因素及扣分	得分
操作程序50分	4. 检查X34线缆插头是否插接牢固,检查上车电缆与速度传感器插头是否插接牢固。判断失误扣6分		
	5. 关闭监控主机电源分别拔出A/B机电源板,单机检测模拟量输入/输出插件,A/B机单机运行查看速度是否显示正常。判断错误扣8分		
	6. 用万用表测量X34线缆速度电源(X34T-2),速度通道0(X34T-3)、速度通道1(X34T-4)、速度通道2(X34T-5)、速度地(X34T-6)、屏蔽地(X34T-1)到机车端子排的速度信号电缆的通断。测试错误扣8分		
	7. 更换速度传感器进行试验,查看故障是否恢复。判断失误扣5分		
	8. 如故障现象仍然存在,则更换监控主机查看故障是否恢复。判断失误扣5分		
	9. 进行机车出库功能试验。缺一项扣6分		
	10. 在机车临修登记票签字,签发合格证。缺一项扣5分		
作业质量30分	1. 错判故障,每次扣10分		
	2. 故障处理后未进行试验,扣10分		
	3. 不清楚技术标准(考评员提问),扣10分		
工具使用10分	1. 操作方法不对,纠正一次扣5分		
	2. 损坏器材,扣10分		
	3. 损坏工具、仪表,按失格处理		
作业安全10分	1. 未按规定在作业前悬挂防护红旗(夜间防护红灯)并在司机操纵手柄处挂禁动牌,扣5分		
	2. 出现一次违章作业扣3分		
	3. 未按规定着装,扣2分		
合计			

考评员签名: 被认定人: 年 月 日

S6 处理TSC1车载主机GPRS灭灯故障

1. 考场准备

要求场地内有一套完整的车载设备系统,基本信号设备完备,能接收地面信号发码并开放机车信号。场地内至少有一个实际的完整的LKJ监控装置系统、一套LKJ及机车信号设备,一套机车外挂设备,通信CIR设备一套,速度发码设备、信号发码设备各一套,并且能够检测实际有的设备。

2. 材料工具准备

序号	名称	规格	数量	备注	序号	名称	规格	数量	备注
1	车载设备配线图纸		1套		5	SIM卡		1块	
2	万用表	MF-14	1块		6	GPRS模块		1个	
3	防护用具		1套		7	检修工具		1套	
4	TSC1主机		1台		8	兆欧表	ZC-7	1块	

3. 考核要求

(1)被认定人入场后,首先由裁判告知题目,其次由被认定人检查准备工具,确认故障现象,当被认定人告知裁判可以开始时,由裁判开始计时。

(2)考核时间为10 min。

(3)按故障处理要求由被认定人独立完成。

(4)处理故障期间,被认定人可以查阅机车配线图。

(5)在被认定人处理故障期间,裁判可以依据故障分析向被认定人提问,以确认被认定人找到的故障点是否有依据。

(6)考核过程中若被认定人出现烧表、电击等毁坏设备或者人身受到伤害的现象时,裁判有权利终止考试,成绩为零。

(7)考核完毕后,由被认定人在评分表上签字确认。

4. 考核评分

(1)考评人员3名以上。

(2)评分要点见"实作技能考核评分记录表"。

(3)评分程序及规则:考评员根据考生操作情况对照计分标准在评分表上给予记录评分。

(4)算分方法:采用百分制,满分100分,60分及以上为及格。

5. 实作技能考核评分记录表

准考证号:________ 姓名:________ 性别:________ 单位:________________

试题名称:处理TSC1车载主机GPRS灭灯故障。

考核时间:________________ 开始时间:____时____分 结束时间:____时____分

项目	考核内容及评分标准	扣分因素及扣分	得分
操作程序50分	1. 工具、材料准备齐全,检查工具、仪表是否良好。必要工具缺一件扣2分		
	2. 询访司机并回收LKJ/CIR系统检测合格证。缺一项扣2分		
	3. 确认故障现象。无此项扣3分		
	4. 检查车载馈线连接器是否有问题。判断错误扣8分		
	5. 检查TSC1车载主机内GPRS转接线是否发生脱落。检查错误扣9分		
	6. 将上下两块GPRS模块对调位置,确认是否为GPRS模块故障。判断错误扣10分		

续上表

项目	考核内容及评分标准	扣分因素及扣分	得分
操作程序50分	7. 检查 SIM 卡是否故障或存在服务到期情况。缺一项扣5分		
	8. 更换故障设备并进行机车出库功能试验。缺一项扣6分		
	9. 在机车临修登记票签字,签发合格证。缺一项扣5分		
作业质量30分	1. 错判故障,每次扣10分		
	2. 故障处理后未进行试验,扣10分		
	3. 不清楚技术标准(考评员提问),扣10分		
工具使用10分	1. 操作方法不对,纠正一次扣5分		
	2. 损坏器材,扣10分		
	3. 损坏工具、仪表,按失格处理		
作业安全10分	1. 未按规定在作业前悬挂防护红旗(夜间防护红灯)并在司机操纵手柄处挂禁动牌,扣5分		
	2. 出现一次违章作业扣3分		
	3. 未按规定着装,扣2分		
合计			

考评员签名:　　　　　　　　被认定人:　　　　　　　　年　月　日

S7 处理机车信号文件 RS-485 通信信息异常故障

1. 考场准备

要求场地内有一套完整的车载设备系统,基本信号设备完备,能接收地面信号发码并开放机车信号。场地内至少有一个实际的完整的 LKJ 监控装置系统、一套 LKJ 及机车信号设备,一套机车外挂设备,通信 CIR 设备一套,速度发码设备、信号发码设备各一套,并且能够检测实际有的设备。

2. 材料工具准备

序号	名称	规格	数量	备注	序号	名称	规格	数量	备注
1	车载设备配线图纸		1套		5	相关连接线		若干根	
2	万用表	MF-14	1块		6	TAX2 箱主机		1台	
3	防护用具		1套		7	检修工具		1套	
4	机车信号主机		1台		8	兆欧表	ZC-7	1块	

3. 考核要求

(1)被认定人入场后,首先由裁判告知题目,其次由被认定人检查准备工具,确认故障现象,当被认定人告知裁判可以开始时,由裁判开始计时。

(2)考核时间为10 min。

(3)按故障处理要求由被认定人独立完成。

(4)处理故障期间,被认定人可以查阅机车配线图。

(5)在被认定人处理故障期间,裁判可以依据故障分析向被认定人提问,以确认被认定人找到的故障点是否有依据。

(6)考核过程中若被认定人出现烧表、电击等毁坏设备或者人身受到伤害的现象时,裁判有权利终止考试,成绩为零。

(7)考核完毕后,由被认定人在评分表上签字确认。

4. 考核评分

(1)考评人员3名以上。

(2)评分要点见“实作技能考核评分记录表”。

(3)评分程序及规则:考评员根据考生操作情况对照计分标准在评分表上给予记录评分。

(4)算分方法:采用百分制,满分100分,60分及以上为及格。

5. 实作技能考核评分记录表

准考证号:__________ 姓名:________ 性别:________ 单位:________________________

试题名称:处理机车信号文件RS-485通信信息异常故障。

考核时间:________________________ 开始时间:____时____分 结束时间:____时____分

项目	考核内容及评分标准	扣分因素及扣分	得分
操作程序50分	1. 工具、材料准备齐全,检查工具、仪表是否良好。必要工具缺一件扣2分		
	2. 询访司机并回收LKJ/CIR系统检测合格证。缺一项扣2分		
	3. 确认故障现象。无此项扣3分		
	4. 检查TAX箱通信记录插件是否接收到来自监控主机的时间、速度、运行车次等信息。判断错误扣5分		
	5. 检查机车信号主机记录板是否发生故障。测试错误扣8分		
	6. 对监控主机X37到TAX箱X1电缆对应RS0三路信号的插针进行测量,检测电缆通断。测试错误扣8分		
	7. LX22-X11电缆受到干扰时,会影响机车信号主机接收来自TAX箱的485通信信息,更换LX22-X11电缆线查看故障是否恢复。判断失误扣6分		
	8. 如故障现象仍然存在,则更换机车信号主机和TAX箱。判断失误扣5分		
	9. 进行机车出库功能试验。缺一项扣6分		
	10. 在机车临修登记票签字,签发合格证。缺一项扣5分		
作业质量30分	1. 错判故障,每次扣10分		
	2. 故障处理后未进行试验,扣10分		
	3. 不清楚技术标准(考评员提问),扣10分		

续上表

项目	考核内容及评分标准	扣分因素及扣分	得分
工具使用10分	1. 操作方法不对，纠正一次扣5分		
	2. 损坏器材，扣10分		
	3. 损坏工具、仪表，按失格处理		
作业安全10分	1. 未按规定在作业前悬挂防护红旗（夜间防护红灯）并在司机操纵手柄处挂禁动牌，扣5分		
	2. 出现一次违章作业扣3分		
	3. 未按规定着装，扣2分		
合计			

考评员签名：　　　　　　　　　　被认定人：　　　　　　　　　　年　　月　　日

S8　处理机车信号主机电源板Ⅱ110 V指示灯不亮故障

1. 考场准备

要求场地内有一套完整的车载设备系统，基本信号设备完备，能接收地面信号发码并开放机车信号。场地内至少有一个实际的完整的LKJ监控装置系统、一套LKJ及机车信号设备，一套机车外挂设备，通信CIR设备一套，速度发码设备、信号发码设备各一套，并且能够检测实际有的设备。

2. 材料工具准备

序号	名称	规格	数量	备注	序号	名称	规格	数量	备注
1	车载设备配线图纸		1套		5	相关配线		1套	
2	万用表	MF-14	1块		6	机车信号主机互换板件		1套	
3	防护用具		1套		7	检修工具		1套	
4	保险管		1个		8	兆欧表	ZC-7	1块	

3. 考核要求

(1)被认定人入场后，首先由裁判告知题目，其次由被认定人检查准备工具，确认故障现象，当被认定人告知裁判可以开始时，由裁判开始计时。

(2)考核时间为10 min。

(3)按故障处理要求由被认定人独立完成。

(4)处理故障期间，被认定人可以查阅机车配线图。

(5)在被认定人处理故障期间，裁判可以依据故障分析向被认定人提问，以确认被认定人找到的故障点是否有依据。

(6)考核过程中若被认定人出现烧表、电击等毁坏设备或者人身受到伤害的现象时,裁判有权利终止考试,成绩为零。

(7)考核完毕后,由被认定人在评分表上签字确认。

4. 考核评分

(1)考评人员3名以上。

(2)评分要点见“实作技能考核评分记录表”。

(3)评分程序及规则:考评员根据考生操作情况对照计分标准在评分表上给予记录评分。

(4)算分方法:采用百分制,满分100分,60分及以上为及格。

5. 实作技能考核评分记录表

准考证号:＿＿＿＿＿ 姓名:＿＿＿＿ 性别:＿＿＿＿ 单位:＿＿＿＿＿＿＿＿＿＿

试题名称:处理机车信号主机电源板Ⅱ110 V指示灯不亮故障。

考核时间:＿＿＿＿＿＿＿＿＿＿ 开始时间:＿＿时＿＿分 结束时间:＿＿时＿＿分

项目	考核内容及评分标准	扣分因素及扣分	得分
操作程序50分	1. 工具、材料准备齐全,检查工具、仪表是否良好。必要工具缺一件扣2分		
	2. 询访司机并回收LKJ/CIR系统检测合格证。缺一项扣2分		
	3. 确认故障现象。无此项扣3分		
	4. 检查机车信号主机X26插座、插头、插针状态是否良好。判断失误扣7分		
	5. 用万用表测量X26插头7、9脚间是否有110 V输入电压。测量错误扣8分		
	6. 检查该电源板F1熔断器是否正常,用万用表测量保险管是否断路。判断失误扣6分		
	7. 熔断器正常则检查电源板硬件是否发生故障。判断失误扣6分		
	8. 更换电源插件查看故障是否消除。判断失误扣5分		
	9. 进行机车出库功能试验。缺一项扣6分		
	10. 在机车临修登记票签字,签发合格证。缺一项扣5分		
作业质量30分	1. 错判故障,每次扣10分		
	2. 故障处理后未进行试验,扣10分		
	3. 不清楚技术标准(考评员提问),扣10分		
工具使用10分	1. 操作方法不对,纠正一次扣5分		
	2. 损坏器材,扣10分		
	3. 损坏工具、仪表,按失格处理		
作业安全10分	1. 未按规定在作业前悬挂防护红旗(夜间防护红灯)并在司机操纵手柄处挂禁动牌,扣5分		
	2. 出现一次违章作业扣3分		
	3. 未按规定着装,扣2分		
合计			

考评员签名: 被认定人: 年 月 日

S9 处理屏幕显示器插入IC卡后不识别故障

1. 考场准备

要求场地内有一套完整的车载设备系统，基本信号设备完备，能接收地面信号发码并开放机车信号。场地内至少有一个实际的完整的LKJ监控装置系统、一套LKJ及机车信号设备，一套机车外挂设备，通信CIR设备一套，速度发码设备、信号发码设备各一套，并且能够检测实际有的设备。

2. 材料工具准备

序号	名称	规格	数量	备注	序号	名称	规格	数量	备注
1	车载设备配线图纸		1套		5	IC卡座		1个	
2	万用表	MF-14	1块		6	IC卡		1个	
3	防护用具		1套		7	检修工具		1套	
4	显示器		1台		8	兆欧表	ZC-7	1块	

3. 考核要求

(1)被认定人入场后，首先由裁判告知题目，其次由被认定人检查准备工具，确认故障现象，当被认定人告知裁判可以开始时，由裁判开始计时。

(2)考核时间为10 min。

(3)按故障处理要求由被认定人独立完成。

(4)处理故障期间，被认定人可以查阅机车配线图。

(5)在被认定人处理故障期间，裁判可以依据故障分析向被认定人提问，以确认被认定人找到的故障点是否有依据。

(6)考核过程中若被认定人出现烧表、电击等毁坏设备或者人身受到伤害的现象时，裁判有权利终止考试，成绩为零。

(7)考核完毕后，由被认定人在评分表上签字确认。

4. 考核评分

(1)考评人员3名以上。

(2)评分要点见“实作技能考核评分记录表”。

(3)评分程序及规则：考评员根据考生操作情况对照计分标准在评分表上给予记录评分。

(4)算分方法：采用百分制，满分100分，60分及以上为及格。

5. 实作技能考核评分记录表

准考证号:_________ 姓名:_______ 性别:_______ 单位:____________________

试题名称:处理屏幕显示器插入 IC 卡后不识别故障。

考核时间:____________________ 开始时间:___时___分 结束时间:___时___分

项目	考核内容及评分标准	扣分因素及扣分	得分
操作程序 50分	1. 工具、材料准备齐全,检查工具、仪表是否良好。必要工具缺一件扣 2 分		
	2. 询访司机并回收 LKJ/CIR 系统检测合格证。缺一项扣 2 分		
	3. 确认故障现象。无此项扣 3 分		
	4. 选择一张在其他显示器上可识别的 IC 卡进行试验,检查 IC 卡是否失效。判断错误扣 10 分		
	5. 如 IC 卡正常,更换显示器 IC 卡座。安装错误扣 12 分		
	6. 如故障现象仍然存在,更换显示器。判断错误扣 10 分		
	7. 进行机车出库功能试验。缺一项扣 6 分		
	8. 在机车临修登记票签字,签发合格证。缺一项扣 5 分		
作业质量 30分	1. 错判故障,每次扣 10 分		
	2. 故障处理后未进行试验,扣 10 分		
	3. 不清楚技术标准(考评员提问),扣 10 分		
工具使用 10分	1. 操作方法不对,纠正一次扣 5 分		
	2. 损坏器材,扣 10 分		
	3. 损坏工具、仪表,按失格处理		
作业安全 10分	1. 未按规定在作业前悬挂防护红旗(夜间防护红灯)并在司机操纵手柄处挂禁动牌,扣 5 分		
	2. 出现一次违章作业扣 3 分		
	3. 未按规定着装,扣 2 分		
合计			

考评员签名: 被认定人: 年 月 日

S10 处理屏幕显示器开机后时间与实际时间不符故障

1. 考场准备

要求场地内有一套完整的车载设备系统,基本信号设备完备,能接收地面信号发码并开放机车信号。场地内至少有一个实际的完整的 LKJ 监控装置系统、一套 LKJ 及机车信号设备,一套机车外挂设备,通信 CIR 设备一套,速度发码设备、信号发码设备各一套,并且能够检测实际有的设备。

2. 材料工具准备

序号	名称	规格	数量	备注	序号	名称	规格	数量	备注
1	车载设备配线图纸		1套		5	相关连接线		若干根	
2	万用表	MF-14	1块		6	显示器		1台	
3	防护用具		1套		7	检修工具		1套	
4	LKJ2000型监控主机		1台		8	兆欧表	ZC-7	1块	

3. 考核要求

(1)被认定人入场后,首先由裁判告知题目,其次由被认定人检查准备工具,确认故障现象,当被认定人告知裁判可以开始时,由裁判开始计时。

(2)考核时间为10 min。

(3)按故障处理要求由被认定人独立完成。

(4)处理故障期间,被认定人可以查阅机车配线图。

(5)在被认定人处理故障期间,裁判可以依据故障分析向被认定人提问,以确认被认定人找到的故障点是否有依据。

(6)考核过程中若被认定人出现烧表、电击等毁坏设备或者人身受到伤害的现象时,裁判有权利终止考试,成绩为零。

(7)考核完毕后,由被认定人在评分表上签字确认。

4. 考核评分

(1)考评人员3名以上。

(2)评分要点见"实作技能考核评分记录表"。

(3)评分程序及规则:考评员根据考生操作情况对照计分标准在评分表上给予记录评分。

(4)算分方法:采用百分制,满分100分,60分及以上为及格。

5. 实作技能考核评分记录表

准考证号:________ 姓名:________ 性别:______ 单位:____________

试题名称:处理屏幕显示器开机后时间与实际时间不符故障。

考核时间:____________ 开始时间:____时____分 结束时间:____时____分

项目	考核内容及评分标准	扣分因素及扣分	得分
操作程序50分	1. 工具、材料准备齐全,检查工具、仪表是否良好。必要工具缺一件扣2分		
	2. 询访司机并回收LKJ/CIR系统检测合格证。缺一项扣2分		
	3. 确认故障现象。无此项扣3分		
	4. 显示器开机后在显示器右上角处有日期、时间显示,查看与实际时间是否不符。判断错误扣10分		

续上表

项目	考核内容及评分标准	扣分因素及扣分	得分
操作程序50分	5. 在显示器上进行修改时间操作,操作错误扣12分		
	6. 如故障现象仍然存在,更换显示器查看故障是否恢复。判断错误扣10分		
	7. 进行机车出库功能试验。缺一项扣6分		
	8. 在机车临修登记票签字,签发合格证。缺一项扣5分		
作业质量30分	1. 错判故障,每次扣10分		
	2. 故障处理后未进行试验,扣10分		
	3. 不清楚技术标准(考评员提问),扣10分		
工具使用10分	1. 操作方法不对,纠正一次扣5分		
	2. 损坏器材,扣10分		
	3. 损坏工具、仪表,按失格处理		
作业安全10分	1. 未按规定在作业前悬挂防护红旗(夜间防护红灯)并在司机操纵手柄处挂禁动牌,扣5分		
	2. 出现一次违章作业扣3分		
	3. 未按规定着装,扣2分		
合计			

考评员签名:　　　　　　　　　　被认定人:　　　　　　　　　　年　　月　　日

S11　处理通用式机车信号连接板不能切换A/B机故障

1. 考场准备

要求场地内有一套完整的车载设备系统,基本信号设备完备,能接收地面信号发码并开放机车信号。场地内至少有一个实际的完整的LKJ监控装置系统、一套LKJ及机车信号设备,一套机车外挂设备,通信CIR设备一套,速度发码设备、信号发码设备各一套,并且能够检测实际有的设备。

2. 材料工具准备

序号	名称	规格	数量	备注	序号	名称	规格	数量	备注
1	车载设备配线图纸		1套		5	相关连接线		若干根	
2	万用表	MF-14	1块		6	机车信号主机互换插件		1套	
3	防护用具		1套		7	检修工具		1套	
4	机车信号主机		1台		8	兆欧表	ZC-7	1块	

3. 考核要求

(1)被认定人入场后,首先由裁判告知题目,其次由被认定人检查准备工具,确认故障现

象，当被认定人告知裁判可以开始时，由裁判开始计时。

(2)考核时间为 10 min。

(3)按故障处理要求由被认定人独立完成。

(4)处理故障期间，被认定人可以查阅机车配线图。

(5)在被认定人处理故障期间，裁判可以依据故障分析向被认定人提问，以确认被认定人找到的故障点是否有依据。

(6)考核过程中若被认定人出现烧表、电击等毁坏设备或者人身受到伤害的现象时，裁判有权利终止考试，成绩为零。

(7)考核完毕后，由被认定人在评分表上签字确认。

4. 考核评分

(1)考评人员 3 名以上。

(2)评分要点见“实作技能考核评分记录表”。

(3)评分程序及规则：考评员根据考生操作情况对照计分标准在评分表上给予记录评分。

(4)算分方法：采用百分制，满分 100 分，60 分及以上为及格。

5. 实作技能考核评分记录表

准考证号：________ 姓名：________ 性别：________ 单位：________________

试题名称：处理通用式机车信号连接板不能切换 A/B 机故障。

考核时间：________________ 开始时间：____时____分 结束时间：____时____分

项目	考核内容及评分标准	扣分因素及扣分	得分
操作程序50分	1. 工具、材料准备齐全，检查工具、仪表是否良好。必要工具缺一件扣 2 分		
	2. 询访司机并回收 LKJ/CIR 系统检测合格证。缺一项扣 2 分		
	3. 确认故障现象。无此项扣 3 分		
	4. 检查机车信号主机电源板面板指示灯显示是否正常。判断错误扣 8 分		
	5. 检查机车信号主机板 A 和主机板 B 面板指示灯显示及工作状态是否正常。判断错误扣 10 分		
	6. 检查连接板保险管通断及切换按钮使用状态。判断错误扣 8 分		
	7. 如故障现象仍然存在，则更换机车信号主机查看故障是否恢复。判断失误扣 6 分		
	8. 进行机车出库功能试验。缺一项扣 6 分		
	9. 在机车临修登记票签字，签发合格证。缺一项扣 5 分		
作业质量30分	1. 错判故障，每次扣 10 分		
	2. 故障处理后未进行试验，扣 10 分		
	3. 不清楚技术标准(考评员提问)，扣 10 分		
工具使用10分	1. 操作方法不对，纠正一次扣 5 分		
	2. 损坏器材，扣 10 分		
	3. 损坏工具、仪表，按失格处理		

续上表

项目	考核内容及评分标准	扣分因素及扣分	得分
作业安全10分	1. 未按规定在作业前悬挂防护红旗(夜间防护红灯)并在司机操纵手柄处挂禁动牌,扣5分		
	2. 出现一次违章作业扣3分		
	3. 未按规定着装,扣2分		
合计			

考评员签名：　　　　被认定人：　　　　年　月　日

S12　处理机车信号主机记录板数据不能正常转储故障

1. 考场准备

要求场地内有一套完整的车载设备系统,基本信号设备完备,能接收地面信号发码并开放机车信号。场地内至少有一个实际的完整的LKJ监控装置系统、一套LKJ及机车信号设备,一套机车外挂设备,通信CIR设备一套,速度发码设备、信号发码设备各一套,并且能够检测实际有的设备。

2. 材料工具准备

序号	名称	规格	数量	备注	序号	名称	规格	数量	备注
1	车载设备配线图纸		1套		5	相关连接线		若干根	
2	万用表	MF-14	1块		6	机车信号主机互换插件		1套	
3	防护用具		1套		7	检修工具		1套	
4	机车信号主机		1台		8	兆欧表	ZC-7	1块	

3. 考核要求

(1)被认定人入场后,首先由裁判告知题目,其次由被认定人检查准备工具,确认故障现象,当被认定人告知裁判可以开始时,由裁判开始计时。

(2)考核时间为10 min。

(3)按故障处理要求由被认定人独立完成。

(4)处理故障期间,被认定人可以查阅机车配线图。

(5)在被认定人处理故障期间,裁判可以依据故障分析向被认定人提问,以确认被认定人找到的故障点是否有依据。

(6)考核过程中若被认定人出现烧表、电击等毁坏设备或者人身受到伤害的现象时,裁判有权利终止考试,成绩为零。

(7)考核完毕后,由被认定人在评分表上签字确认。

4. 考核评分

(1)考评人员3名以上。

(2)评分要点见“实作技能考核评分记录表”。

(3)评分程序及规则:考评员根据考生操作情况对照计分标准在评分表上给予记录评分。

(4)算分方法:采用百分制,满分100分,60分及以上为及格。

5. 实作技能考核评分记录表

准考证号:________ 姓名:________ 性别:________ 单位:________

试题名称:处理机车信号主机记录板数据不能正常转储故障。

考核时间:________________ 开始时间:____时____分 结束时间:____时____分

项目	考核内容及评分标准	扣分因素及扣分	得分
操作程序50分	1. 工具、材料准备齐全,检查工具、仪表是否良好。必要工具缺一件扣2分		
	2. 询访司机并回收LKJ/CIR系统检测合格证。缺一项扣2分		
	3. 确认故障现象。无此项扣3分		
	4. 重新使用一个可正常转储的U盘进行转储,判断之前U盘是否存在故障。判断错误扣6分		
	5. 查看机车信号主机记录板面板USB指示灯状态,检查是否USB插口故障。判断错误扣6分		
	6. 查看记录板面板DTU指示灯状态,检查记录板是否无CF卡或CF卡故障。判断错误扣10分		
	7. 查看记录板ERR灯,查看记录板是否故障。判断错误扣5分		
	8. 如故障现象仍然存在,则更换机车信号主机查看故障是否恢复。判断失误扣5分		
	9. 进行机车出库功能试验。缺一项扣6分		
	10. 在机车临修登记票签字,签发合格证。缺一项扣5分		
作业质量30分	1. 错判故障,每次扣10分		
	2. 故障处理后未进行试验,扣10分		
	3. 不清楚技术标准(考评员提问),扣10分		
工具使用10分	1. 操作方法不对,纠正一次扣5分		
	2. 损坏器材,扣10分		
	3. 损坏工具、仪表,按失格处理		
作业安全10分	1. 未按规定在作业前悬挂防护红旗(夜间防护红灯)并在司机操纵手柄处挂禁动牌,扣5分		
	2. 出现一次违章作业扣3分		
	3. 未按规定着装,扣2分		
合计			

考评员签名: 被认定人: 年 月 日

S13　处理 LKJ2000 型监控装置屏幕显示器粘贴标识与实际数据版本不符故障

1. 考场准备

要求场地内有一套完整的车载设备系统,基本信号设备完备,能接收地面信号发码并开放机车信号。场地内至少有一个实际的完整的 LKJ 监控装置系统、一套 LKJ 及机车信号设备,一套机车外挂设备,通信 CIR 设备一套,速度发码设备、信号发码设备各一套,并且能够检测实际有的设备。

2. 材料工具准备

序号	名称	规格	数量	备注	序号	名称	规格	数量	备注
1	车载设备配线图纸		1 套		5	相关连接线		若干根	
2	万用表	MF-14	1 块		6	显示器		1 个	
3	防护用具		1 套		7	检修工具		1 套	
4	IC 卡及转储 U 盘		1 套		8	兆欧表	ZC-7	1 块	

3. 考核要求

(1)被认定人入场后,首先由裁判告知题目,其次由被认定人检查准备工具,确认故障现象,当被认定人告知裁判可以开始时,由裁判开始计时。

(2)考核时间为 10 min。

(3)按故障处理要求由被认定人独立完成。

(4)处理故障期间,被认定人可以查阅机车配线图。

(5)在被认定人处理故障期间,裁判可以依据故障分析向被认定人提问,以确认被认定人找到的故障点是否有依据。

(6)考核过程中若被认定人出现烧表、电击等毁坏设备或者人身受到伤害的现象时,裁判有权利终止考试,成绩为零。

(7)考核完毕后,由被认定人在评分表上签字确认。

4. 考核评分

(1)考评人员 3 名以上。

(2)评分要点见“实作技能考核评分记录表”。

(3)评分程序及规则:考评员根据考生操作情况对照计分标准在评分表上给予记录评分。

(4)算分方法:采用百分制,满分 100 分,60 分及以上为及格。

5. 实作技能考核评分记录表

准考证号:________ 姓名:________ 性别:________ 单位:________

试题名称:处理 LKJ2000 型监控装置屏幕显示器粘贴标识与实际数据版本不符故障。

考核时间:________ 开始时间:____时____分 结束时间:____时____分

项目	考核内容及评分标准	扣分因素及扣分	得分
操作程序50分	1. 工具、材料准备齐全,检查工具、仪表是否良好。必要工具缺一件扣2分		
	2. 询访司机并回收 LKJ/CIR 系统检测合格证。缺一项扣2分		
	3. 确认故障现象。无此项扣3分		
	4. 首先确定当前使用的最新数据版本,查看粘贴标识是否正确。判断错误扣8分		
	5. 如粘贴标识与实际版本不符,需重新粘贴正确版本号标识。错误扣10分		
	6. 如粘贴标识与实际数据版本相符,查看显示器数据版本是否错误。判断错误扣8分		
	7. 如故障现象仍然存在,则更换显示器查看故障是否恢复。判断错误扣6分		
	8. 进行机车出库功能试验。缺一项扣6分		
	9. 在机车临修登记票签字,签发合格证。缺一项扣5分		
作业质量30分	1. 错判故障,每次扣10分		
	2. 故障处理后未进行试验,扣10分		
	3. 不清楚技术标准(考评员提问),扣10分		
工具使用10分	1. 操作方法不对,纠正一次扣5分		
	2. 损坏器材,扣10分		
	3. 损坏工具、仪表,按失格处理		
作业安全10分	1. 未按规定在作业前悬挂防护红旗(夜间防护红灯)并在司机操纵手柄处挂禁动牌,扣5分		
	2. 出现一次违章作业扣3分		
	3. 未按规定着装,扣2分		
合计			

考评员签名: 被认定人: 年 月 日

S14 处理机车信号主机开机后,一端信号机正常点亮,另一端信号机制式灯不亮故障

1. 考场准备

要求场地内有一套完整的车载设备系统,基本信号设备完备,能接收地面信号发码并开放机车信号。场地内至少有一个实际的完整的 LKJ 监控装置系统、一套 LKJ 及机车信号设备,一套机车外挂设备,通信 CIR 设备一套,速度发码设备、信号发码设备各一套,并且能够检测实际有的设备。

2. 材料工具准备

序号	名称	规格	数量	备注	序号	名称	规格	数量	备注
1	车载设备配线图纸		1套		5	相关连接线		若干根	
2	万用表	MF-14	1块		6	信号机		1台	
3	防护用具		1套		7	检修工具		1套	
4	机车信号主机		1台		8	兆欧表	ZC-7	1块	

3. 考核要求

(1)被认定人入场后，首先由裁判告知题目，其次由被认定人检查准备工具，确认故障现象，当被认定人告知裁判可以开始时，由裁判开始计时。

(2)考核时间为 10 min。

(3)按故障处理要求由被认定人独立完成。

(4)处理故障期间，被认定人可以查阅机车配线图。

(5)在被认定人处理故障期间，裁判可以依据故障分析向被认定人提问，以确认被认定人找到的故障点是否有依据。

(6)考核过程中若被认定人出现烧表、电击等毁坏设备或者人身受到伤害的现象时，裁判有权利终止考试，成绩为零。

(7)考核完毕后，由被认定人在评分表上签字确认。

4. 考核评分

(1)考评人员 3 名以上。

(2)评分要点见“实作技能考核评分记录表”。

(3)评分程序及规则：考评员根据考生操作情况对照计分标准在评分表上给予记录评分。

(4)算分方法：采用百分制，满分 100 分，60 分及以上为及格。

5. 实作技能考核评分记录表

准考证号：__________ 姓名：________ 性别：________ 单位：________________________

试题名称：处理机车信号主机开机后，一端信号机正常点亮，另一端信号机制式灯不亮故障。

考核时间：________________________ 开始时间：____时____分 结束时间：____时____分

项目	考核内容及评分标准	扣分因素及扣分	得分
操作程序50分	1. 工具、材料准备齐全，检查工具、仪表是否良好。必要工具缺一件扣 2 分		
	2. 询访司机并回收 LKJ/CIR 系统检测合格证。缺一项扣 2 分		
	3. 确认故障现象。无此项扣 3 分		
	4. 检查信号机柱 ZS 指示灯二极管是否良好。判断错误扣 6 分		
	5. 检查机车信号主机 X27/28 线缆插头插座插针状态。测试错误扣 8 分		

续上表

项目	考核内容及评分标准	扣分因素及扣分	得分
操作程序50分	6. 用万用表欧姆挡测量信号主机X27/28插头的11号端子查看电缆是否断线。测试错误扣8分		
	7. 检查信号机柱万可端子11号端子连线是否松动,用万用表测量与X27/28电缆是否导通。测试错误扣6分		
	8. 如故障现象仍然存在,更换信号机柱查看故障是否恢复。判断错误扣4分		
	9. 进行机车出库功能试验。缺一项扣6分		
	10. 在机车临修登记票签字,签发合格证。缺一项扣5分		
作业质量30分	1. 错判故障,每次扣10分		
	2. 故障处理后未进行试验,扣10分		
	3. 不清楚技术标准(考评员提问),扣10分		
工具使用10分	1. 操作方法不对,纠正一次扣5分		
	2. 损坏器材,扣10分		
	3. 损坏工具、仪表,按失格处理		
作业安全10分	1. 未按规定在作业前悬挂防护红旗(夜间防护红灯)并在司机操纵手柄处挂禁动牌,扣5分		
	2. 出现一次违章作业扣3分		
	3. 未按规定着装,扣2分		
合计			

考评员签名： 被认定人： 年 月 日

S15 处理机车在ZPW-2000区段运行正常,在交流计数50 Hz区段不能接收地面信号故障

1. 考场准备

要求场地内有一套完整的车载设备系统,基本信号设备完备,能接收地面信号发码并开放机车信号。场地内至少有一个实际的完整的LKJ监控装置系统、一套LKJ及机车信号设备,一套机车外挂设备,通信CIR设备一套,速度发码设备、信号发码设备各一套,并且能够检测实际有的设备。

2. 材料工具准备

序号	名称	规格	数量	备注	序号	名称	规格	数量	备注
1	车载设备配线图纸		1套		5	相关连接线		若干根	
2	万用表	MF-14	1块		6	制式跳线		若干根	
3	防护用具		1套		7	检修工具		1套	
4	机车信号主机		1台		8	兆欧表	ZC-7	1块	

3. 考核要求

(1)被认定人入场后,首先由裁判告知题目,其次由被认定人检查准备工具,确认故障现象,当被认定人告知裁判可以开始时,由裁判开始计时。

(2)考核时间为 10 min。

(3)按故障处理要求由被认定人独立完成。

(4)处理故障期间,被认定人可以查阅机车配线图。

(5)在被认定人处理故障期间,裁判可以依据故障分析向被认定人提问,以确认被认定人找到的故障点是否有依据。

(6)考核过程中若被认定人出现烧表、电击等毁坏设备或者人身受到伤害的现象时,裁判有权利终止考试,成绩为零。

(7)考核完毕后,由被认定人在评分表上签字确认。

4. 考核评分

(1)考评人员 3 名以上。

(2)评分要点见“实作技能考核评分记录表”。

(3)评分程序及规则:考评员根据考生操作情况对照计分标准在评分表上给予记录评分。

(4)算分方法:采用百分制,满分 100 分,60 分及以上为及格。

5. 实作技能考核评分记录表

准考证号:__________ 姓名:________ 性别:________ 单位:________________________

试题名称:处理机车在 ZPW-2000 区段运行正常,在交流计数 50 Hz 区段不能接收地面信号故障。

考核时间:________________________ 开始时间:____时____分 结束时间:____时____分

项目	考核内容及评分标准	扣分因素及扣分	得分
操作程序50分	1. 工具、材料准备齐全,检查工具、仪表是否良好。必要工具缺一件扣 2 分		
	2. 询访司机并回收 LKJ/CIR 系统检测合格证。缺一项扣 2 分		
	3. 确认故障现象。无此项扣 3 分		
	4. 检查机车信号主机板 A 和主机板 B 的制式跳线设备,交流计数 50 Hz 制式是否未短路。判断错误扣 10 分		
	5. 接收不到交流计数 50 Hz 地面信号,需重新设置主机板跳线制式。设置错误扣 12 分		
	6. 如主机板制式设置正确,更换主机板 A 和主机板 B 查看故障是否恢复。判断错误扣 10 分		
	7. 进行机车出库功能试验。缺一项扣 6 分		
	8. 在机车临修登记票签字,签发合格证。缺一项扣 5 分		
作业质量30分	1. 错判故障,每次扣 10 分		
	2. 故障处理后未进行试验,扣 10 分		
	3. 不清楚技术标准(考评员提问),扣 10 分		

续上表

项目	考核内容及评分标准	扣分因素及扣分	得分
工具使用10分	1. 操作方法不对,纠正一次扣5分		
	2. 损坏器材,扣10分		
	3. 损坏工具、仪表,按失格处理		
作业安全10分	1. 未按规定在作业前悬挂防护红旗(夜间防护红灯)并在司机操纵手柄处挂禁动牌,扣5分		
	2. 出现一次违章作业扣3分		
	3. 未按规定着装,扣2分		
合计			

考评员签名: 被认定人: 年 月 日

S16 处理显示器设备状态查询显示监控程序不符故障

1. 考场准备

要求场地内有一套完整的车载设备系统,基本信号设备完备,能接收地面信号发码并开放机车信号。场地内至少有一个实际的完整的LKJ监控装置系统、一套LKJ及机车信号设备,一套机车外挂设备,通信CIR设备一套,速度发码设备、信号发码设备各一套,并且能够检测实际有的设备。

2. 材料工具准备

序号	名称	规格	数量	备注	序号	名称	规格	数量	备注
1	车载设备配线图纸		1套		5	转储U盘及IC卡		若干根	
2	万用表	MF-14	1块		6	显示器		1个	
3	防护用具		1套		7	检修工具		1套	
4	LKJ2000型监控主机		1台		8	兆欧表	ZC-7	1块	

3. 考核要求

(1)被认定人入场后,首先由裁判告知题目,其次由被认定人检查准备工具,确认故障现象,当被认定人告知裁判可以开始时,由裁判开始计时。

(2)考核时间为10 min。

(3)按故障处理要求由被认定人独立完成。

(4)处理故障期间,被认定人可以查阅机车配线图。

(5)在被认定人处理故障期间,裁判可以依据故障分析向被认定人提问,以确认被认定人找到的故障点是否有依据。

(6)考核过程中若被认定人出现烧表、电击等毁坏设备或者人身受到伤害的现象时,裁判有权利终止考试,成绩为零。

(7)考核完毕后,由被认定人在评分表上签字确认。

4. 考核评分

(1)考评人员3名以上。

(2)评分要点见"实作技能考核评分记录表"。

(3)评分程序及规则:考评员根据考生操作情况对照计分标准在评分表上给予记录评分。

(4)算分方法:采用百分制,满分100分,60分及以上为及格。

5. 实作技能考核评分记录表

准考证号:________ 姓名:________ 性别:________ 单位:________________

试题名称:处理显示器设备状态查询显示监控程序不符故障。

考核时间:________________ 开始时间:____时____分 结束时间:____时____分

项目	考核内容及评分标准	扣分因素及扣分	得分
操作程序50分	1. 工具、材料准备齐全,检查工具、仪表是否良好。必要工具缺一件扣2分		
	2. 询访司机并回收LKJ/CIR系统检测合格证。缺一项扣2分		
	3. 确认故障现象。无此项扣3分		
	4. 取下监控记录板,核实两块监控记录板程序版本是否一致。判断错误扣8分		
	5. 查看监控主机A、B机监控记录板上程序芯片写片版本与显示器是否不同。判断错误扣10分		
	6. 用专用数据转储U盘更新监控记录板程序与显示器版本相符。操作错误扣8分		
	7. 如故障现象仍然存在,更换两块程序芯片写片版本与显示器一致的监控记录板,查看故障是否恢复。判断错误扣6分		
	8. 进行机车出库功能试验。缺一项扣6分		
	9. 在机车临修登记票签字,签发合格证。缺一项扣5分		
作业质量30分	1. 错判故障,每次扣10分		
	2. 故障处理后未进行试验,扣10分		
	3. 不清楚技术标准(考评员提问),扣10分		
工具使用10分	1. 操作方法不对,纠正一次扣5分		
	2. 损坏器材,扣10分		
	3. 损坏工具、仪表,按失格处理		
作业安全10分	1. 未按规定在作业前悬挂防护红旗(夜间防护红灯)并在司机操纵手柄处挂禁动牌,扣5分		
	2. 出现一次违章作业扣3分		
	3. 未按规定着装,扣2分		
合计			

考评员签名: 被认定人: 年 月 日

S17　处理LKJ监控主机的CAN总线通信故障

1. 考场准备

要求场地内有一套完整的车载设备系统，基本信号设备完备，能接收地面信号发码并开放机车信号。场地内至少有一个实际的完整的LKJ监控装置系统、一套LKJ及机车信号设备，一套机车外挂设备，通信CIR设备一套，速度发码设备、信号发码设备各一套，并且能够检测实际有的设备。

2. 材料工具准备

序号	名称	规格	数量	备注	序号	名称	规格	数量	备注
1	车载设备配线图纸		1套		5	相关连接线		若干根	
2	万用表	MF-14	1块		6	监控主机互换插件		1套	
3	防护用具		1套		7	检修工具		1套	
4	LKJ2000型监控主机		1台		8	兆欧表	ZC-7	1块	

3. 考核要求

(1)被认定人入场后，首先由裁判告知题目，其次由被认定人检查准备工具，确认故障现象，当被认定人告知裁判可以开始时，由裁判开始计时。

(2)考核时间为10 min。

(3)按故障处理要求由被认定人独立完成。

(4)处理故障期间，被认定人可以查阅机车配线图。

(5)在被认定人处理故障期间，裁判可以依据故障分析向被认定人提问，以确认被认定人找到的故障点是否有依据。

(6)考核过程中若被认定人出现烧表、电击等毁坏设备或者人身受到伤害的现象时，裁判有权利终止考试，成绩为零。

(7)考核完毕后，由被认定人在评分表上签字确认。

4. 考核评分

(1)考评人员3名以上。

(2)评分要点见“实作技能考核评分记录表”。

(3)评分程序及规则：考评员根据考生操作情况对照计分标准在评分表上给予记录评分。

(4)算分方法：采用百分制，满分100分，60分及以上为及格。

5. 实作技能考核评分记录表

准考证号:__________ 姓名:________ 性别:________ 单位:________________________

试题名称:处理 LKJ 监控主机的 CAN 总线通信故障。

考核时间:________________________ 开始时间:____时____分 结束时间:____时____分

项目	考核内容及评分标准	扣分因素及扣分	得分
操作程序 50分	1. 工具、材料准备齐全,检查工具、仪表是否良好。必要工具缺一件扣 2 分		
	2. 询访司机并回收 LKJ/CIR 系统检测合格证。缺一项扣 2 分		
	3. 确认故障现象。无此项扣 3 分		
	4.. 通过替换监控记录插件、地面信息处理插件、通信插件、扩展通信插件和屏幕显示器确认使 CAN 总线引起故障的具体插件。判断错误扣 15 分		
	5. 将故障插件更换为良好插件查看故障是否恢复。测试错误扣 10 分		
	6. 如故障现象仍然存在,更换监控主机查看故障是否恢复。判断错误扣 7 分		
	7. 进行机车出库功能试验。缺一项扣 6 分		
	8. 在机车临修登记票签字,签发合格证。缺一项扣 5 分		
作业质量 30分	1. 错判故障,每次扣 10 分		
	2. 故障处理后未进行试验,扣 10 分		
	3. 不清楚技术标准(考评员提问),扣 10 分		
工具使用 10分	1. 操作方法不对,纠正一次扣 5 分		
	2. 损坏器材,扣 10 分		
	3. 损坏工具、仪表,按失格处理		
作业安全 10分	1. 未按规定在作业前悬挂防护红旗(夜间防护红灯)并在司机操纵手柄处挂禁动牌,扣 5 分		
	2. 出现一次违章作业扣 3 分		
	3. 未按规定着装,扣 2 分		
合计			

考评员签名: 被认定人: 年 月 日

S18 处理 LKJ2000 型监控装置主机关机后,屏幕上仍有显示故障

1. 考场准备

要求场地内有一套完整的车载设备系统,基本信号设备完备,能接收地面信号发码并开放机车信号。场地内至少有一个实际的完整的 LKJ 监控装置系统、一套 LKJ 及机车信号设备,一套机车外挂设备,通信 CIR 设备一套,速度发码设备、信号发码设备各一套,并且能够检测实际有的设备。

2. 材料工具准备

序号	名称	规格	数量	备注	序号	名称	规格	数量	备注
1	车载设备配线图纸		1套		5	相关连接线		若干根	
2	万用表	MF-14	1块		6	显示器		1台	
3	防护用具		1套		7	检修工具		1套	
4	LKJ2000型监控主机		1台		8	兆欧表	ZC-7	1块	

3. 考核要求

(1)被认定人入场后，首先由裁判告知题目，其次由被认定人检查准备工具，确认故障现象，当被认定人告知裁判可以开始时，由裁判开始计时。

(2)考核时间为10 min。

(3)按故障处理要求由被认定人独立完成。

(4)处理故障期间，被认定人可以查阅机车配线图。

(5)在被认定人处理故障期间，裁判可以依据故障分析向被认定人提问，以确认被认定人找到的故障点是否有依据。

(6)考核过程中若被认定人出现烧表、电击等毁坏设备或者人身受到伤害的现象时，裁判有权利终止考试，成绩为零。

(7)考核完毕后，由被认定人在评分表上签字确认。

4. 考核评分

(1)考评人员3名以上。

(2)评分要点见"实作技能考核评分记录表"。

(3)评分程序及规则：考评员根据考生操作情况对照计分标准在评分表上给予记录评分。

(4)算分方法：采用百分制，满分100分，60分及以上为及格。

5. 实作技能考核评分记录表

准考证号：________ 姓名：________ 性别：________ 单位：________________

试题名称：处理LKJ2000型监控装置主机关机后，屏幕上仍有显示故障。

考核时间：________________ 开始时间：____时____分 结束时间：____时____分

项目	考核内容及评分标准	扣分因素及扣分	得分
操作程序50分	1. 工具、材料准备齐全，检查工具、仪表是否良好。必要工具缺一件扣2分		
	2. 询访司机并回收LKJ/CIR系统检测合格证。缺一项扣2分		
	3. 确认故障现象。无此项扣3分		
	4. 检查110 V显示器电压电路中继电器接点断电后是否断开。判断错误扣10分		
	5. 监控主机关机后用万用表测量继电器3、4脚是否为导通状态。测试错误扣12分		

续上表

项目	考核内容及评分标准	扣分因素及扣分	得分
操作程序50分	6. 如故障现象仍然存在,更换显示器查看故障是否恢复。判断错误扣10分		
	7. 进行机车出库功能试验。缺一项扣6分		
	8. 在机车临修登记票签字,签发合格证。缺一项扣5分		
作业质量30分	1. 错判故障,每次扣10分		
	2. 故障处理后未进行试验,扣10分		
	3. 不清楚技术标准(考评员提问),扣10分		
工具使用10分	1. 操作方法不对,纠正一次扣5分		
	2. 损坏器材,扣10分		
	3. 损坏工具、仪表,按失格处理		
作业安全10分	1. 未按规定在作业前悬挂防护红旗(夜间防护红灯)并在司机操纵手柄处挂禁动牌,扣5分		
	2. 出现一次违章作业扣3分		
	3. 未按规定着装,扣2分		
合计			

考评员签名: 被认定人: 年 月 日

S19 操作安装机车信号接收线圈

1. 考场准备

要求场地内有一套完整的车载设备系统,基本信号设备完备,能接收地面信号发码并开放机车信号。场地内至少有一个实际的完整的LKJ监控装置系统、一套LKJ及机车信号设备,一套机车外挂设备,通信CIR设备一套,速度发码设备、信号发码设备各一套,并且能够检测实际有的设备。

2. 材料工具准备

序号	名称	规格	数量	备注	序号	名称	规格	数量	备注
1	车载设备配线图纸		1套		5	相关连接线		若干根	
2	万用表	MF-14	1块		6	接收线圈		1台	
3	防护用具		1套		7	检修工具		1套	
4	机车信号主机		1台		8	兆欧表	ZC-7	1块	

3. 考核要求

(1)被认定人入场后,首先由裁判告知题目,其次由被认定人检查准备工具,确认故障现象,当被认定人告知裁判可以开始时,由裁判开始计时。

(2)考核时间为 10 min。

(3)按故障处理要求由被认定人独立完成。

(4)处理故障期间,被认定人可以查阅机车配线图。

(5)在被认定人处理故障期间,裁判可以依据故障分析向被认定人提问,以确认被认定人找到的故障点是否有依据。

(6)考核过程中若被认定人出现烧表、电击等毁坏设备或者人身受到伤害的现象时,裁判有权利终止考试,成绩为零。

(7)考核完毕后,由被认定人在评分表上签字确认。

4. 考核评分

(1)考评人员 3 名以上。

(2)评分要点见"实作技能考核评分记录表"。

(3)评分程序及规则:考评员根据考生操作情况对照计分标准在评分表上给予记录评分。

(4)算分方法:采用百分制,满分 100 分,60 分及以上为及格。

5. 实作技能考核评分记录表

准考证号:__________ 姓名:________ 性别:________ 单位:____________________

试题名称:操作安装机车信号接收线圈。

考核时间:____________________ 开始时间:____时____分 结束时间:____时____分

项目	考核内容及评分标准	扣分因素及扣分	得分
操作程序50分	1. 工具、材料准备齐全,检查工具、仪表是否良好。必要工具缺一件扣 2 分		
	2. 询访司机并回收 LKJ/CIR 系统检测合格证。缺一项扣 2 分		
	3. 确认故障现象。无此项扣 3 分		
	4. 双路接收线圈必须安装在机车第一轮对之前,排障器之后。安装错误扣 8 分		
	5. 接收线圈线包底部距轨面为 155 mm±5 mm。安装错误扣 8 分		
	6. 线圈中心距钢轨面中心为 0 mm±5 mm。安装错误扣 8 分		
	7. 固定螺栓应紧固、开口销大于 60°,且必须保持同名端一致。安装错误扣 8 分		
	8. 进行机车出库功能试验。缺一项扣 6 分		
	9. 在机车临修登记票签字,签发合格证。缺一项扣 5 分		
作业质量30分	1. 错判故障,每次扣 10 分		
	2. 故障处理后未进行试验,扣 10 分		
	3. 不清楚技术标准(考评员提问),扣 10 分		
工具使用10分	1. 操作方法不对,纠正一次扣 5 分		
	2. 损坏器材,扣 10 分		
	3. 损坏工具、仪表,按失格处理		

续上表

项目	考核内容及评分标准	扣分因素及扣分	得分
作业安全10分	1. 未按规定在作业前悬挂防护红旗(夜间防护红灯)并在司机操纵手柄处挂禁动牌,扣5分		
	2. 出现一次违章作业扣3分		
	3. 未按规定着装,扣2分		
合计			

考评员签名: 被认定人: 年 月 日

S20 操作使用JT-C系列机车信号记录器U盘进行转储

1. 考场准备

要求场地内有一套完整的车载设备系统,基本信号设备完备,能接收地面信号发码并开放机车信号。场地内至少有一个实际的完整的LKJ监控装置系统、一套LKJ及机车信号设备,一套机车外挂设备,通信CIR设备一套,速度发码设备、信号发码设备各一套,并且能够检测实际有的设备。

2. 材料工具准备

序号	名称	规格	数量	备注	序号	名称	规格	数量	备注
1	车载设备配线图纸		1套		5	相关连接线		若干根	
2	万用表	MF-14	1块		6	转储U盘		1个	
3	防护用具		1套		7	检修工具		1套	
4	TAX2箱主机		1台		8	兆欧表	ZC-7	1块	

3. 考核要求

(1)被认定人入场后,首先由裁判告知题目,其次由被认定人检查准备工具,确认故障现象,当被认定人告知裁判可以开始时,由裁判开始计时。

(2)考核时间为10 min。

(3)按故障处理要求由被认定人独立完成。

(4)处理故障期间,被认定人可以查阅机车配线图。

(5)在被认定人处理故障期间,裁判可以依据故障分析向被认定人提问,以确认被认定人找到的故障点是否有依据。

(6)考核过程中若被认定人出现烧表、电击等毁坏设备或者人身受到伤害的现象时,裁判有权利终止考试,成绩为零。

(7)考核完毕后,由被认定人在评分表上签字确认。

4. 考核评分

(1)考评人员3名以上。

(2)评分要点见"实作技能考核评分记录表"。

(3)评分程序及规则:考评员根据考生操作情况对照计分标准在评分表上给予记录评分。

(4)算分方法:采用百分制,满分100分,60分及以上为及格。

5. 实作技能考核评分记录表

准考证号:________ 姓名:______ 性别:______ 单位:____________________

试题名称:操作使用JT-C系列机车信号记录器U盘进行转储。

考核时间: 开始时间:____时____分 结束时间:____时____分

项目	考核内容及评分标准	扣分因素及扣分	得分
操作程序50分	1. 工具、材料准备齐全,检查工具、仪表是否良好。必要工具缺一件扣2分		
	2. 询访司机并回收LKJ/CIR系统检测合格证。缺一项扣2分		
	3. 确认故障现象。无此项扣3分		
	4. 转储前先执行切换工作主机后保持15 s的操作。判断错误扣5分		
	5. 观察记录器板面上STM、COM、CFC三个灯状态是否正常,若正常将U盘插入USB口,此时USB灯应快闪,其他灯正常闪烁。判断错误扣7分		
	6. CFC和USB快闪(1/40 s亮,1/40 s灭,1/20 s周期)其他灯均灭,表示进入转储过程。缺一项扣5分		
	7. CFC和USB两灯均就绪(两秒一闪)表示转储完成(两灯交替闪或同时闪均为正常)。此时可拔出U盘,之后系统复位重启。测试错误扣10分		
	8. 将U盘直接和电脑连接,利用地面分析软件进行转存操作,将数据存到电脑中。判断错误扣5分		
	9. 进行机车出库功能试验。缺一项扣6分		
	10. 在机车临修登记票签字,签发合格证。缺一项扣5分		
作业质量30分	1. 错判故障,每次扣10分		
	2. 故障处理后未进行试验,扣10分		
	3. 不清楚技术标准(考评员提问),扣10分		
工具使用10分	1. 操作方法不对,纠正一次扣5分		
	2. 损坏器材,扣10分		
	3. 损坏工具、仪表,按失格处理		
作业安全10分	1. 未按规定在作业前悬挂防护红旗(夜间防护红灯)并在司机操纵手柄处挂禁动牌,扣5分		
	2. 出现一次违章作业扣3分		
	3. 未按规定着装,扣2分		
合计			

考评员签名: 被认定人: 年 月 日

第四部分　技　　师

1. LKJ2000 型监控装置的监控记录板，怎么通过观察灯显查看程序、数据自检情况？

答：1A，程序芯片（U3，U4）自检正确；1B，地面数据芯片（U5，U6）自检正确。

2. LKJ 文件记录中出现 A/B 机切换时，应如何查询分析？

答：打开全程记录，检索全程记录或选择【分类查询】下拉菜单中的“双机切换”选项，初步查看、分析出现主备切换原因，及时反馈车间。

3. LKJ 运行文件中出现单机工作时，应如何处理？

答：在“开车”后，运行文件中有“A 机单机”“B 机单机”记录；或无“人工切换”，但记录有“A 主 B 备”“A 备 B 主”记录各 2 次及以上须作更换插件板处理。

4. LKJ2000 型监控装置主机电源开关时的注意事项是什么？

答：主机电源开关时，不能过快，开关间隔时间应该在 30 s 以上，以保证电源正常工作。

5. 在 TAX2 型综合监测装置主机箱中都有哪些插件？

答：电源板、通信板、轨道检测、弓网检测、TMIS 板、DMIS 板、语音录音板等。

6. 机车信号设备检修作业“交验”工作内容及要求有哪些？

答：（1）下载记录数据，检查记录功能良好。

（2）整治核对设备编号应清晰正确。

（3）粘贴合格标签。

7. 简述 LKJ2000 型监控装置时间的修改方法。

答：按【设定】键，按【4】键，输入密码，输入正确的时间。将光标移至“确定”处，按【确认】键退出。

8. 什么是 CTCS2-200H 型列控车载设备的部分监控模式？

答：侧线发车得不到应答器线路数据、缺省线路数据时，列控车载设备采用部分监控的工作模式。若列控车载设备接收到轨道电路允许行车信息，但线路数据缺损时，列控车载设备产生固定限制速度，控制列车运行。

9. JT-C 系列机车信号主机完全不译码故障的原因有哪些？

答：接收线圈短路或断路；主机板信号输入电路故障；主机故障。

10. 速度传感器的作用是什么？

答：将各轴的转速转变成电信号后加以输出，输出和列车速度成比例的交流频率。该信号传递给设备的 VC，VC 通过对该频率的计数来了解速度和距离。

11. 机车信号记录器数据分析处理软件的特殊信息有哪些内容？

答：在记录信息文件显示区，用鼠标左键单击【特殊信息】标签，将显示主机板跳线设置，此信息有助于实时了解主机板的译码状态。

12. JT-C 系列机车信号记录器的车载部分主要功能是什么？

答：对机车信号运行过程中的有关动态信息进行采集，并应用大容量 CF 卡作为记录介质进行记录。

13. LKJ2000 型监控装置检修参数需要修改，怎么操作？

答：按【设定】键，按【3】键，输入密码，进入参数设定界面，通过光标选中要修改的参数，输入正确值后，把光标移至"确定"处，按【确认】键退出。

14. 速度故障的含义是什么？

答：速度传感器一路或多路速度信号由 20 km/h 突降为 0 km/h 时，监控装置就相应地产生一个事件，并把该事件记为速度故障。

15. 为什么要求不能在带电的情况下拔插各插件？

答：因为在带电情况下拔插插件时，电压的冲击易将插件内的部分芯片烧损。

16. 进行 CTCS2-200H 型列控车载设备的静态测试时对设备检查有何要求？

答：(1)列控车载设备主机各模块和操作显示装置安装牢固，符合安装图的要求。

(2)列控车载设备车底部件速度传感器、STM 天线、BTM 天线安装牢固，符合安装图的要求，接口连线、布线符合图纸要求。

17. 如果需要更换主机或主机板时，应该注意重新输入或修改什么参数？

答：装置号、机车号、轮对直径参数、机车型号、柴速、双针表速度折算值。

18. 车载设备库修工区在机车信号记录器方面的工作内容有哪些？

答：(1)负责在机车小辅修，中修前转储记录器数据，并通过网络或其他方式将数据传给机车信号检修工区。

(2)负责在库修工作交车前,检查记录器工作是否正常,铅封是否完整。如有问题应及时组织处理,不得交车。

19. 机车信号接收灵敏度低经常出现掉码现象如何处理?

答:(1)检查接收线圈安装位置、高度是否符合标准。

(2)检查接收线圈电气特性(阻抗、绝缘等)是否符合标准。

(3)更换故障机车信号主机。

20. LKJ2000 型监控装置更换数据芯片后,在显示屏上还有哪些工作?

答:更换数据芯片后,还必须对显示屏进行刷卡,把新的数据文件和站名表文件下载到显示屏,并且Ⅰ端Ⅱ端都要进行刷卡。

21. 在 LKJ 芯片写入作业流程会出现哪三种情况?

答:(1)烧录成功,校验通过,贴标待验;

(2)验空通过,烧录失败,折脚报废;

(3)验空不过,重新擦除,下次备用。

"验空"意为检验存储芯片原有内容是否完全擦除干净。

22. 机车信号机某一灯位不点灯,如何处理?

答:(1)更换故障机车信号机。

(2)信号主机到信号机连线断线(X27-X29 或 X28-X30),更换线缆。

(3)更换故障机车信号主机。

23. 更换监控装置主机或监控记录板后应进行哪些操作?

答:应该注意重新输入或修改装置号、机车号、轮径参数、机车型号、柴速、双针表速度折算值。

具体修改方法为按压显示屏【设定】+【1】键,输入密码 9753,再按压【确认】键,分别输入正确的参数,按压【设定】键退出,退出后,再按压【查询】+【5】键,检查输入参数是否正确,如不正确,再进行修改。

24. 如何区分 JT-C 系列机车信号主机板故障报警与断线检测报警?

答:主机板故障报警形式为连接板上的主机板正常灯、工作灯和动态电源(50 VD)均相应熄灭。断线检测报警形式为主机板的上、下行指示灯以 2 次/s 同时闪亮,连接板上的主机板正常灯、工作灯熄灭,但主机板控制的动态电源(50 VD)为正常工作。

25. 机车信号主机开机不上电如何处理？

答：(1)检查电源端子线 7、9 号接触是否良好，有无断线。

(2)检查信号主机 X26 插头接触是否良好。

(3)如果上述两项都正常，则更换信号主机。

26. LKJ2000 型监控装置按【查询】键可查询哪些内容？

答：当前揭示、工况显示、全部揭示、设备状态、检修参数、设定参数、库内试验、键盘检测、信息查询等。

27. 如何进行机车信号转录文件操作？

答：原始数据经过软件转录后会在软件的安装目录下形成 4 个文件，同样是由状态变文件(.ZTB)、实时变文件(.SSB)、索引文件(.IDX)和波形文件(.BXJ)4 个组合文件的形式组成。先选择转存文件保存路径，将路径完全展开，显示的路径就是数据转存后的保存路径，从相应的路径中，选择同名的四个文件，即是转存完整的数据文件。

28. 如何整理机车信号记录器数据文件？

答：由于每次转储的数据量很大，为保证磁盘有足够的转储空间必须要做磁盘整理工作，清除磁盘中原有的过期记录文件。用鼠标左键单击相应菜单：【文件】→【文件整理】，系统显示提示窗口，若单击【确定】按钮，则系统将删除规定日期以前的所有记录文件，即删除相应的日期目录，以达到对磁盘数据进行清理的目的。

29. 什么是容许信号？

答：容许信号是指列车可以通过的停车信号。在自动闭塞区间，设于上坡道的通过信号机前，载重超过某种限度的货物列车停车后起动有困难时，在该通过信号机上应附加容许信号。当该通过信号机亮红灯时，容许信号显示一个蓝色灯光，准许超重货物列车以不超过 20 km/h 的速度通过，这种信号就称为容许信号。

30. 电务部门各级机构应具备的技术图表及资料有哪些？

答：有联锁图表、信号电路图、信号配线图、信号楼设备平面示意图、站场平面示意图、双线轨道电路示意图、信号电缆径路图、信号联锁闭塞装置示意图、自动闭塞区段信号设备示意图、信号设备管辖示意图、信号组织状况示意图、信号设备建筑接近限界、信号设备台账、道口信号示意图、网络拓扑结构示意图、网络通道示意图。

31. JT-C 型一体化机车信号系统为何在使用便携式测试时必须与环线测试相结合？

答：因便携式测试仪无法判断接收线圈的安装高度是否合适和接收线圈的频率响应特性是否满足要求，即钢轨短路电流值与感应上来的电压值的关系是否合格。但是可以通过接收线圈的一路进行直接电压输入，利用双线圈的互感关系，从另一线圈接收来判断双路接收线圈的断线或短路，并根据互感系数可大致判断接收线圈的好坏，但不能作为接收线圈校验合格的凭证。

32. 什么是工作接地？为什么要实行接地？

答：发电机、变压器和互感器等设备的三相绕组星形连接的公共点的引出线称为中性线。如果将电气设备的金属外壳(或支架等)和电气设备的中性线或者直接将带电体与接地装置用导线作良好的电气连接，就称为工作接地。

实行接地是为了保证电力系统正常运行和保证人身安全以及设备安全。

33. 记录器的地面数据处理系统具有哪些主要功能？

答：将车载记录器的 CF 卡内信息通过 USB 接口的 CF 读卡器进行数据读取、数据转换、数据浏览、接收线圈信号波形显示、回放、信号频谱分析、数据统计、报表生成、打印输出等功能。

34. JT-C 系列机车信号记录器地面分析处理系统的软件功能主要有哪些？

答：文件管理与数据转存、数据波形文件操作、数据波形文件频谱分析和状态信息文件分析。

35. JT-C 系列机车信号数据分析处理软件具有哪几部分功能？

答：具有文件管理与数据转换功能、状态文件分析功能、波形文件显示功能及波形频谱分析功能。

36. LKJ2000 型监控装置显示屏亮度及音量的调整方法是什么？

答：(1)亮度调整：在无任何输入操作的状态下，可以用【↑】【↓】方向键调整屏幕亮度，按【↑】键增加亮度，按【↓】键减小亮度。

(2)音量调整：在无任何输入操作的状态下，可以用【←】【→】方向键调整音量，按【→】键增加音量，按【←】键减小音量。

37. 什么是允许速度、目标速度、目标距离？

答：允许速度为列车运行过程中允许达到的最高安全速度。

目标速度为列车运行前方目标点允许的最高速度。

目标距离为列车前端至运行前方目标点的距离。

38. 什么是列控车载设备的目视行车模式？

答：当列控车载设备接收到禁止信号或无信号时，列车停车后，根据行车管理办法(含调度命令),司机经特殊操作(如按压专用按钮),列控车载设备生成固定限制速度(20 km/h),列车在列控车载设备监控下运行,司机对安全负责。

39. 地面接收盒接收到的移频信息与机车信号设备所接收到的移频信息有什么不同?

答:地面接收盒是直接从轨道电路接收移频信息,信号很强;而机车信号的接收电路是借助于接收线圈的电磁感应作用接收轨道上的移频信息,信号很弱。

40. 如何进行动车组常用制动试验?

答:按动车组允许试验要求,将监控主机的隔离开关拨至正常位,ATP 工作在 CTCS-0/1 级。选择 A、B 机"常用制动试验",分别进行常用 1 级、常用 4 级、常用 7 级试验,LKJ 屏幕显示器显示正确,EMU 显示器输出正确,压力表输出正确。将监控主机的隔离开关拨至隔离位,ATP 工作在 CTCS-0/2 级。选择 A、B 机"常用制动试验",分别进行常用 1 级、常用 4 级、常用 7 级试验,EMU 显示器上不显示 LKJ 输出指令。

41. 如何进行机车信号波形向上移动操作?

答:由于记录的波形数据包含有一定的直流分量成分,以至于使得波形在显示时,在垂直方向上偏离了显示区的中心线。为改善波形显示效果,系统设有波形移动功能,包括幅度上移功能。幅度上移是将信号显示区内的波形图像整体上移。用鼠标左键按顺序单击菜单项:【显示】→【原始波形】→【幅度上移】或工具条上的【幅度上移】按钮【↑】,则波形显示区中的信号波形将整体上移。重复上述操作,则可将波形图像多次上移。

42. 如何进行机车信号波形向下移动操作?

答:由于记录的波形数据包含有一定的直流分量成分,以至于使得波形在显示时,在垂直方向上偏离了显示区的中心线。为改善波形显示效果,系统设有波形移动功能,包括幅度下移功能。幅度下移,是将信号显示区内的波形图像整体下移。用鼠标左键按顺序单击菜单项:【显示】→【原始波形】→【幅度下移】或工具条上的【幅度下移】按钮【↓】,则波形显示区中的信号波形将整体下移。重复上述操作,则可将波形图像多次下移。

43. 转录人员不能正常转录 LKJ2000 型文件时,有几种原因?

答:(1)操作不正确。

(2)监控主机板故障。

(3)转录线故障。

(4)转储器故障。

44. 机车信号设备维护有哪些修程?

答:机车信号设备维护分为出入库检测,配合机务小辅修和厂(架)修。修程有集中检修和中修,按照10年周期或按更新改造计划实行大修。环线发码设备维护分为日常养护、集中检修,按照5年周期实行中修,按照10年周期或按更新改造计划实行大修。

45. JT-C型一体化机车信号设备在库内环线测试时有何要求?

答:在库内测试时,必须做到地面移频、ZPW-2000信息循环发码,八个灯位全部测试,Ⅰ、Ⅱ端切换、上/下行切换、模式开关切换、A/B机切换全面试验,并注意测试完毕后,"试验/运行"开关恢复到"运行"。

46. LKJ运行文件中出现哪些现象视为显示器记录异常?

答:在全程记录中有"显示器通信超时"记录,但无"显示器通信恢复"记录;有"A/B模块检测"记录、但无"A/B模块恢复"记录;"A/B模块检测(故障)/恢复"时间间隔在10 s以上时,视为显示器记录异常。

47. 柴油机转速波动大主要有哪些原因?

答:(1)柴油机转速传感器不良。

(2)柴油机转速传感器连线有虚接或短路现象或接线端子松动。

(3)模拟量输入/输出板接插松动或不良。

(4)监控记录板不良。

48. 监控显示器按键无响应如何处理?

答:先检查显示器面膜本身是否已坏,故障则更换面膜。更换面膜后,发现显示器按键仍然没反应,然后检查键盘扫描电路,用示波器测量U14(74HC245)发现无输出,更换U14解决问题。

49. 如何进行LKJ紧急制动试验?

答:试验前在机车司机配合下,机车各电气开关、控制手柄、制动手柄须置于相应位置,鸣笛示警,确认机车下部及周围安全状况。按内燃和电力机车置试验允许的手柄位,选择A、B机"紧急试验",按压【确认】键;机车紧急排风,屏幕显示器"卸载""紧急"状态灯亮,列车管压力迅速降低为0;超过规定的时间,"卸载""紧急"状态灯灭,大约1 min后列车管压力恢复正常。

50. 如何利用LKJ主机数字量输入插件指示灯判断故障?

答:该插件面板上有16个发光二极管用于机车信号条件输入指示,当某通道有输入时,相应的灯亮,否则表示信号未到插件,或者信号已到但光电输入级电路存在故障。当监控装置上电时,系统对插件进行自检,先使面板灯全亮,然后全灭。如自检时发现哪个灯不亮则表示该路光电输入有故障。

51. 机车投入运用前，如何检测 LKJ 运用情况？

答：机车投入运用前，先确认设备外观、按键、插件板、接插件、铅封状态良好；确认主机指示灯及自检状态正确；确认屏幕显示器显示、语音正常；确认系统日期、时间正确。LKJ 时钟与标准时间的误差不得超过 30 s；确认机车型号、机车号设置正确；确认管压和柴油机转速（内燃机车）显示正确；确认机车停于信号发码环线上时复示机车信号状态正确；确认速度传感器安装牢固，紧固件齐全、无松动，机车动车时速度显示正确；确认牵引力解除、常用制动和紧急制动功能正常；确认数据转储功能正常。

52. LKJ2000 型监控装置（无扩展功能装置）鸣笛不记录如何处理？

答：（1）检查监控装置 X31 插头 3 号芯线缆是否断线；

（2）测量机务端子是否有 110 V 电源供电；

（3）更换监控记录板。

53. 机车信号机车上设备验收项目包括哪些内容？

答：（1）机车信号设备的规格及设备间配线。

（2）感应器的类型及安装。

（3）电线管路的安装。

（4）箱、盒及各种开关的规格和安装。

54. 机车信号室内环线发码设备应满足哪些要求？

答：（1）电源电压为 AC 220 V±22 V，电源引入需要有防雷措施。

（2）移频制式载频误差小于±0.5 Hz，ZPW-2000 制式载频误差小于 2 Hz，调制低频周期误差小于±0.05 Hz。

（3）具备自动循环发送功能，可以发出机车信号所在运用区段应接收的所有信息的低频、载频，给出相应的频率和对应的机车信号显示，并具备能够满足现场一般测试的简易循环的发码模式。

55. LKJ2000 型监控装置运行中语音提示“速度信号故障”如何处理？

答：（1）检查某一速度传感器是否良好，若不良则更换该速度传感器；

（2）检查并紧固速度传感器插头；

（3）检查并紧固速度信号条件线接线端子；

（4）用万用表电阻挡分别测量两条速度传感器配线，是否有接地、短路、断路现象，如有则更换故障的配线；

（5）如故障现象仍然存在，更换模拟量输入/输出插件。

56. LKJ2000 型监控装置显示屏刷屏有哪些步骤？

答：将写入刷屏文件的 IC 卡正确插入 IC 卡插槽内（芯片向左插入），按压【设定】→【3】→

输入密码×××→【确定】→选中【程序下载】→【确定】→【全部选择】→【开始转储】→【数据下载】→【返回】→重新启动后屏显正常,核对各项参数正确,即完成了刷屏操作。

57. LKJ2000 型监控装置显示器一端显示另一端不显示如何处理?

答:(1)检查故障端显示器 X7、X9 插头连接情况;

(2)检查故障端显示器电源线 110 V+和 110 V−接线情况(一般安装在Ⅰ端司机操纵台下 14 排 1 柱与 15 排 16 或 17 柱上);

(3)检查主机箱 X38、X39 插头插接情况;

(4)更换故障端显示器或配线。

58. LKJ2000 型监控装置开机后插件面板指示灯不能正常显示应如何分析处理?

答:(1)分析:此种现象多为插件不能正常自检,有 CPU 的插件应重点检查 CPU 及周围电路,或写入程序,没有 CPU 的插件要重点检查错误指示的相应通道的电路。

(2)应急处理方法:

①检查各插件指示灯指示情况;

②更换相应插件;

③更换主机箱。

59. LKJ2000 型监控装置不能进入监控状态应如何处理?

答:(1)检查显示器按键是否良好;

(2)检查所输入信息是否正确;

(3)检查监控、数据芯片是否良好;

(4)更换监控主机插件。

60. 如何判断 LKJ 文件中的检修参数及数据版本是否正确?

答:查看车型、车号设置是否与实际相符;查看机车轮径是否异常,如内燃机车最大轮径瞬间突变为 1 050 mm,或机车轮对在无调整信息情况下变化超过 2 mm 为轮径异常;查看年份、日期是否与实际一致,若有异常,重新调整参数,或更换监控记录插件;查看速度显示、速度通道切换是否异常,若有异常,检查线缆或更换速度传感器;查看 LKJ 程序、数据版本是否与应装版本一致,若不一致,应立即反馈车间应急处理人员。在未确认版本正确前,严禁机车出库。

61. 机车信号数据转存窗口有哪些内容?分别有什么用途?

答:机车信号数据转存窗口是整个分析软件的主窗口,所完成的主要功能为状态文件管理和 U 盘、CF 卡或数据文件的转存。界面内容包括菜单和工具条功能区、已转文件列表区、文件转储操作区和待转文件列表区等。

(1)菜单和工具条功能区。通过鼠标左键单击相应菜单项或工具条上相应的快捷按钮,即执行相应的命令操作。

(2)文件转储操作区。该区域用于选择数据源类型(指数据存放介质或位置,可选择 U 盘、CF 卡、文件,此处提到的"文件"是指存储在计算机硬盘中的数据文件),选择数据源路径,以及进行【读取信息】、【转存数据】的命令操作。

(3)已转文件列表区、待转文件列表区分别显示已转文件和待转文件。

62. 在自动闭塞区间机车信号发生故障时应如何控制列车运行?

答:在自动闭塞区间,机车信号发生故障(含动车组在 CTCS-0 级区段列控车载设备故障不能正确接收地面信号)时,机车司机应立即停车,使用列车无线调度通信设备报告车站值班员、列车调度员。接到继续运行至前方站内停车的调度命令后,将 LKJ 转为 20 km/h 限速工作状态,严格按地面信号机的显示要求,操纵列车以规定的速度运行至前方站停车处理。

63. LKJ2000 型监控装置监控记录插件的主要功能有哪些?

答:(1)主要完成地面线路数据的存储与调用及运行状态数据的记录,并实现对系统其他插件或装置进行信息交换及控制与管理。

(2)工作主机与热备主机(A、B 机)之间的数据交换是通过同步通信实现的,使 A、B 机监控记录插件记录的运行数据完全相同。

(3)记录数据的存储器采用非易失性存储器件,因而在无须外部电池情况下可实现数据的长期可靠保存。

(4)可通过 RS-232 通信接口与转储器连接完成记录数据的转储。

64. CTCS2-200H 型列控车载设备数据的下载有何规定?

答:车载设备数据下载可以采用读卡、换卡两种不同的方式,由当班检测人员将 PC 卡取下,与数据分析员进行交接,并在"车载设备数据管理簿"上登记日期、车次、车号、卡号等内容,数据下载周期为:

(1)当司乘人员反映运行中存在故障时立即进行。

(2)检测中发现表示灯显示有故障记录信息时立即进行。

(3)无故障情况下每周进行一次。

65. LKJ 设备上车检查测试作业"车下检查"工作内容及要求有哪些?

答:(1)检查速度传感器、机车电子标签、接线盒安装牢固,紧固件齐全、无松动。

(2)设备连接电缆(导线)固定及包扎良好、护套无破损。

(3)设备防水措施良好、清洁完整,无锈蚀现象。

(4)通过车号自动识别系统机务复示软件,确认 TMIS 设备的状态良好。

66. 机车信号设备安装后应做哪些检查试验?

答:(1)显示颜色正确、明亮。

(2)电器、电子元件无损坏,配线正确,无脱焊、虚焊现象。

(3)车上感应器线圈的安装,应牢固正确。

(4)各种设备工作正常,机车信号显示正确。

(5)供给自动停车装置及超速防护装置的条件应准确。

67. LKJ 文件记录中出现"监控复位、记录复位"时,应如何处理?

答:检索文件全程记录中出现"监控复位、记录复位"记录,应分析发生的原因。除开、关机形成的复位记录以外,其他均为异常。详细查看复位发生前后的变化信息和地点,初步判断原因。单趟运行出现两次以上或连续两趟运行均出现一次及以上的情况,均视为异常,应向检测人员反馈,更换处理。

68. 机车信号设备检修作业"车下作业"工作内容及要求有哪些?

答:(1)检查接收线圈外观完整无损,安装牢固,固定螺栓无松动。

(2)检查电缆插头接插良好,无破损,插头接线无断线,绑扎固定良好可靠。

(3)测量单只接收线圈直流电阻应在 4～8 Ω 范围内,两线圈串联电阻应大于 8 Ω、小于 16 Ω,线圈与外壳间的绝缘电阻不小于 1 MΩ。

(4)检查接收线圈接线盒有无渗水、锈蚀,并采取防水防潮措施。

(5)清扫接收线圈、线缆、插头、插座、接线盒等污垢及灰尘。

69. 速度信号故障如何查找?

答:按速度信号流向逐一排查,速度传感器→速传上车电缆 1→插头(接线盒)→速传上车电缆 2→端子排→LKJ 电缆→LKJ 主机 X34→LKJ 主机后盖板线扎→LKJ 母板→LKJ 模拟量输入/输出插件→LKJ 母板→LKJ 监控记录板→LKJ 母板→LKJ 线扎→LKJ 主机 X38/X39→LKJ 电缆→LKJ 显示器 X9→LKJ 显示器线扎→LKJ 显示器底板→LKJ 显示器主板→LKJ 液晶显示(左上角显示经程序抑制后速度,【查询】+【2】工具栏显示监控程序计算得出速度)。

70. 如何进行 LKJ 常用制动试验?

答:试验前在机车司机配合下,机车各电气开关、控制手柄、制动手柄须置于相应位置,鸣笛示警,确认机车下部及周围安全状况。按照内燃和电力机车置试验允许的手柄位,选择 A、B 机"常用制动试验",按压【确认】键;机车排风,屏幕显示器"常用"状态灯亮,列车管减压 110 kPa±10 kPa(部标),检查泄漏量;超过规定时间自动缓解,列车管压力恢复正常。

71. LKJ2000 型监控装置的主要检测内容有哪些?

答:(1)插件上电自检;

(2)设备状态检查;

(3)参数设置;

(4)机车信号检查;

(5)机车工况信号检查;

(6)压力信号检查;

(7)速度信号检查;

(8)常用制动试验;

(9)紧急制动试验。

72. 如何进行动车组紧急制动试验?

答:按动车组允许试验要求,将监控主机的隔离开关拨至正常位,ATP 工作在 CTCS-0/1 级。选择 A、B 机"紧急制动试验",LKJ 屏幕显示器"卸载""紧急"状态灯亮,EMU 显示器输出正确,压力表输出正确。超过规定时间,"卸载""紧急"状态灯灭,大约 1 min 后列车管压力恢复正常。将监控主机的隔离开关拨至隔离位,ATP 工作在 CTCS-0/2 级。选择 A、B 机"紧急制动试验",EMU 显示器上不显示 LKJ 输出指令。

73. 列控系统车载设备结合部管理有何规定?

答:(1)车辆部门动车组进行二级以上检修时,应及时通知电务部门对列控车载设备进行检修。

(2)动车组安装列控系统速度传感器的车轮轮径尺寸发生变化后,车辆部门应及时提供轮径尺寸,电务部门应及时修正列控车载设备系统设定。

(3)电务部门负责列控车载设备的主机、人机界面、速度传感器、轨道信息接收单元天线、点式信息接收单元天线及相互之间连线。

74. 列控车载设备中安全计算机的主要作用是什么?

答:安全计算机是列控车载设备的核心部分,负责从车载设备各个模块获取信息,依据轨道电路信息、列车制动力、线路坡度、列车运行速度和列车编组等信息,按照列车牵引计算模型的要求,生成制动模式曲线并把列车运行速度与模式曲线相比较,必要时通过故障—安全电路向列车输出制动信息,控制列车安全运行。

75. LKJ 监控主机开机后插件面板指示灯不能正常显示,应如何分析处理?

答:(1)分析:

该种现象多为插件不能正常自检。有 CPU 的插件,应重点检查 CPU 及周围电路或程序存储芯片 U3、U4;没有 CPU 的插件,要重点检查错误指示的相应通道电路。

(2)应急处理方法:

①检查各插件指示灯显示情况;

②更换相应插件;

③更换主机箱。

76. LKJ2000 型监控装置主机与 TAX2 主机箱通信不良故障如何处理?

答:(1)更换 TAX2 主机箱通信记录板。

(2)检查并紧固 X37T 到 TX1T 插头。

(3)检查 X37T、TX1T 插座插头状态。

(4)更换 X37T 到 TX1T 短线。

77. JT-C 型一体化机车信号系统利用便携式车载系统检测仪可测试哪些项目?

答:系统测试除利用环线测试方法外,可使用便携式车载系统检测仪进行系统闭环自动测试。测试时,将检测仪测试插头连接到主机正面的测试插座 LX30 上,在检测仪面板输入测试项目及条件,完成闭环自动测试。测试的项目有:

(1)机车信号译码输出检查。

(2)机车信号接收灵敏度(参考电压值)检查。

(3)机车信号主机 A/B 机功能检查。

(4)上/下行开关功能检查。

78. LKJ2000 型监控装置无柴油机转速信号的故障如何处理?

答:(1)检查并修正柴油机转速参数。

(2)检查 X34T 插头插座插针状态,并重新紧固 X34T。

(3)检查并紧固柴油机转速条件线接线端子。

(4)用万用表交流电压表挡测量 J125、J126 上有无柴油机转速信号,如无则通知相关部门检修处理。

(5)更换模拟量输入/输出插件。

79. 机车信号设备检修作业“车上作业”工作内容及要求有哪些?

答:(1)更换主机、接线盒、信号机(拆下主机、接线盒入所检修测试)。

(2)主机、接线盒、信号机安装应牢固,固定螺栓无松动,各接插件接触牢固,卡簧作用良好;接线盒安装要考虑能打开盒盖检查;主机、接线盒、信号机安装位置如易受雨水影响须采取防水措施。

(3)各电缆插头接插良好,无破损,插头接线无断线、烧损短路,插头无滑扣、破损。

(4)各插件板安装螺丝齐全、紧固。

(5)检查各部位开关动作灵活可靠。

(6)清扫各部件外壳、线缆、插头、插座等处污垢及灰尘。

80. LKJ显示器数据ROM亮红灯，应如何分析处理？

答：(1)【查询】+【4】界面发现数据ROM亮红灯；

(2)分析造成数据ROM亮红灯的原因主要有换装作业中未换装完即断电关机拔U盘，或插件上芯片故障，根据经验多为换装作业不标准造成；

(3)使用数据转存器完成数据换装。

81. "走停走"解锁条件及控制要求是如何规定的？

答：(1)自动闭塞区段通过信号机前，机车信号为停车信号，LKJ监控列车在该信号机前停车2 min后，解除停车控制，监控列车以不超过20 km/h的速度越过该信号机，并允许以不超过该速度运行至次一架信号机(经国铁集团批准的特殊列车另行规定)。

(2)在车载数据中设置为容许信号机的通过信号机前，机车信号为停车信号时，LKJ监控货物列车以不超过20 km/h的速度越过该信号机，并允许以不超过该速度运行至次一架信号机。

82. 机车信号运行文件中公里标、速度等信息未知如何处理？

答：(1)检查发现TAX2箱通信记录插件2A灯常亮、3B灯闪亮；

(2)检查TAX2箱内语音录音插件通信指示灯指示是否正常，如不正常，更换TAX2箱内通信记录插件；

(3)检查TAX2箱机车信号转接插件位置与通信输出插座位置是否正确，如不正确，调整插头位置；

(4)用万用表电阻挡测量TAX2箱X7插头1、4、3脚间有无断路、短路现象，如有断路、短路现象，更换TAX2箱X7到LX22间连线；

(5)检查信号主机记录插件指示灯状态，正常状态下COM灯1/8 s点亮，3/8 s灭，如不正常，更换机车信号主机记录插件。

83. 车载设备车间在LKJ系统维护工作中的职责范围有哪些？

答：(1)负责LKJ系统设备及备品的日常检修维护和故障处理。

(2)负责机车、动车组LKJ系统的检测和运行记录文件转储。

(3)负责机车、动车组LKJ系统的控制软件和数据文件换装。

(4)负责机车、动车组运行交路LKJ车载基础数据的复核，对数据运行情况进行跟踪分析并向电务段职能部门反馈信息。

(5)负责LKJ系统运行记录数据文件的质量分析和分类统计，协助电务段职能部门做好LKJ系统惯性故障的攻关。

(6)负责实施机车、动车组LKJ系统加装技改，协助电务段职能部门制订安装技术方案。

(7)参加对口机务段(动车段、所)每日运用交班会和机车、动车组修程会，掌握运用部门反映的LKJ系统运行情况并及时反馈信息。

84. JT-C 机车信号使用中闪白灯现象的故障原因有哪些?

答:(1)电缆及插头接触不良。

(2)电源板 1 或 2 内接触不良。

(3)上/下行开关接触不良。

(4)前后端切换条件不稳。

(5)主机不良。

(6)接收线圈安装位置、参数不对。

(7)接收线圈电缆屏蔽层没有单点接地。

(8)地面发码设备故障。

85. 空转、轮滑的概念是什么?应如何处理?

答:正常情况下,当机车轮对每转动一周,转速传感器向 LKJ 发送固定的脉冲数信息。特殊情况下,当机车动轮的轮周牵引力大于轮轨间的“黏着力”时,轮对会发生“空转”现象,反之当作用于轮对的制动力大于轮轨间的“黏着力”时,轮对会发生“滑行”现象。

为更加真实地反映列车实际运行速度,当列车加速运行或安装转速传感器的轮对空转,使加速度大于车载数据中设置的最大加速度值时或当列车减速运行或安装转速传感器的轮对滑行,使减速度大于车载数据中设置的最大减速度值时,LKJ 对采集的列车运行速度值进行“抑制”处理,抑制之后的加(减)速度为条件中设定的最大加(减)速度的 1/8,并按抑制后的速度进行计算,输出相应指令、显示和记录。超过空转(轮滑)一次最长时间后,LKJ 程序不再进行抑制而直接取用采集到的速度值。

86. LKJ 文件中的管压信息分析的标准是什么?管压信息异常时应如何处理?

答:打开全程记录,检索全程记录和运行曲线,分析管压值是否正常。正常情况下运行时,客车管压力为 600 kPa、货车管压力为 500 kPa(允许相差在±20 kPa 范围内),闸缸压力应为 0 kPa。查看管压曲线是否发生异常抖动。若有“管压变化”“均衡缸压力变化”“闸缸压力变化记录”,且变化幅度范围超过±20 kPa 并来回抖动时,须向车间反馈。根据判断作相应处理,更换相应模拟量输入/输出插件、压力传感器、电源插件,检查压力传感器机车线路或主机线路。

87. 车载信号设备上车检查测试作业“车上检查”工作内容及要求有哪些?

答:(1)检查 LKJ 显示器及其面膜按钮状况,LKJ 主机、机车信号主机、信号机、TAX2 箱、无线传输装置、警惕按钮等设备外观正常,各设备接插件、固定螺丝、铅封或锁等设备状态是否良好。

(2)检查 LKJ2000 型监控装置主机、机车信号主机、电源接线盒、TAX2 箱、无线传输装置主机等设备的工作指示灯状态是否正常。

(3)检查 LKJ 系统日期、时间,误差不超过 30 s(有 GPS 校时装置的检测点为 15 s)。

(4)检查检修参数的设定值是否符合实际情况。

(5)检查 LKJ 显示器键盘按键是否正常。

(6)在 LKJ2000 型监控装置显示器“设备状态”中检查主机各插件状态、显示器状态、双紧急制动、无线传输系统正常,地面数据、监控软件一致,监控版本、数据版本、彩显版本正确,按压 LKJ 司机【警惕】按钮应显示作用良好。

(7)检查机车工况:

①手柄位置显示应与司控器手柄位置一致。

②列车管压力、制动缸压力以及均衡风缸压力显示值应与机车相应风压表指示值一致,误差不大于±20 kPa(单均衡风缸机车仅显示Ⅰ端均衡风缸压力)。

③柴油机转速显示值应与机车柴油机转速值一致,误差不大于±30 r/min。

④制动检查(须有机务人员配合):

a. A、B 机常用制动检查:屏幕、语音应有提示,列车管减压量达到 80 kPa～100 kPa,65 s 后应能缓解使列车管压力恢复定压(动车组无该项内容);

b. A、B 机紧急制动检查:屏幕、语音应有提示,列车管减压量达到 0 kPa,延时 45～60 s,列车管压力恢复充风(动车无该项内容)。

另一端做 a、b 各项检查。

88. LKJ 设备检修作业“电线路检修”内容及要求有哪些?

答:(1)更换监控装置系统不良电缆。

(2)检查监控装置电源、机车工况、柴速信息输入、卸载、常用制动、紧急制动输出等与端子连接的导线,应无断线、过热烧损、短路现象,接线紧固,线号齐全清晰。

(3)主机、显示屏、TAX2 箱、光电传感器等设备的车上电缆与设备连接处应自然弯曲,不能过紧,走向整齐,每隔 20 cm 用尼龙扎带绑扎牢固,不能与机车车体产生晃动摩擦。

(4)【警惕】按钮安装牢固,接线状态良好。

(5)监控装置系统对地绝缘电阻大于或等于 0.25 MΩ(小辅修),大于或等于 0.5 MΩ(大中修)。

89. 可以在 LKJ 屏幕显示器显示界面找出什么信息?

答:(1)日期和时间;

(2)机车信号信息;

(3)列车运行速度与限速;

(4)前方目标信号机的类型、编号;

(5)前方信号机距离;

(6)列车所在位置的里程坐标;

(7)工作状态和列车制动状态;

(8)列车最近走过的不少于 1 km 的运行速度值轨迹曲线;

(9)机车当前位置至前方不少于 3 km 的线路允许速度曲线;

(10)列车运行所在闭塞分区及运行前方闭塞分区模式限速值曲线;

(11)以曲线、符号和文字形式,沿线路里程的延展显示机车运行前方不少于 3 km 的线路曲线、坡道坡度、道口、桥梁、隧道及车站、信号机、电气化铁路接触网分相标等设置情况;

(12)警示光带及放大标尺窗口显示。

90. LKJ 无速度信号显示或速度显示不正确,应如何分析处理?

答:(1)分析:

速度信号取自安装在车轴上的速度传感器,速度传感器信号输出至模拟量输入/输出插件后经整形、滤波处理后送给监控记录插件,监控记录插件按照机车轮径及传感器每周计数脉冲数进行计算。如果无速度信号显示多为速度传输通道故障,使传感器发出的脉冲信号不能传入监控记录插件;如果速度显示不正确,可以检查机车轮径输入与实际是否相符或传感器有无故障,也可能是实际发出的脉冲数与理论值不符;如果速度显示不稳定,多为机车上各种信号干扰所致,应先检查机车的速度传感器部分以及模拟量输入/输出插件的速度通道中的干扰。

(2)应急处理方法:

①检查速度传感器通道连线。

②更换速度传感器。

③更换模拟量输入/输出插件。

④检查机车轮径是否正确。

91. 机车速度突升、突降如何分析处理?

答:(1)分析:

当动车组(机车)运行过程中发生空转、轮滑,LKJ 程序会根据最大加、减速度及空转(轮滑)一次最长时间对速度进行抑制。若超过最大抑制时间之后,采集速度值仍与计算速度值差距较大,则会出现速度突升、突降。排除机车、轨面、线路、天气等客观情况及乘务员操作不当之处,原因可能为速度传感器故障、15 V1 异常、模拟量输入/输出插件 OP5 光耦异常或 X34 电缆异常。

(2)处理方法:

①更换主、备用速度传感器。

②更换主机电源板。

③加装/更换速度信号隔离装置。

④更换模拟量输入/输出插件。

⑤检查或更换 X34 电缆。

92. 机车信号设备检修作业"入所检修"工作内容及要求有哪些?

答:(1)分解清扫信号机、电源接线盒、机车信号主机,除去污垢和灰尘。

(2)检查外观应整洁无破损。航空插头、插座,门、盖完好无损,主机防振装置作用良好。

(3)检查内部接插件接插良好,不松动,电缆线把绑扎牢固。元件无损坏,芯片、跳针插接良好。连接线无损伤,电路板无水蚀痕迹,清除上面的氧化物,各部螺丝紧固。

(4)紧固各个钮子开关、按钮、熔断器座,并更换规定容量的熔断器。

(5)用 500 V 兆欧表检查单项设备的导电部分与外壳绝缘电阻不小于 25 MΩ。用万用表测量接收线圈单线圈直流电阻不大于 8 Ω,线间、对地绝缘不小于 20 MΩ。

(6)测量接线盒直流输入、输出电压,并按《普速铁路信号维护规则 技术标准》标准调节输入电压的大小,测输出电压应能稳定在规定的数值内。

(7)调节输入信号的大小,测主机工作灵敏度是否达到《普速铁路信号维护规则 技术标准》要求。

(8)连接到机车信号主机测试台,按设定出厂测试模式进行各项指标测试合格。测试过程发生超标或原因不明的异常状态时,做好记录,返厂处理。返回后记录修理情况,并进行连续 8 h 以上通电试验。

93. LKJ2000 型监控装置列车管压力无显示或显示错误有哪些原因?

答:(1)供给压力传感器的 15 V 电源不正常或 15 V 电源未送至压力传感器,检查压力传感器工作电压;

(2)压力传感器插头松动或未插,检查压力传感器连线;

(3)模拟量输入/输出插件故障或接触不良,更换模拟量输入/输出插件;

(4)监控记录插件压力通道故障或接触不良,更换监控记录插件;

(5)压力传感器故障,更换压力传感器;

(6)压力传感器截止阀处于"关"位。

94. LKJ 芯片写入作业流程是什么?

答:(1)开机检查,确认编程器及计算机是否正常运行。

(2)运行编程器烧录芯片软件,点击"select"(选择),双人确认,选择芯片型号。

(3)双人互控,对照"LKJ 控制软件文件交接表"中数据文件名称、字节大小、类型、修改日期进行确认,如正确无误,点击"Load"(装入)导入待烧录数据文件。

(4)在编程器插口 L 位置,按要求摆放并连接好空白芯片,点击"Prog"(程序)开始单片芯片烧录,完成后上机试验,双人确认无误后,直接转批量烧录。

(5)芯片烧录完毕,关闭编程器及计算机,清理烧录工作现场,将烧录成功、报废、待擦除三类芯片分类封装存放。

95. 如何进行机车信号幅值调整操作?

答:幅值调整是调整所显示的图形的大小,便于信号波形的观察。用鼠标左键按顺序单击相应菜单项:【显示】→【原始波形】→【幅度放大】或按下工具条上的【幅度放大】按钮,可以对当前的信号波形幅度以2倍的关系进行幅度放大。当执行了多次波形幅度放大或缩小操作后,希望快速回到波形信号幅度的初始默认状态时,可用鼠标左键按顺序单击相应菜单项:【显示】→【原始波形】→【幅度还原】或按下工具条上的【幅度还原】按钮,可以将当前的信号波形幅度直接还原为默认初始信号幅度。

96. LKJ2000型监控装置常用制动不能动作或减压量不正确应如何分析处理?

答:(1)分析:

监控装置对列车实施常用制动时,是向常用制动阀(由于制动机不同,在现场常用制动装置也有所区别)送出110 V的正电源条件,由常用制动装置阀执行对列车实施常用制动的控制。如果常用制动不能动作,先要判断是监控装置故障还是常用制动装置故障,检查110 V条件是否送入常用制动装置是判断故障位置的关键。如果减压量不正确,多为排风速率调整不对。

(2)处理方法:

①检查常用制动输出连线。

②检查常用制动装置是否正常。

③更换数字量输入/输出插件。

④通知机务调整常用制动排风速率。

⑤更换主机箱。

97. LKJ2000型监控装置的特点有哪些?

答:(1)系统采用双机主从热备冗余方式(模块级冗余)。

(2)采用先进的32位微处理MC68332作为系统主CPU。

(3)采用车载控制模式或车载数据与地面信息相结合的控制模式。

(4)采用高可靠CAN标准总线方式。

(5)以关闭的信号机作为目标点计算速度—距离制动模式曲线。

(6)在系统内比LKJ-93型监控装置多安装了机车闸缸压力传感器,可以记录和检查机车小闸下闸的情况。

(7)采用彩色液晶显示屏作为人机界面。

(8)具备大容量IC卡读写功能。

(9)具备列车事故状态记录器。

98. STP系统与地面主机之间的信息传输内容有哪些?

答:系统地面主机将传送来的车站联锁有关调车进路的状态、站场情况及信号开放情况和车站调度员输入的调车作业单通过数据库信息的运算,产生相应的信息,通过系统无线数传信道发送到作业机车,并将机车回执的信息传给上位机及有关的作业机显示记录,并以车站联锁传送来信息和机车回执的信息为根据,记录、跟踪机车位置,并记忆站场存车线车辆的位置。

当在站场中多台机车进行调车作业时，系统的地面设备是通过接收到的各个调车机车的车号及其跟踪的机车所在的位置确定不同机车所应接收到的控制命令及调车作业单，确保调车作业的安全。

99. LKJ2000 型监控装置机车工况显示不正确如何分析处理？

答：(1)分析：

机车工况条件的各路 110 V 信号都是通过过压抑制板处理后送入数字量输入/输出插件，进行滤波、隔离、整形后送上总线的。机车工况显示不正确多为连线出问题或数字量输入/输出插件出故障导致。

(2)处理方法：

①检查机车工况连线。

②更换数字量输入/输出插件。

③更换监控记录板。

④更换主机箱。

100. LKJ2000 型监控装置无机车信号显示或显示与机车信号显示不一致如何分析处理？

答：(1)分析：

如果机车信号显示正常，而监控装置无任何信号显示，多为机车信号条件地线断线或接触不良所致。如果某一个信号灯不显示或显示与机车信号显示不一致，多为连线出故障或数字量输入插件上的某一通道故障。

(2)处理方法：

①检查机车信号监控装置与主体化机车信号 X22T-X32T 连线。

②更换数字量输入插件。

③检查机车信号上/下行开关位置、前/后位置。

④更换监控记录板。

S1　处理 LKJ2000 型显示器一端有显示，另一端无显示故障

1. 考场准备

要求场地内有一套完整的车载设备系统，基本信号设备完备，能接收地面信号发码并开放机车信号。场地内至少有一个实际的完整的 LKJ 监控装置系统、一套 LKJ 及机车信号设备，一套机车外挂设备，通信 CIR 设备一套，速度发码设备、信号发码设备各一套，并且能够检测实际有的设备。

2. 材料工具准备

序号	名称	规格	数量	备注	序号	名称	规格	数量	备注
1	车载设备配线图纸		1 套		6	监控主机互换板件		1 套	
2	万用表	MF-14	1 块		7	检修工具		1 套	
3	防护用具		1 套		8	兆欧表	ZC-7	1 块	
4	LKJ2000 型监控主机		1 台		9	显示器		1 台	
5	X7、X9-X38(X39)配线		各 1 套						

3. 考核要求

(1)被认定人入场后，首先由裁判告知题目，其次由被认定人检查准备工具，确认故障现象，当被认定人告知裁判可以开始时，由裁判开始计时。

(2)考核时间为 10 min。

(3)按故障处理要求由被认定人独立完成。

(4)处理故障期间，被认定人可以查阅机车配线图。

(5)在被认定人处理故障期间，裁判可以依据故障分析向被认定人提问，以确认被认定人找到的故障点是否有依据。

(6)考核过程中若被认定人出现烧表、电击等毁坏设备或者人身受到伤害的现象时，裁判有权利终止考试，成绩为零。

(7)考核完毕后，由被认定人在评分表上签字确认。

4. 考核评分

(1)考评人员 3 名以上。

(2)评分要点见“实作技能考核评分记录表”。

(3)评分程序及规则：考评员根据考生操作情况对照计分标准在评分表上给予记录评分。

(4)算分方法：采用百分制，满分 100 分，60 分及以上为及格。

5. 实作技能考核评分记录表

准考证号:______ 姓名:______ 性别:______ 单位:______

试题名称:处理 LKJ2000 型显示器一端有显示,另一端无显示故障。

考核时间:______ 开始时间:___时___分 结束时间:___时___分

项目	考核内容及评分标准	扣分因素及扣分	得分
操作程序 50分	1. 工具、材料准备齐全,检查工具、仪表是否良好。必要工具缺一件扣 2 分		
	2. 询访司机并回收 LKJ/CIR 系统检测合格证。缺一项扣 2 分		
	3. 确认故障现象。无此项扣 3 分		
	4. 检查显示器后 X7、X9 插头、插座插针连接状态是否良好。判断失误扣 5 分		
	5. 用万用表直流电压挡测量 X7 的 1、2 脚是否有 77 V～137 V 电压,如无,检查故障端显示器电源线 J140(110 V+)和 J149(110 V−)接线是否有断路、短路或端子排接线柱螺栓有无松动现象。判断失误扣 10 分		
	6. 用万用表直流电压挡测量 X9 的 3、4 脚间是否有 15 V 电压。判断失误扣 5 分		
	7. 如 X9 的 3、4 脚间无 15 V 电压,检查主机箱 X38 或 X39 插头插接情况。判断失误扣 8 分		
	8. 更换故障端显示器或配线查看故障是否恢复。操作失误扣 5 分		
	9. 进行机车出库功能试验。缺一项扣 5 分		
	10. 在机车临修登记票签字,签发合格证。缺一项扣 5 分		
作业质量 30分	1. 错判故障,每次扣 10 分		
	2. 故障处理后未进行试验,扣 10 分		
	3. 不清楚技术标准(考评员提问),扣 10 分		
工具使用 10分	1. 操作方法不对,纠正一次扣 5 分		
	2. 损坏器材,扣 10 分		
	3. 损坏工具、仪表,按失格处理		
作业安全 10分	1. 未按规定在作业前悬挂防护红旗(夜间防护红灯)并在司机操纵手柄处挂禁动牌,扣 5 分		
	2. 出现一次违章作业扣 3 分		
	3. 未按规定着装,扣 2 分		
合计			

考评员签名: 被认定人: 年 月 日

S2 处理 LKJ2000 型监控装置显示器不能进入监控状态故障

1. 考场准备

要求场地内有一套完整的车载设备系统,基本信号设备完备,能接收地面信号发码并开放机车信号。场地内至少有一个实际的完整的 LKJ 监控装置系统、一套 LKJ 及机车信号设备,一套机车外挂设备,通信 CIR 设备一套,速度发码设备、信号发码设备各一套,并且能够检测实际有的设备。

2. 材料工具准备

序号	名称	规格	数量	备注	序号	名称	规格	数量	备注
1	车载设备配线图纸		1套		5	显示器		1台	
2	万用表	MF-14	1块		6	监控主机互换板件		1套	
3	防护用具		1套		7	检修工具		1套	
4	LKJ2000 型监控主机		1台		8	兆欧表	ZC-7	1块	

3. 考核要求

(1)被认定人入场后,首先由裁判告知题目,其次由被认定人检查准备工具,确认故障现象,当被认定人告知裁判可以开始时,由裁判开始计时。

(2)考核时间为 10 min。

(3)按故障处理要求由被认定人独立完成。

(4)处理故障期间,被认定人可以查阅机车配线图。

(5)在被认定人处理故障期间,裁判可以依据故障分析向被认定人提问,以确认被认定人找到的故障点是否有依据。

(6)考核过程中若被认定人出现烧表、电击等毁坏设备或者人身受到伤害的现象时,裁判有权利终止考试,成绩为零。

(7)考核完毕后,由被认定人在评分表上签字确认。

4. 考核评分

(1)考评人员 3 名以上。

(2)评分要点见“实作技能考核评分记录表”。

(3)评分程序及规则:考评员根据考生操作情况对照计分标准在评分表上给予记录评分。

(4)算分方法:采用百分制,满分 100 分,60 分及以上为及格。

5. 实作技能考核评分记录表

准考证号:__________ 姓名:________ 性别:________ 单位:________________________

试题名称:处理 LKJ2000 型监控装置显示器不能进入监控状态故障。

考核时间:________________________ 开始时间:____时____分 结束时间:____时____分

项目	考核内容及评分标准	扣分因素及扣分	得分
操作程序 50 分	1. 工具、材料准备齐全,检查工具、仪表是否良好。必要工具缺一件扣 2 分		
	2. 询访司机并回收 LKJ/CIR 系统检测合格证。缺一项扣 2 分		
	3. 确认故障现象。无此项扣 3 分		
	4. 检查显示器按键是否良好。判断失误扣 3 分		
	5. 检查所输入信息是否正确。判断失误扣 5 分		

续上表

项目	考核内容及评分标准	扣分因素及扣分	得分
操作程序50分	6. 检查监控、数据芯片是否良好。判断失误扣5分		
	7. 检查显示器数据版本是否与监控记录插件数据版本一致。判断失误扣5分		
	8. 检查显示器通信CANA、CANB总线是否亮红灯。判断失误扣5分		
	9. 重新刷彩屏后，故障未消除，更换显示器查看故障是否恢复。操作失误扣5分		
	10. 如故障现象仍存在，更换监控记录插件查看故障是否恢复。操作失误扣5分		
	11. 更换故障设备并进行机车出库功能试验。缺一项扣5分		
	12. 在机车临修登记票签字，签发合格证。缺一项扣5分		
作业质量30分	1. 错判故障，每次扣10分		
	2. 故障处理后未进行试验，扣10分		
	3. 不清楚技术标准（考评员提问），扣10分		
工具使用10分	1. 操作方法不对，纠正一次扣5分		
	2. 损坏器材，扣10分		
	3. 损坏工具、仪表，按失格处理		
作业安全10分	1. 未按规定在作业前悬挂防护红旗（夜间防护红灯）并在司机操纵手柄处挂禁动牌，扣5分		
	2. 出现一次违章作业扣3分		
	3. 未按规定着装，扣2分		
合计			

考评员签名：　　　　　　　　被认定人：　　　　　　　　年　　月　　日

S3　处理运行中显示器数据不变，无语音提示故障

1. 考场准备

要求场地内有一套完整的车载设备系统，基本信号设备完备，能接收地面信号发码并开放机车信号。场地内至少有一个实际的完整的LKJ监控装置系统、一套LKJ及机车信号设备，一套机车外挂设备，通信CIR设备一套，速度发码设备、信号发码设备各一套，并且能够检测实际有的设备。

2. 材料工具准备

序号	名称	规格	数量	备注	序号	名称	规格	数量	备注
1	车载设备配线图纸		1套		6	监控主机互换板件		1套	
2	万用表	MF-14	1块		7	检修工具		1套	
3	防护用具		1套		8	兆欧表	ZC-7	1块	
4	LKJ2000监控主机		1台		9	显示器		1台	
5	X9、X38(X39)配线		各1套						

3. 考核要求

(1)被认定人入场后,首先由裁判告知题目,其次由被认定人检查准备工具,确认故障现象,当被认定人告知裁判可以开始时,由裁判开始计时。

(2)考核时间为 10 min。

(3)按故障处理要求由被认定人独立完成。

(4)处理故障期间,被认定人可以查阅机车配线图。

(5)在被认定人处理故障期间,裁判可以依据故障分析向被认定人提问,以确认被认定人找到的故障点是否有依据。

(6)考核过程中若被认定人出现烧表、电击等毁坏设备或者人身受到伤害的现象时,裁判有权利终止考试,成绩为零。

(7)考核完毕后,由被认定人在评分表上签字确认。

4. 考核评分

(1)考评人员 3 名以上。

(2)评分要点见“实作技能考核评分记录表”。

(3)评分程序及规则:考评员根据考生操作情况对照计分标准在评分表上给予记录评分。

(4)算分方法:采用百分制,满分 100 分,60 分及以上为及格。

5. 实作技能考核评分记录表

准考证号:__________ 姓名:________ 性别:________ 单位:________________________

试题名称:处理运行中显示器数据不变,无语音提示故障。

考核时间:________________________ 开始时间:____时____分 结束时间:____时____分

项目	考核内容及评分标准	扣分因素及扣分	得分
操作程序50分	1. 工具、材料准备齐全,检查工具、仪表是否良好。必要工具缺一件扣 2 分		
	2. 询访司机并回收 LKJ/CIR 系统检测合格证。缺一项扣 2 分		
	3. 确认故障现象。无此项扣 3 分		
	4. 在显示器上按【设定】+【3】键,检查彩屏程序与数据版本是否不一致,如不一致,重新刷屏。操作失误扣 10 分		
	5. 检查显示器通信 CANA、CANB 总线是否亮红灯,用万用表电阻挡测量显示器 X9 的 11、12、13、14 脚与主机 X38 或 X39 的 6、7、8、9 脚通信线有无断路、短路现象。如有断路、短路现象,更换显示器 X9 到主机 X38 或 X39 配线。操作失误扣 15 分		
	6. 主机箱或监控记录插件故障,造成显示器与主机通信不良,更换监控记录插件或主机箱。操作失误扣 8 分		
	7. 更换故障设备并进行机车出库功能试验。缺一项扣 5 分		
	8. 在机车临修登记票签字,签发合格证。缺一项扣 5 分		

续上表

项目	考核内容及评分标准	扣分因素及扣分	得分
作业质量30分	1. 错判故障,每次扣10分		
	2. 故障处理后未进行试验,扣10分		
	3. 不清楚技术标准(考评员提问),扣10分		
工具使用10分	1. 操作方法不对,纠正一次扣5分		
	2. 损坏器材,扣10分		
	3. 损坏工具、仪表,按失格处理		
作业安全10分	1. 未按规定在作业前悬挂防护红旗(夜间防护红灯)并在司机操纵手柄处挂禁动牌,扣5分		
	2. 出现一次违章作业扣3分		
	3. 未按规定着装,扣2分		
合计			

考评员签名:　　　　　　　　　　被认定人:　　　　　　年　　月　　日

S4　处理更换数据芯片后刷彩屏卡时,不能正常刷彩屏程序故障

1. 考场准备

要求场地内有一套完整的车载设备系统,基本信号设备完备,能接收地面信号发码并开放机车信号。场地内至少有一个实际的完整的LKJ监控装置系统、一套LKJ及机车信号设备,一套机车外挂设备,通信CIR设备一套,速度发码设备、信号发码设备各一套,并且能够检测实际有的设备。

2. 材料工具准备

序号	名称	规格	数量	备注	序号	名称	规格	数量	备注
1	车载设备配线图纸		1套		5	LKJ2000监控主机		1台	
2	万用表	MF-14	1块		6	监控主机互换板件		1套	
3	防护用具		1套		7	检修工具		1套	
4	显示器		1台		8	兆欧表	ZC-7	1块	

3. 考核要求

(1)被认定人入场后,首先由裁判告知题目,其次由被认定人检查准备工具,确认故障现象,当被认定人告知裁判可以开始时,由裁判开始计时。

(2)考核时间为10 min。

(3)按故障处理要求由被认定人独立完成。

(4)处理故障期间,被认定人可以查阅机车配线图。

(5)在被认定人处理故障期间,裁判可以依据故障分析向被认定人提问,以确认被认定人

找到的故障点是否有依据。

(6)考核过程中若被认定人出现烧表、电击等毁坏设备或者人身受到伤害的现象时,裁判有权利终止考试,成绩为零。

(7)考核完毕后,由被认定人在评分表上签字确认。

4. 考核评分

(1)考评人员3名以上。

(2)评分要点见“实作技能考核评分记录表”。

(3)评分程序及规则:考评员根据考生操作情况对照计分标准在评分表上给予记录评分。

(4)算分方法:采用百分制,满分100分,60分及以上为及格。

5. 实作技能考核评分记录表

准考证号:__________ 姓名:________ 性别:________ 单位:________________________

试题名称:处理更换数据芯片后刷彩屏卡时,不能正常刷彩屏程序故障。

考核时间:________________________ 开始时间:____时____分 结束时间:____时____分

项目	考核内容及评分标准	扣分因素及扣分	得分
操作程序 50分	1. 工具、材料准备齐全,检查工具、仪表是否良好。必要工具缺一件扣2分		
	2. 询访司机并回收LKJ/CIR系统检测合格证。缺一项扣2分		
	3. 确认故障现象。无此项扣3分		
	4. 新刷屏后没有按【确认】键重新启动,重新启动显示器。操作失误扣5分		
	5. 查看显示器电子盘是否故障。判断失误扣5分		
	6. 彩屏IC卡中程序出现问题,更换新卡重新刷屏。操作失误扣8分		
	7. 彩屏IC卡损坏(一般为芯片磨损或不清洁),更换新IC卡后重新刷屏。操作失误扣10分		
	8. 显示器IC卡卡座、连线故障,更换显示器后重新刷屏。操作失误扣5分		
	9. 更换故障设备并进行机车出库功能试验。缺一项扣5分		
	10. 在机车临修登记票签字,签发合格证。缺一项扣5分		
作业质量 30分	1. 错判故障,每次扣10分		
	2. 故障处理后未进行试验,扣10分		
	3. 不清楚技术标准(考评员提问),扣10分		
工具使用 10分	1. 操作方法不对,纠正一次扣5分		
	2. 损坏器材,扣10分		
	3. 损坏工具、仪表,按失格处理		
作业安全 10分	1. 未按规定在作业前悬挂防护红旗(夜间防护红灯)并在司机操纵手柄处挂禁动牌,扣5分		
	2. 出现一次违章作业扣3分		
	3. 未按规定着装,扣2分		
合计			

考评员签名: 被认定人: 年 月 日

S5　处理因硬件原因造成 LKJ2000 型监控装置系统始终复位故障

1. 考场准备

要求场地内有一套完整的车载设备系统，基本信号设备完备，能接收地面信号发码并开放机车信号。场地内至少有一个实际的完整的 LKJ 监控装置系统、一套 LKJ 及机车信号设备，一套机车外挂设备，通信 CIR 设备一套，速度发码设备、信号发码设备各一套，并且能够检测实际有的设备。

2. 材料工具准备

序号	名称	规格	数量	备注	序号	名称	规格	数量	备注
1	车载设备配线图纸		1套		6	DOS 芯片		1套	
2	万用表	MF-14	1块		7	监控主机互换板件		1套	
3	防护用具		1套		8	检修工具		1套	
4	数据程序芯片		1套		9	兆欧表	ZC-7	1块	
5	LKJ2000 监控主机		1台						

3. 考核要求

(1)被认定人入场后，首先由裁判告知题目，其次由被认定人检查准备工具，确认故障现象，当被认定人告知裁判可以开始时，由裁判开始计时。

(2)考核时间为 10 min。

(3)按故障处理要求由被认定人独立完成。

(4)处理故障期间，被认定人可以查阅机车配线图。

(5)在被认定人处理故障期间，裁判可以依据故障分析向被认定人提问，以确认被认定人找到的故障点是否有依据。

(6)考核过程中若被认定人出现烧表、电击等毁坏设备或者人身受到伤害的现象时，裁判有权利终止考试，成绩为零。

(7)考核完毕后，由被认定人在评分表上签字确认。

4. 考核评分

(1)考评人员 3 名以上。

(2)评分要点见“实作技能考核评分记录表”。

(3)评分程序及规则：考评员根据考生操作情况对照计分标准在评分表上给予记录评分。

(4)算分方法：采用百分制，满分 100 分，60 分及以上为及格。

5. 实作技能考核评分记录表

准考证号:__________ 姓名:________ 性别:________ 单位:__________________________

试题名称:处理因硬件原因造成 LKJ2000 型监控装置系统始终复位故障。

考核时间:__________________________ 开始时间:____时____分 结束时间:____时____分

<table>
<tr><th>项目</th><th>考核内容及评分标准</th><th>扣分因素及扣分</th><th>得分</th></tr>
<tr><td rowspan="11">操作程序
50 分</td><td>1. 工具、材料准备齐全,检查工具、仪表是否良好。必要工具缺一件扣 2 分</td><td></td><td rowspan="20"></td></tr>
<tr><td>2. 询访司机并回收 LKJ/CIR 系统检测合格证。缺一项扣 2 分</td><td></td></tr>
<tr><td>3. 确认故障现象。无此项扣 3 分</td><td></td></tr>
<tr><td>4. 通过显示器【查询】+【4】,检查主机故障组有亮红灯的插件、程序 ROM、数据 ROM 存储器是否有亮红灯现象。判断失误扣 5 分</td><td></td></tr>
<tr><td>5. 检查故障监控记录插件,是否由于时钟芯片故障造成监控装置系统始终复位。判断失误扣 5 分</td><td></td></tr>
<tr><td>6. 检查 DS1250 芯片(U11、U12、U13、U14)是否故障。判断失误扣 8 分</td><td></td></tr>
<tr><td>7. 更换 U11、U12、U13、U14 对应的 DS1250 芯片查看故障是否恢复。操作失误扣 5 分</td><td></td></tr>
<tr><td>8. 更换 U3、U4、U5、U6 芯片查看故障是否恢复。操作失误扣 5 分</td><td></td></tr>
<tr><td>9. 如故障现象仍然存在,更换监控记录插件。操作失误扣 5 分</td><td></td></tr>
<tr><td>10. 更换故障设备并进行机车出库功能试验。缺一项扣 5 分</td><td></td></tr>
<tr><td>11. 在机车临修登记票签字,签发合格证。缺一项扣 5 分</td><td></td></tr>
<tr><td rowspan="3">作业质量
30 分</td><td>1. 错判故障,每次扣 10 分</td><td></td></tr>
<tr><td>2. 故障处理后未进行试验,扣 10 分</td><td></td></tr>
<tr><td>3. 不清楚技术标准(考评员提问),扣 10 分</td><td></td></tr>
<tr><td rowspan="3">工具使用
10 分</td><td>1. 操作方法不对,纠正一次扣 5 分</td><td></td></tr>
<tr><td>2. 损坏器材,扣 10 分</td><td></td></tr>
<tr><td>3. 损坏工具、仪表,按失格处理</td><td></td></tr>
<tr><td rowspan="3">作业安全
10 分</td><td>1. 未按规定在作业前悬挂防护红旗(夜间防护红灯)并在司机操纵手柄处挂禁动牌,扣 5 分</td><td></td></tr>
<tr><td>2. 出现一次违章作业扣 3 分</td><td></td></tr>
<tr><td>3. 未按规定着装,扣 2 分</td><td></td></tr>
<tr><td>合计</td><td colspan="3"></td></tr>
</table>

考评员签名: 被认定人: 年 月 日

S6 处理监控装置过机不校故障

1. 考场准备

要求场地内有一套完整的车载设备系统,基本信号设备完备,能接收地面信号发码并开放机车信号。场地内至少有一个实际的完整的 LKJ 监控装置系统、一套 LKJ 及机车信号设备,一套机车外挂设备,通信 CIR 设备一套,速度发码设备、信号发码设备各一套,并且能够检测实际有的设备。

2. 材料工具准备

序号	名称	规格	数量	备注	序号	名称	规格	数量	备注
1	车载设备配线图纸		1套		5	LKJ2000 监控主机		1台	
2	万用表	MF-14	1块		6	监控主机互换板件		1套	
3	防护用具		1套		7	检修工具		1套	
4	X32-X22 配线		1套		8	兆欧表	ZC-7	1块	

3. 考核要求

(1)被认定人入场后,首先由裁判告知题目,其次由被认定人检查准备工具,确认故障现象,当被认定人告知裁判可以开始时,由裁判开始计时。

(2)考核时间为 10 min。

(3)按故障处理要求由被认定人独立完成。

(4)处理故障期间,被认定人可以查阅机车配线图。

(5)在被认定人处理故障期间,裁判可以依据故障分析向被认定人提问,以确认被认定人找到的故障点是否有依据。

(6)考核过程中若被认定人出现烧表、电击等毁坏设备或者人身受到伤害的现象时,裁判有权利终止考试,成绩为零。

(7)考核完毕后,由被认定人在评分表上签字确认。

4. 考核评分

(1)考评人员 3 名以上。

(2)评分要点见"实作技能考核评分记录表"。

(3)评分程序及规则:考评员根据考生操作情况对照计分标准在评分表上给予记录评分。

(4)算分方法:采用百分制,满分 100 分,60 分及以上为及格。

5. 实作技能考核评分记录表

准考证号:________ 姓名:______ 性别:______ 单位:____________

试题名称:处理监控装置过机不校故障。

考核时间:____________________ 开始时间:___时___分 结束时间:___时___分

项目	考核内容及评分标准	扣分因素及扣分	得分
操作程序50分	1. 工具、材料准备齐全,检查工具、仪表是否良好。必要工具缺一件扣 2 分		
	2. 询访司机并回收 LKJ/CIR 系统检测合格证。缺一项扣 2 分		
	3. 确认故障现象。无此项扣 3 分		
	4. 检查主机箱 X32 插接状态、用万用表电阻挡测量 X32 的 19、20 脚间电阻值,有无断路、短路现象。操作失误扣 8 分		

续上表

项目	考核内容及评分标准	扣分因素及扣分	得分
操作程序50分	5. 在地面发码的条件下用万用表交流电压挡测量X32的19、20脚间有无接收电压,检查地面信息处理插件和监控记录插件紧固状态。判断失误扣10分		
	6. 检查误差距离是否超过自动校正距离。判断失误扣5分		
	7. 检查机车轮径参数值是否与该机车动轮直径相符。判断失误扣5分		
	8. 如故障现象仍然存在,更换监控记录插件及地面信息处理插件查看故障是否恢复。操作失误扣5分		
	9. 更换故障设备并进行机车出库功能试验。缺一项扣5分		
	10. 在机车临修登记票签字,签发合格证。缺一项扣5分		
作业质量30分	1. 错判故障,每次扣10分		
	2. 故障处理后未进行试验,扣10分		
	3. 不清楚技术标准(考评员提问),扣10分		
工具使用10分	1. 操作方法不对,纠正一次扣5分		
	2. 损坏器材,扣10分		
	3. 损坏工具、仪表,按失格处理		
作业安全10分	1. 未按规定在作业前悬挂防护红旗(夜间防护红灯)并在司机操纵手柄处挂禁动牌,扣5分		
	2. 出现一次违章作业扣3分		
	3. 未按规定着装,扣2分		
合计			

考评员签名:　　　　　　　　被认定人:　　　　　　　　年　　月　　日

S7　处理机车信号、LKJ2000监控装置灯位显示正常,而按【查询】+【4】设备状态显示中数字量输入插件亮红灯故障

1. 考场准备

要求场地内有一套完整的车载设备系统,基本信号设备完备,能接收地面信号发码并开放机车信号。场地内至少有一个实际的完整的LKJ监控装置系统、一套LKJ及机车信号设备,一套机车外挂设备,通信CIR设备一套,速度发码设备、信号发码设备各一套,并且能够检测实际有的设备。

2. 材料工具准备

序号	名称	规格	数量	备注	序号	名称	规格	数量	备注
1	车载设备配线图纸		1套		5	LKJ2000型监控主机		1台	
2	万用表	MF-14	1块		6	监控主机互换板件		1套	
3	防护用具		1套		7	检修工具		1套	
4	X32-X22配线		1套		8	兆欧表	ZC-7	1块	

3. 考核要求

(1)被认定人入场后，首先由裁判告知题目，其次由被认定人检查准备工具，确认故障现象，当被认定人告知裁判可以开始时，由裁判开始计时。

(2)考核时间为 10 min。

(3)按故障处理要求由被认定人独立完成。

(4)处理故障期间，被认定人可以查阅机车配线图。

(5)在被认定人处理故障期间，裁判可以依据故障分析向被认定人提问，以确认被认定人找到的故障点是否有依据。

(6)考核过程中若被认定人出现烧表、电击等毁坏设备或者人身受到伤害的现象时，裁判有权利终止考试，成绩为零。

(7)考核完毕后，由被认定人在评分表上签字确认。

4. 考核评分

(1)考评人员 3 名以上。

(2)评分要点见"实作技能考核评分记录表"。

(3)评分程序及规则：考评员根据考生操作情况对照计分标准在评分表上给予记录评分。

(4)算分方法：采用百分制，满分 100 分，60 分及以上为及格。

5. 实作技能考核评分记录表

准考证号:________ 姓名:______ 性别:______ 单位:________________

试题名称：处理机车信号、LKJ2000 监控装置灯位显示正常，而按【查询】+【4】设备状态显示中数字量输入插件亮红灯故障。

考核时间:________________ 开始时间:____时____分 结束时间:____时____分

项目	考核内容及评分标准	扣分因素及扣分	得分
操作程序50分	1. 工具、材料准备齐全，检查工具、仪表是否良好。必要工具缺一件扣 2 分		
	2. 询访司机并回收 LKJ/CIR 系统检测合格证。缺一项扣 2 分		
	3. 确认故障现象。无此项扣 3 分		
	4. 首先确认故障现象是机车信号无直流＋50 V 输出。判断失误扣 8 分		
	5. 用万用表直流电压挡测量机车信号主机与监控主机 X32 插座 1、2 脚有无直流 50 V 输出，如无直流 50 V 输出，检查机车信号主机插 X22 插座 13、20 脚有无直流 50 V 输出。判断失误扣 15 分		
	6. 检查数字量输入插件自检电路是否故障。操作失误扣 10 分		
	7. 更换故障设备并进行机车出库功能试验。缺一项扣 5 分		
	8. 在机车临修登记票签字，签发合格证。缺一项扣 5 分		
作业质量30分	1. 错判故障，每次扣 10 分		
	2. 故障处理后未进行试验，扣 10 分		
	3. 不清楚技术标准(考评员提问)，扣 10 分		

续上表

项目	考核内容及评分标准	扣分因素及扣分	得分
工具使用10分	1. 操作方法不对,纠正一次扣5分		
	2. 损坏器材,扣10分		
	3. 损坏工具、仪表,按失格处理		
作业安全10分	1. 未按规定在作业前悬挂防护红旗(夜间防护红灯)并在司机操纵手柄处挂禁动牌,扣5分		
	2. 出现一次违章作业扣3分		
	3. 未按规定着装,扣2分		
合计			

考评员签名:　　　　被认定人:　　　　年　月　日

S8　处理LKJ2000型监控装置显示器只显示零位无非零位显示故障

1. 考场准备

要求场地内有一套完整的车载设备系统,基本信号设备完备,能接收地面信号发码并开放机车信号。场地内至少有一个实际的完整的LKJ监控装置系统、一套LKJ及机车信号设备,一套机车外挂设备,通信CIR设备一套,速度发码设备、信号发码设备各一套,并且能够检测实际有的设备。

2. 材料工具准备

序号	名称	规格	数量	备注	序号	名称	规格	数量	备注
1	车载设备配线图纸		1套		5	X30电源配线		1根	
2	万用表	MF-14	1块		6	监控主机互换板件		1套	
3	防护用具		1套		7	检修工具		1套	
4	LKJ2000型监控主机		1台		8	兆欧表	ZC-7	1块	

3. 考核要求

(1)被认定人入场后,首先由裁判告知题目,其次由被认定人检查准备工具,确认故障现象,当被认定人告知裁判可以开始时,由裁判开始计时。

(2)考核时间为10 min。

(3)按故障处理要求由被认定人独立完成。

(4)处理故障期间,被认定人可以查阅机车配线图。

(5)在被认定人处理故障期间,裁判可以依据故障分析向被认定人提问,以确认被认定人找到的故障点是否有依据。

(6)考核过程中若被认定人出现烧表、电击等毁坏设备或者人身受到伤害的现象时，裁判有权利终止考试，成绩为零。

(7)考核完毕后，由被认定人在评分表上签字确认。

4. 考核评分

(1)考评人员 3 名以上。

(2)评分要点见“实作技能考核评分记录表”。

(3)评分程序及规则：考评员根据考生操作情况对照计分标准在评分表上给予记录评分。

(4)算分方法：采用百分制，满分 100 分，60 分及以上为及格。

5. 实作技能考核评分记录表

准考证号：________ 姓名：________ 性别：________ 单位：________________

试题名称：处理 LKJ2000 型监控装置显示器只显示零位无非零位显示故障。

考核时间：________________ 开始时间：____时____分 结束时间：____时____分

项目	考核内容及评分标准	扣分因素及扣分	得分
操作程序50分	1. 工具、材料准备齐全，检查工具、仪表是否良好。必要工具缺一件扣 2 分		
	2. 询访司机并回收 LKJ/CIR 系统检测合格证。缺一项扣 2 分		
	3. 确认故障现象。无此项扣 3 分		
	4. 检查机车工况由零位转换至非零位时 LKJ2000 型监控装主机数字量输入/输出插件 1A、2B 指示灯显示是否正常。判断失误扣 10 分		
	5. 如不正常，用万用表直流电压挡测量 J195、J193 是否同时有＋110 V 电压，如有，再用万用表电阻挡测量 X30 插头、插座 1、4 脚间有无短路。如无短路现象，检查机务 LLC 继电器反联锁辅助触子是否接触不良或配线断线。操作失误扣 15 分		
	6. 如故障现象仍然存在，更换数字量输入/输出插件、监控装置主机箱查看故障是否恢复。判断失误扣 8 分		
	7. 更换故障设备并进行机车出库功能试验。缺一项扣 5 分		
	8. 在机车临修登记票签字，签发合格证。缺一项扣 5 分		
作业质量30分	1. 错判故障，每次扣 10 分		
	2. 故障处理后未进行试验，扣 10 分		
	3. 不清楚技术标准(考评员提问)，扣 10 分		
工具使用10分	1. 操作方法不对，纠正一次扣 5 分		
	2. 损坏器材，扣 10 分		
	3. 损坏工具、仪表，按失格处理		
作业安全10分	1. 未按规定在作业前悬挂防护红旗(夜间防护红灯)并在司机操纵手柄处挂禁动牌，扣 5 分		
	2. 出现一次违章作业扣 3 分		
	3. 未按规定着装，扣 2 分		
合计			

考评员签名： 被认定人： 年 月 日

S9 处理LKJ2000型监控装置主机与TAX2主机箱通信不良(通信记录插件2A灯常亮)故障

1. 考场准备

要求场地内有一套完整的车载设备系统,基本信号设备完备,能接收地面信号发码并开放机车信号。场地内至少有一个实际的完整的LKJ监控装置系统、一套LKJ及机车信号设备,一套机车外挂设备,通信CIR设备一套,速度发码设备、信号发码设备各一套,并且能够检测实际有的设备。

2. 材料工具准备

序号	名称	规格	数量	备注	序号	名称	规格	数量	备注
1	车载设备配线图纸		1套		5	X37-X1配线		1套	
2	万用表	MF-14	1块		6	监控主机互换板件		1套	
3	防护用具		1套		7	检修工具		1套	
4	LKJ2000型监控主机		1台		8	兆欧表	ZC-7	1块	

3. 考核要求

(1)被认定人入场后,首先由裁判告知题目,其次由被认定人检查准备工具,确认故障现象,当被认定人告知裁判可以开始时,由裁判开始计时。

(2)考核时间为10 min。

(3)按故障处理要求由被认定人独立完成。

(4)处理故障期间,被认定人可以查阅机车配线图。

(5)在被认定人处理故障期间,裁判可以依据故障分析向被认定人提问,以确认被认定人找到的故障点是否有依据。

(6)考核过程中若被认定人出现烧表、电击等毁坏设备或者人身受到伤害的现象时,裁判有权利终止考试,成绩为零。

(7)考核完毕后,由被认定人在评分表上签字确认。

4. 考核评分

(1)考评人员3名以上。

(2)评分要点见“实作技能考核评分记录表”。

(3)评分程序及规则:考评员根据考生操作情况对照计分标准在评分表上给予记录评分。

(4)算分方法:采用百分制,满分100分,60分及以上为及格。

5. 实作技能考核评分记录表

准考证号:______ 姓名:______ 性别:______ 单位:______

试题名称:处理 LKJ2000 型监控装置主机与 TAX2 主机箱通信不良(通信记录插件 2A 灯常亮)故障。

考核时间:______ 开始时间:___时___分 结束时间:___时___分

项目	考核内容及评分标准	扣分因素及扣分	得分
操作程序50分	1. 工具、材料准备齐全,检查工具、仪表是否良好。必要工具缺一件扣 2 分		
	2. 询访司机并回收 LKJ/CIR 系统检测合格证。缺一项扣 2 分		
	3. 确认故障现象。无此项扣 3 分		
	4. 开机检查通信记录插件自检过程是否正常,如正常,检查 X37、X1 插头、插座插针状态。判断失误扣 10 分		
	5. 用万用表电阻挡测量 X37 的 2、3、4 脚到 TX1T 的 1、2、3 脚是否有断路、短路现象。判断失误扣 10 分		
	6. 如故障现象未消除,更换 TAX2 主机箱通信记录插件查看故障是否恢复。判断失误扣 5 分		
	7. 如故障现象仍然存在,更换 LKJ2000 型主机箱上的通信插件查看故障是否恢复。判断失误扣 8 分		
	8. 更换故障设备并进行机车出库功能试验。缺一项扣 5 分		
	9. 在机车临修登记票签字,签发合格证。缺一项扣 5 分		
作业质量30分	1. 错判故障,每次扣 10 分		
	2. 故障处理后未进行试验,扣 10 分		
	3. 不清楚技术标准(考评员提问),扣 10 分		
工具使用10分	1. 操作方法不对,纠正一次扣 5 分		
	2. 损坏器材,扣 10 分		
	3. 损坏工具、仪表,按失格处理		
作业安全10分	1. 未按规定在作业前悬挂防护红旗(夜间防护红灯)并在司机操纵手柄处挂禁动牌,扣 5 分		
	2. 出现一次违章作业扣 3 分		
	3. 未按规定着装,扣 2 分		
合计			

考评员签名: 被认定人: 年 月 日

S10 处理 TAX2 主机箱各板件指示灯工作状态时,TMIS 板 4A 灯常亮故障

1. 考场准备

要求场地内有一套完整的车载设备系统,基本信号设备完备,能接收地面信号发码并开放机车信号。场地内至少有一个实际的完整的 LKJ 监控装置系统、一套 LKJ 及机车信号设备,一套机车外挂设备,通信 CIR 设备一套,速度发码设备、信号发码设备各一套,并且能够检测实际有的设备。

2. 材料工具准备

序号	名称	规格	数量	备注	序号	名称	规格	数量	备注
1	车载设备配线图纸		1套		5	LKJ2000型监控主机		1台	
2	万用表	MF-14	1块		6	监控主机互换板件		1套	
3	防护用具		1套		7	检修工具		1套	
4	相关配线		1套		8	兆欧表	ZC-7	1块	

3. 考核要求

(1)被认定人入场后,首先由裁判告知题目,其次由被认定人检查准备工具,确认故障现象,当被认定人告知裁判可以开始时,由裁判开始计时。

(2)考核时间为 10 min。

(3)按故障处理要求由被认定人独立完成。

(4)处理故障期间,被认定人可以查阅机车配线图。

(5)在被认定人处理故障期间,裁判可以依据故障分析向被认定人提问,以确认被认定人找到的故障点是否有依据。

(6)考核过程中若被认定人出现烧表、电击等毁坏设备或者人身受到伤害的现象时,裁判有权利终止考试,成绩为零。

(7)考核完毕后,由被认定人在评分表上签字确认。

4. 考核评分

(1)考评人员 3 名以上。

(2)评分要点见“实作技能考核评分记录表”。

(3)评分程序及规则:考评员根据考生操作情况对照计分标准在评分表上给予记录评分。

(4)算分方法:采用百分制,满分 100 分,60 分及以上为及格。

5. 实作技能考核评分记录表

准考证号:__________ 姓名:________ 性别:________ 单位:________________________

试题名称:处理 TAX2 主机箱各板件指示灯工作状态时,TMIS 板 4A 灯常亮故障。

考核时间:________________________ 开始时间:____时____分 结束时间:____时____分

项目	考核内容及评分标准	扣分因素及扣分	得分
操作程序 50 分	1. 工具、材料准备齐全,检查工具、仪表是否良好。必要工具缺一件扣 2 分		
	2. 询访司机并回收 LKJ/CIR 系统检测合格证。缺一项扣 2 分		
	3. 确认故障现象。无此项扣 3 分		
	4. 开机检查 TMIS 板自检是否正常,如正常检查 X5 插头、插座插针状态是否正常。判断失误扣 8 分		

续上表

项目	考核内容及评分标准	扣分因素及扣分	得分
操作程序50分	5. 用万用表电阻挡测量X5和BX1的1～7脚是否有断路和短路现象。判断失误扣15分		
	6. 如故障现象未消除,则更换机车电子标签查看故障是否恢复。操作失误扣5分		
	7. 如故障仍然存在,则更换TMIS板或TAX2主机箱。判断失误扣5分		
	8. 更换故障设备并进行机车出库功能试验。缺一项扣5分		
	9. 在机车临修登记票签字,签发合格证。缺一项扣5分		
作业质量30分	1. 错判故障,每次扣10分		
	2. 故障处理后未进行试验,扣10分		
	3. 不清楚技术标准(考评员提问),扣10分		
工具使用10分	1. 操作方法不对,纠正一次扣5分		
	2. 损坏器材,扣10分		
	3. 损坏工具、仪表,按失格处理		
作业安全10分	1. 未按规定在作业前悬挂防护红旗(夜间防护红灯)并在司机操纵手柄处挂禁动牌,扣5分		
	2. 出现一次违章作业扣3分		
	3. 未按规定着装,扣2分		
合计			

考评员签名: 被认定人: 年 月 日

S11 处理机车信号运行文件中公里标、速度等信息未知故障

1. 考场准备

要求场地内有一套完整的车载设备系统,基本信号设备完备,能接收地面信号发码并开放机车信号。场地内至少有一个实际的完整的LKJ监控装置系统、一套LKJ及机车信号设备,一套机车外挂设备,通信CIR设备一套,速度发码设备、信号发码设备各一套,并且能够检测实际有的设备。

2. 材料工具准备

序号	名称	规格	数量	备注	序号	名称	规格	数量	备注
1	车载设备配线图纸		1套		5	TAX2箱主机		1台	
2	万用表	MF-14	1块		6	LKJ2000型监控主机		1套	
3	防护用具		1套		7	检修工具		1套	
4	相关配线		1套		8	兆欧表	ZC-7	1块	

3. 考核要求

(1)被认定人入场后,首先由裁判告知题目,其次由被认定人检查准备工具,确认故障现

象,当被认定人告知裁判可以开始时,由裁判开始计时。

(2)考核时间为 10 min。

(3)按故障处理要求由被认定人独立完成。

(4)处理故障期间,被认定人可以查阅机车配线图。

(5)在被认定人处理故障期间,裁判可以依据故障分析向被认定人提问,以确认被认定人找到的故障点是否有依据。

(6)考核过程中若被认定人出现烧表、电击等毁坏设备或者人身受到伤害的现象时,裁判有权利终止考试,成绩为零。

(7)考核完毕后,由被认定人在评分表上签字确认。

4. 考核评分

(1)考评人员 3 名以上。

(2)评分要点见"实作技能考核评分记录表"。

(3)评分程序及规则:考评员根据考生操作情况对照计分标准在评分表上给予记录评分。

(4)算分方法:采用百分制,满分 100 分,60 分及以上为及格。

5. 实作技能考核评分记录表

准考证号:__________ 姓名:________ 性别:________ 单位:______________________________

试题名称:处理机车信号运行文件中公里标、速度等信息未知故障。

考核时间:______________________________ 开始时间:____时____分 结束时间:____时____分

项目	考核内容及评分标准	扣分因素及扣分	得分
操作程序50分	1. 工具、材料准备齐全,检查工具、仪表是否良好。必要工具缺一件扣 2 分		
	2. 询访司机并回收 LKJ/CIR 系统检测合格证。缺一项扣 2 分		
	3. 确认故障现象。无此项扣 3 分		
	4. 检查发现 TAX2 箱通信记录插件 2A 灯常亮、3B 灯闪亮。判断失误扣 5 分		
	5. 检查 TAX2 箱内语音录音插件通信指示灯指示是否正常,如不正常,更换 TAX2 箱内通信记录插件。操作失误扣 5 分		
	6. 检查 TAX2 箱机车信号转接插件位置与通信输出插座位置是否正确,如不正确,调整插头位置。操作失误扣 8 分		
	7. 用万用表电阻挡测量 TAX2 箱 X7 插头 1、4、3 脚间有无断路、短路现象,如有断路、短路现象,更换 TAX2 箱 X7 到 LX22 间连线。操作失误扣 10 分		
	8. 检查信号主机记录插件指示灯状态,正常状态下 COM 灯 1/8 s 点亮,3/8 s 灭,如不正常,更换机车信号主机记录插件。操作失误扣 5 分		
	9. 更换故障设备并进行机车出库功能试验。缺一项扣 5 分		
	10. 在机车临修登记票签字,签发合格证。缺一项扣 5 分		
作业质量30分	1. 错判故障,每次扣 10 分		
	2. 故障处理后未进行试验,扣 10 分		
	3. 不清楚技术标准(考评员提问),扣 10 分		

续上表

项目	考核内容及评分标准	扣分因素及扣分	得分
工具使用10分	1. 操作方法不对，纠正一次扣5分		
	2. 损坏器材，扣10分		
	3. 损坏工具、仪表，按失格处理		
作业安全10分	1. 未按规定在作业前悬挂防护红旗（夜间防护红灯）并在司机操纵手柄处挂禁动牌，扣5分		
	2. 出现一次违章作业扣3分		
	3. 未按规定着装，扣2分		
合计			

考评员签名：　　　　　　　　　　　　被认定人：　　　　　　　　　　年　　月　　日

S12　处理LKJ2000型监控装置运行中语音提示“速度信号故障”故障

1. 考场准备

要求场地内有一套完整的车载设备系统，基本信号设备完备，能接收地面信号发码并开放机车信号。场地内至少有一个实际的完整的LKJ监控装置系统、一套LKJ及机车信号设备，一套机车外挂设备，通信CIR设备一套，速度发码设备、信号发码设备各一套，并且能够检测实际有的设备。

2. 材料工具准备

序号	名称	规格	数量	备注	序号	名称	规格	数量	备注
1	车载设备配线图纸		1套		5	相关配线		1套	
2	万用表	MF-14	1块		6	LKJ2000型监控主机		1台	
3	防护用具		1套		7	检修工具		1套	
4	光电速度传感器		1个		8	兆欧表	ZC-7	1块	

3. 考核要求

（1）被认定人入场后，首先由裁判告知题目，其次由被认定人检查准备工具，确认故障现象，当被认定人告知裁判可以开始时，由裁判开始计时。

（2）考核时间为10 min。

（3）按故障处理要求由被认定人独立完成。

（4）处理故障期间，被认定人可以查阅机车配线图。

（5）在被认定人处理故障期间，裁判可以依据故障分析向被认定人提问，以确认被认定人找到的故障点是否有依据。

(6)考核过程中若被认定人出现烧表、电击等毁坏设备或者人身受到伤害的现象时,裁判有权利终止考试,成绩为零。

(7)考核完毕后,由被认定人在评分表上签字确认。

4. 考核评分

(1)考评人员 3 名以上。

(2)评分要点见"实作技能考核评分记录表"。

(3)评分程序及规则:考评员根据考生操作情况对照计分标准在评分表上给予记录评分。

(4)算分方法:采用百分制,满分 100 分,60 分及以上为及格。

5. 实作技能考核评分记录表

准考证号:__________ 姓名:________ 性别:________ 单位:________________________

试题名称:处理 LKJ2000 型监控装置运行中语音提示"速度信号故障"故障。

考核时间:________________________ 开始时间:____时____分 结束时间:____时____分

项目	考核内容及评分标准	扣分因素及扣分	得分
操作程序50分	1. 工具、材料准备齐全,检查工具、仪表是否良好。必要工具缺一件扣 2 分		
	2. 询访司机并回收 LKJ/CIR 系统检测合格证。缺一项扣 2 分		
	3. 确认故障现象。无此项扣 3 分		
	4. 检查速度传感器,更换不良速度传感器。判断失误扣 5 分		
	5. 检查并紧固速度传感器插头。操作失误扣 5 分		
	6. 检查并紧固速度信号条件线接线端子。操作失误扣 5 分		
	7. 用万用表电阻挡分别测量两条速度传感器配线,是否有接地、短路、断路现象,如有则更换故障的配线。判断失误扣 10 分		
	8. 如故障现象仍然存在,更换模拟量输入/输出插件。操作失误扣 8 分		
	9. 更换故障设备并进行机车出库功能试验。缺一项扣 5 分		
	10. 在机车临修登记票签字,签发合格证。缺一项扣 5 分		
作业质量30分	1. 错判故障,每次扣 10 分		
	2. 故障处理后未进行试验,扣 10 分		
	3. 不清楚技术标准(考评员提问),扣 10 分		
工具使用10分	1. 操作方法不对,纠正一次扣 5 分		
	2. 损坏器材,扣 10 分		
	3. 损坏工具、仪表,按失格处理		
作业安全10分	1. 未按规定在作业前悬挂防护红旗(夜间防护红灯)并在司机操纵手柄处挂禁动牌,扣 5 分		
	2. 出现一次违章作业扣 3 分		
	3. 未按规定着装,扣 2 分		
合计			

考评员签名: 被认定人: 年 月 日

S13 处理监控装置在机车停车状态下有速度显示故障

1. 考场准备

要求场地内有一套完整的车载设备系统，基本信号设备完备，能接收地面信号发码并开放机车信号。场地内至少有一个实际的完整的 LKJ 监控装置系统、一套 LKJ 及机车信号设备，一套机车外挂设备，通信 CIR 设备一套，速度发码设备、信号发码设备各一套，并且能够检测实际有的设备。

2. 材料工具准备

序号	名称	规格	数量	备注	序号	名称	规格	数量	备注
1	车载设备配线图纸		1套		6	监控主机互换板件		1套	
2	万用表	MF-14	1块		7	检修工具		1套	
3	防护用具		1套		8	兆欧表	ZC-7	1块	
4	LKJ2000 监控主机		1台		9	光电速度传感器		1个	
5	相关配线		1套						

3. 考核要求

(1)被认定人入场后，首先由裁判告知题目，其次由被认定人检查准备工具，确认故障现象，当被认定人告知裁判可以开始时，由裁判开始计时。

(2)考核时间为 10 min。

(3)按故障处理要求由被认定人独立完成。

(4)处理故障期间，被认定人可以查阅机车配线图。

(5)在被认定人处理故障期间，裁判可以依据故障分析向被认定人提问，以确认被认定人找到的故障点是否有依据。

(6)考核过程中若被认定人出现烧表、电击等毁坏设备或者人身受到伤害的现象时，裁判有权利终止考试，成绩为零。

(7)考核完毕后，由被认定人在评分表上签字确认。

4. 考核评分

(1)考评人员 3 名以上。

(2)评分要点见“实作技能考核评分记录表”。

(3)评分程序及规则：考评员根据考生操作情况对照计分标准在评分表上给予记录评分。

(4)算分方法：采用百分制，满分 100 分，60 分及以上为及格。

5. 实作技能考核评分记录表

准考证号:__________ 姓名:________ 性别:________ 单位:________________________

试题名称:处理监控装置在机车停车状态下有速度显示故障。

考核时间:________________________ 开始时间:____时____分 结束时间:____时____分

项目	考核内容及评分标准	扣分因素及扣分	得分
操作程序50分	1. 工具、材料准备齐全,检查工具、仪表是否良好。必要工具缺一件扣2分		
	2. 询访司机并回收LKJ/CIR系统检测合格证。缺一项扣2分		
	3. 确认故障现象。无此项扣3分		
	4. 拔掉速度传感器插头,如果现象消失,说明速度传感器故障,更换速度传感器。操作失误扣3分		
	5. 将主备速度接线在端子排与X34接线分开,如果故障现象消失。用万用表电阻挡测量J131、J132、J133速度信号线是否接地,更换相应的速度线。操作失误扣5分		
	6. 拔掉LKJ2000型主机箱X34插头,如果现象消失,说明X34插头及配线故障。用万用表电阻挡分别测量速度信号线是否接地,更换X34的配线。判断失误扣5分		
	7. 更换模拟量输入/输出插件,如果现象消失,说明模拟量输入/输出插件故障。判断失误扣5分		
	8. 更换监控记录插件,如果现象消失,说明监控记录插件故障。判断失误扣5分		
	9. 如故障现象仍然存在,则更换主机箱。操作失误扣5分		
	10. 如果上述方法均无效,须查找与主机箱连接的其他插头线是否存在故障。判断失误扣5分		
	11. 更换故障设备并进行机车出库功能试验。缺一项扣5分		
	12. 在机车临修登记票签字,签发合格证。缺一项扣5分		
作业质量30分	1. 错判故障,每次扣10分		
	2. 故障处理后未进行试验,扣10分		
	3. 不清楚技术标准(考评员提问),扣10分		
工具使用10分	1. 操作方法不对,纠正一次扣5分		
	2. 损坏器材,扣10分		
	3. 损坏工具、仪表,按失格处理		
作业安全10分	1. 未按规定在作业前悬挂防护红旗(夜间防护红灯)并在司机操纵手柄处挂禁动牌,扣5分		
	2. 出现一次违章作业扣3分		
	3. 未按规定着装,扣2分		
合计			

考评员签名: 被认定人: 年 月 日

S14 处理机车运行中速度波动频繁故障

1. 考场准备

要求场地内有一套完整的车载设备系统，基本信号设备完备，能接收地面信号发码并开放机车信号。场地内至少有一个实际的完整的 LKJ 监控装置系统、一套 LKJ 及机车信号设备，一套机车外挂设备，通信 CIR 设备一套，速度发码设备、信号发码设备各一套，并且能够检测实际有的设备。

2. 材料工具准备

序号	名称	规格	数量	备注	序号	名称	规格	数量	备注
1	车载设备配线图纸		1套		6	监控主机互换板件		1套	
2	万用表	MF-14	1块		7	检修工具		1套	
3	防护用具		1套		8	兆欧表	ZC-7	1块	
4	LKJ2000 型监控主机		1台		9	光电速度传感器		1个	
5	相关配线		1根						

3. 考核要求

(1)被认定人入场后，首先由裁判告知题目，其次由被认定人检查准备工具，确认故障现象，当被认定人告知裁判可以开始时，由裁判开始计时。

(2)考核时间为 10 min。

(3)按故障处理要求由被认定人独立完成。

(4)处理故障期间，被认定人可以查阅机车配线图。

(5)在被认定人处理故障期间，裁判可以依据故障分析向被认定人提问，以确认被认定人找到的故障点是否有依据。

(6)考核过程中若被认定人出现烧表、电击等毁坏设备或者人身受到伤害的现象时，裁判有权利终止考试，成绩为零。

(7)考核完毕后，由被认定人在评分表上签字确认。

4. 考核评分

(1)考评人员 3 名以上。

(2)评分要点见“实作技能考核评分记录表”。

(3)评分程序及规则：考评员根据考生操作情况对照计分标准在评分表上给予记录评分。

(4)算分方法：采用百分制，满分 100 分，60 分及以上为及格。

5. 实作技能考核评分记录表

准考证号:__________ 姓名:________ 性别:________ 单位:________________________

试题名称:处理机车运行中速度波动频繁故障。

考核时间:________________________ 开始时间:____时____分 结束时间:____时____分

项目	考核内容及评分标准	扣分因素及扣分	得分
操作程序50分	1. 工具、材料准备齐全,检查工具、仪表是否良好。必要工具缺一件扣2分		
	2. 询访司机并回收LKJ/CIR系统检测合格证。缺一项扣2分		
	3. 确认故障现象。无此项扣3分		
	4. 检查机车轴头方孔套是否符合安装标准,如不符合,通知机务部门更换。判断失误扣5分		
	5. 检查速度传感器万向轴或轴承是否不良、模块是否故障,如有,更换速度传感器。判断失误扣5分		
	6. 用万用表直流电阻挡测量速度传感器线是否有虚接、假焊现象,如有,更换速度线。操作失误扣5分		
	7. 用万用表直流电阻挡测量主机箱X34的3、4、5脚配线是否有虚接、假焊、接地现象,如有,更换X34插头线。操作失误扣8分		
	8. 如故障现象仍然存在,则更换模拟量输入/输出插件。操作失误扣5分		
	9. 如故障现象仍未消除,则更换监控记录插件。操作失误扣5分		
	10. 更换故障设备并进行机车出库功能试验。缺一项扣5分		
	11. 在机车临修登记票签字,签发合格证。缺一项扣5分		
作业质量30分	1. 错判故障,每次扣10分		
	2. 故障处理后未进行试验,扣10分		
	3. 不清楚技术标准(考评员提问),扣10分		
工具使用10分	1. 操作方法不对,纠正一次扣5分		
	2. 损坏器材,扣10分		
	3. 损坏工具、仪表,按失格处理		
作业安全10分	1. 未按规定在作业前悬挂防护红旗(夜间防护红灯)并在司机操纵手柄处挂禁动牌,扣5分		
	2. 出现一次违章作业扣3分		
	3. 未按规定着装,扣2分		
合计			

考评员签名: 被认定人: 年 月 日

S15 处理作业中,观察设备状态窗口,速度频率"0、1、2"速度通道无显示故障

1. 考场准备

要求场地内有一套完整的车载设备系统,基本信号设备完备,能接收地面信号发码并开放机车信号。场地内至少有一个实际的完整的LKJ监控装置系统、一套LKJ及机车信号设备,

一套机车外挂设备，通信CIR设备一套，速度发码设备、信号发码设备各一套，并且能够检测实际有的设备。

2. 材料工具准备

序号	名称	规格	数量	备注	序号	名称	规格	数量	备注
1	车载设备配线图纸		1套		5	相关配线		1套	
2	万用表	MF-14	1块		6	光电速度传感器		1个	
3	防护用具		1套		7	检修工具		1套	
4	LKJ2000型监控主机		1台		8	兆欧表	ZC-7	1块	

3. 考核要求

(1)被认定人入场后，首先由裁判告知题目，其次由被认定人检查准备工具，确认故障现象，当被认定人告知裁判可以开始时，由裁判开始计时。

(2)考核时间为10 min。

(3)按故障处理要求由被认定人独立完成。

(4)处理故障期间，被认定人可以查阅机车配线图。

(5)在被认定人处理故障期间，裁判可以依据故障分析向被认定人提问，以确认被认定人找到的故障点是否有依据。

(6)考核过程中若被认定人出现烧表、电击等毁坏设备或者人身受到伤害的现象时，裁判有权利终止考试，成绩为零。

(7)考核完毕后，由被认定人在评分表上签字确认。

4. 考核评分

(1)考评人员3名以上。

(2)评分要点见"实作技能考核评分记录表"。

(3)评分程序及规则：考评员根据考生操作情况对照计分标准在评分表上给予记录评分。

(4)算分方法：采用百分制，满分100分，60分及以上为及格。

5. 实作技能考核评分记录表

准考证号：________ 姓名：________ 性别：________ 单位：________________

试题名称：处理作业中，观察设备状态窗口，速度频率"0、1、2"速度通道无显示故障。

考核时间：________________ 开始时间：____时____分 结束时间：____时____分

项目	考核内容及评分标准	扣分因素及扣分	得分
操作程序50分	1. 工具、材料准备齐全，检查工具、仪表是否良好。必要工具缺一件扣2分		
	2. 询访司机并回收LKJ/CIR系统检测合格证。缺一项扣2分		
	3. 确认故障现象。无此项扣3分		

续上表

项目	考核内容及评分标准	扣分因素及扣分	得分
操作程序50分	4. “0、1”通道无显示,说明主速度传感器故障或主速度线故障,须更换主速度传感器或主速度线。判断失误扣8分		
	5. “2”通道无显示,说明备用传感器故障或备用速度线故障,须更换备用速度传感器或备用速度线。操作失误扣10分		
	6. 如三个速度频率都无显示,一是主机电源插件故障,用万用表电压挡测量速度传感器工作电压是否有短路、断路现象,电压未达到15 V;二是X34速度信号条件线故障;三是某一速度传感器条件线有短路或接地现象,更换相应的故障配线。判断失误扣15分		
	7. 更换故障设备并进行机车出库功能试验。缺一项扣5分		
	8. 在机车临修登记票签字,签发合格证。缺一项扣5分		
作业质量30分	1. 错判故障,每次扣10分		
	2. 故障处理后未进行试验,扣10分		
	3. 不清楚技术标准(考评员提问),扣10分		
工具使用10分	1. 操作方法不对,纠正一次扣5分		
	2. 损坏器材,扣10分		
	3. 损坏工具、仪表,按失格处理		
作业安全10分	1. 未按规定在作业前悬挂防护红旗(夜间防护红灯)并在司机操纵手柄处挂禁动牌,扣5分		
	2. 出现一次违章作业扣3分		
	3. 未按规定着装,扣2分		
合计			

考评员签名: 被认定人: 年 月 日

S16 处理机车列车管压力表显示正常,LKJ2000型监控装置无列车管压力故障

1. 考场准备

要求场地内有一套完整的车载设备系统,基本信号设备完备,能接收地面信号发码并开放机车信号。场地内至少有一个实际的完整的LKJ监控装置系统、一套LKJ及机车信号设备,一套机车外挂设备,通信CIR设备一套,速度发码设备、信号发码设备各一套,并且能够检测实际有的设备。

2. 材料工具准备

序号	名称	规格	数量	备注	序号	名称	规格	数量	备注
1	车载设备配线图纸		1套		5	相关配线		1套	
2	万用表	MF-14	1块		6	检修工具		1套	
3	防护用具		1套		7	兆欧表	ZC-7	1块	
4	LKJ2000型监控主机		1台		8	压力传感器		1个	

3. 考核要求

(1)被认定人入场后，首先由裁判告知题目，其次由被认定人检查准备工具，确认故障现象，当被认定人告知裁判可以开始时，由裁判开始计时。

(2)考核时间为 10 min。

(3)按故障处理要求由被认定人独立完成。

(4)处理故障期间，被认定人可以查阅机车配线图。

(5)在被认定人处理故障期间，裁判可以依据故障分析向被认定人提问，以确认被认定人找到的故障点是否有依据。

(6)考核过程中若被认定人出现烧表、电击等毁坏设备或者人身受到伤害的现象时，裁判有权利终止考试，成绩为零。

(7)考核完毕后，由被认定人在评分表上签字确认。

4. 考核评分

(1)考评人员 3 名以上。

(2)评分要点见"实作技能考核评分记录表"。

(3)评分程序及规则：考评员根据考生操作情况对照计分标准在评分表上给予记录评分。

(4)算分方法：采用百分制，满分 100 分，60 分及以上为及格。

5. 实作技能考核评分记录表

准考证号：________ 姓名：________ 性别：________ 单位：________________

试题名称：处理机车列车管压力表显示正常，LKJ2000 型监控装置无列车管压力故障。

考核时间：________________________ 开始时间：____时____分 结束时间：____时____分

项目	考核内容及评分标准	扣分因素及扣分	得分
操作程序50分	1. 工具、材料准备齐全，检查工具、仪表是否良好。必要工具缺一件扣 2 分		
	2. 询访司机并回收 LKJ/CIR 系统检测合格证。缺一项扣 2 分		
	3. 确认故障现象。无此项扣 3 分		
	4. 检查 X34 插头、插座插针状态，并重新紧固 X34。判断失误扣 5 分		
	5. 用万用表直流电压挡测量列车管压力信号线插头 P1、P4 间有无 15 V 工作电压，如无，更换该条件线；如有 15 V 工作电压，用万用表直流电压挡测量 P4、P3 脚间有无直流电压输出(2.5 V 对应 500 kPa、3 V 对应 600 kPa)，如无直流电压输出，用万用表电阻挡测量有无断路、短路现象，如有更换该条件线。判断失误扣 10 分		
	6. 观察机车列车管压力表显示正常，检查列车管压力传感器连接铜管折角塞门状态。判断失误扣 8 分		
	7. 如故障仍未消除，则更换压力传感器。判断失误扣 5 分		
	8. 如故障现象仍然存在，则更换模拟量输入/输出插件。操作失误扣 5 分		
	9. 更换故障设备并进行机车出库功能试验。缺一项扣 5 分		
	10. 在机车临修登记票签字，签发合格证。缺一项扣 5 分		

续上表

项目	考核内容及评分标准	扣分因素及扣分	得分
作业质量30分	1. 错判故障,每次扣10分		
	2. 故障处理后未进行试验,扣10分		
	3. 不清楚技术标准(考评员提问),扣10分		
工具使用10分	1. 操作方法不对,纠正一次扣5分		
	2. 损坏器材,扣10分		
	3. 损坏工具、仪表,按失格处理		
作业安全10分	1. 未按规定在作业前悬挂防护红旗(夜间防护红灯)并在司机操纵手柄处挂禁动牌,扣5分		
	2. 出现一次违章作业扣3分		
	3. 未按规定着装,扣2分		
合计			

考评员签名：　　　　被认定人：　　　　年　月　日

S17　处理LKJ2000型监控装置闸缸压力跳变故障

1. 考场准备

要求场地内有一套完整的车载设备系统,基本信号设备完备,能接收地面信号发码并开放机车信号。场地内至少有一个实际的完整的LKJ监控装置系统、一套LKJ及机车信号设备,一套机车外挂设备,通信CIR设备一套,速度发码设备、信号发码设备各一套,并且能够检测实际有的设备。

2. 材料工具准备

序号	名称	规格	数量	备注	序号	名称	规格	数量	备注
1	车载设备配线图纸		1套		5	LKJ2000型监控主机		1台	
2	万用表	MF-14	1块		6	压力传感器		1个	
3	防护用具		1套		7	检修工具及相关配线		1套	
4	警惕按钮		1台		8	兆欧表	ZC-7	1块	

3. 考核要求

(1)被认定人入场后,首先由裁判告知题目,其次由被认定人检查准备工具,确认故障现象,当被认定人告知裁判可以开始时,由裁判开始计时。

(2)考核时间为10 min。

(3)按故障处理要求由被认定人独立完成。

(4)处理故障期间，被认定人可以查阅机车配线图。

(5)在被认定人处理故障期间，裁判可以依据故障分析向被认定人提问，以确认被认定人找到的故障点是否有依据。

(6)考核过程中若被认定人出现烧表、电击等毁坏设备或者人身受到伤害的现象时，裁判有权利终止考试，成绩为零。

(7)考核完毕后，由被认定人在评分表上签字确认。

4. 考核评分

(1)考评人员 3 名以上。

(2)评分要点见“实作技能考核评分记录表”。

(3)评分程序及规则：考评员根据考生操作情况对照计分标准在评分表上给予记录评分。

(4)算分方法：采用百分制，满分 100 分，60 分及以上为及格。

5. 实作技能考核评分记录表

准考证号：________ 姓名：________ 性别：________ 单位：________________

试题名称：处理 LKJ2000 型监控装置闸缸压力跳变故障。

考核时间：________________ 开始时间：____时____分 结束时间：____时____分

项目	考核内容及评分标准	扣分因素及扣分	得分
操作程序50分	1. 工具、材料准备齐全，检查工具、仪表是否良好。必要工具缺一件扣 2 分		
	2. 询访司机并回收 LKJ/CIR 系统检测合格证。缺一项扣 2 分		
	3. 确认故障现象。无此项扣 3 分		
	4. 检查闸缸压力传感器插头接触是否良好、有无进水痕迹。操作失误扣 5 分		
	5. 用万用表直流电压挡测量闸缸压力传感器插头信号线 P1、P4 间有无 15 V 工作电压，P4、P3 脚间直流电压输出是否稳定，如不稳定，用万用表电阻挡测量有无短路现象，如有，更换该条件线。操作失误扣 8 分		
	6. 用万用表电阻挡测量压力信号条件线是否有接地、短路现象，如有，更换该条件线。操作失误扣 5 分		
	7. 检查压力传感器截止阀是否处于“关”位。判断失误扣 5 分		
	8. 如故障仍未消除，则更换压力传感器。操作失误扣 5 分		
	9. 如故障现象仍然存在，则更换模拟量输入/输出插件。操作失误扣 5 分		
	10. 更换故障设备并进行机车出库功能试验。缺一项扣 5 分		
	11. 在机车临修登记票签字，签发合格证。缺一项扣 5 分		
作业质量30分	1. 错判故障，每次扣 10 分		
	2. 故障处理后未进行试验，扣 10 分		
	3. 不清楚技术标准(考评员提问)，扣 10 分		
工具使用10分	1. 操作方法不对，纠正一次扣 5 分		
	2. 损坏器材，扣 10 分		
	3. 损坏工具、仪表，按失格处理		

续上表

项目	考核内容及评分标准	扣分因素及扣分	得分
作业安全10分	1. 未按规定在作业前悬挂防护红旗(夜间防护红灯)并在司机操纵手柄处挂禁动牌,扣5分		
	2. 出现一次违章作业扣3分		
	3. 未按规定着装,扣2分		
合计			

考评员签名: 被认定人: 年 月 日

S18 处理机车列车管压力为零时,显示器窗口显示20 kPa以上的压力值故障

1. 考场准备

要求场地内有一套完整的车载设备系统,基本信号设备完备,能接收地面信号发码并开放机车信号。场地内至少有一个实际的完整的LKJ监控装置系统、一套LKJ及机车信号设备,一套机车外挂设备,通信CIR设备一套,速度发码设备、信号发码设备各一套,并且能够检测实际有的设备。

2. 材料工具准备

序号	名称	规格	数量	备注	序号	名称	规格	数量	备注
1	车载设备配线图纸		1套		5	LKJ2000型监控主机		1台	
2	万用表	MF-14	1块		6	相关配线		1套	
3	防护用具		1套		7	检修工具		1套	
4	压力传感器		1个		8	兆欧表	ZC-7	1块	

3. 考核要求

(1)被认定人入场后,首先由裁判告知题目,其次由被认定人检查准备工具,确认故障现象,当被认定人告知裁判可以开始时,由裁判开始计时。

(2)考核时间为10 min。

(3)按故障处理要求由被认定人独立完成。

(4)处理故障期间,被认定人可以查阅机车配线图。

(5)在被认定人处理故障期间,裁判可以依据故障分析向被认定人提问,以确认被认定人找到的故障点是否有依据。

(6)考核过程中若被认定人出现烧表、电击等毁坏设备或者人身受到伤害的现象时,裁判有权利终止考试,成绩为零。

(7)考核完毕后,由被认定人在评分表上签字确认。

4. 考核评分

(1)考评人员 3 名以上。

(2)评分要点见“实作技能考核评分记录表”。

(3)评分程序及规则:考评员根据考生操作情况对照计分标准在评分表上给予记录评分。

(4)算分方法:采用百分制,满分 100 分,60 分及以上为及格。

5. 实作技能考核评分记录表

准考证号:________ 姓名:________ 性别:________ 单位:________________

试题名称:处理机车列车管压力为零时,显示器窗口显示 20 kPa 以上的压力值故障。

考核时间:________________ 开始时间:____时____分 结束时间:____时____分

项目	考核内容及评分标准	扣分因素及扣分	得分
操作程序 50 分	1. 工具、材料准备齐全,检查工具、仪表是否良好。必要工具缺一件扣 2 分		
	2. 询访司机并回收 LKJ/CIR 系统检测合格证。缺一项扣 2 分		
	3. 确认故障现象。无此项扣 3 分		
	4. 用万用表直流电压挡测量 X34 插头的 11、12 脚间有无直流电压,有电压时,用万用表电阻挡测量 X34 插头的 10、11 脚间有无短路现象,如有,更换 X34 配线。判断失误扣 10 分		
	5. 如 X34 插头的 10、11 脚间无短路现象,检查列车管压力传感器插头 P3、P4 脚间有无直流电压,如有,更换压力传感器。操作失误扣 15 分		
	6. 如故障现象仍然存在,则更换模拟量输入/输出插件。判断失误扣 8 分		
	7. 更换故障设备并进行机车出库功能试验。缺一项扣 5 分		
	8. 在机车临修登记票签字,签发合格证。缺一项扣 5 分		
作业质量 30 分	1. 错判故障,每次扣 10 分		
	2. 故障处理后未进行试验,扣 10 分		
	3. 不清楚技术标准(考评员提问),扣 10 分		
工具使用 10 分	1. 操作方法不对,纠正一次扣 5 分		
	2. 损坏器材,扣 10 分		
	3. 损坏工具、仪表,按失格处理		
作业安全 10 分	1. 未按规定在作业前悬挂防护红旗(夜间防护红灯)并在司机操纵手柄处挂禁动牌,扣 5 分		
	2. 出现一次违章作业扣 3 分		
	3. 未按规定着装,扣 2 分		
合计			

考评员签名: 被认定人: 年 月 日

S19 处理 LKJ2000 型监控装置闸缸压力 1 000 kPa 不变故障

1. 考场准备

要求场地内有一套完整的车载设备系统,基本信号设备完备,能接收地面信号发码并开放机车信号。场地内至少有一个实际的完整的 LKJ 监控装置系统、一套 LKJ 及机车信号设备,一套机车外挂设备,通信 CIR 设备一套,速度发码设备、信号发码设备各一套,并且能够检测实际有的设备。

2. 材料工具准备

序号	名称	规格	数量	备注	序号	名称	规格	数量	备注
1	车载设备配线图纸		1套		5	LKJ2000 型监控主机		1台	
2	万用表	MF-14	1块		6	压力传感器		1个	
3	防护用具		1套		7	检修工具		1套	
4	相关配线		1台		8	兆欧表	ZC-7	1块	

3. 考核要求

(1)被认定人入场后,首先由裁判告知题目,其次由被认定人检查准备工具,确认故障现象,当被认定人告知裁判可以开始时,由裁判开始计时。

(2)考核时间为 10 min。

(3)按故障处理要求由被认定人独立完成。

(4)处理故障期间,被认定人可以查阅机车配线图。

(5)在被认定人处理故障期间,裁判可以依据故障分析向被认定人提问,以确认被认定人找到的故障点是否有依据。

(6)考核过程中若被认定人出现烧表、电击等毁坏设备或者人身受到伤害的现象时,裁判有权利终止考试,成绩为零。

(7)考核完毕后,由被认定人在评分表上签字确认。

4. 考核评分

(1)考评人员 3 名以上。

(2)评分要点见"实作技能考核评分记录表"。

(3)评分程序及规则:考评员根据考生操作情况对照计分标准在评分表上给予记录评分。

(4)算分方法:采用百分制,满分 100 分,60 分及以上为及格。

5. 实作技能考核评分记录表

准考证号:__________ 姓名:________ 性别:________ 单位:______________________________

试题名称:处理 LKJ2000 型监控装置闸缸压力 1 000 kPa 不变故障。

考核时间:______________________________ 开始时间:____时____分 结束时间:____时____分

项目	考核内容及评分标准	扣分因素及扣分	得分
操作程序 50分	1. 工具、材料准备齐全,检查工具、仪表是否良好。必要工具缺一件扣 2 分		
	2. 询访司机并回收 LKJ/CIR 系统检测合格证。缺一项扣 2 分		
	3. 确认故障现象。无此项扣 3 分		

续上表

项目	考核内容及评分标准	扣分因素及扣分	得分
操作程序50分	4. 取下闸缸压力传感器插头,看压力显示有无变化,如压力有变化,更换压力传感器。操作失误扣8分		
	5. 如压力无变化,用万用表电压挡测量闸缸压力传感器插头P2、P3间的闸缸压力信号条件线是否有短路现象,如有更换闸缸压力传感器配线。分析失误扣15分		
	6. 如故障现象仍然存在,则更换模拟量输入/输出插件。操作失误扣10分		
	7. 更换故障设备并进行机车出库功能试验。缺一项扣5分		
	8. 在机车临修登记票签字,签发合格证。缺一项扣5分		
作业质量30分	1. 错判故障,每次扣10分		
	2. 故障处理后未进行试验,扣10分		
	3. 不清楚技术标准(考评员提问),扣10分		
工具使用10分	1. 操作方法不对,纠正一次扣5分		
	2. 损坏器材,扣10分		
	3. 损坏工具、仪表,按失格处理		
作业安全10分	1. 未按规定在作业前悬挂防护红旗(夜间防护红灯)并在司机操纵手柄处挂禁动牌,扣5分		
	2. 出现一次违章作业扣3分		
	3. 未按规定着装,扣2分		
合计			

考评员签名: 被认定人: 年 月 日

S20 处理LKJ2000型监控装置无柴油机转速信号故障

1. 考场准备

要求场地内有一套完整的车载设备系统,基本信号设备完备,能接收地面信号发码并开放机车信号。场地内至少有一个实际的完整的LKJ监控装置系统、一套LKJ及机车信号设备,一套机车外挂设备,通信CIR设备一套,速度发码设备、信号发码设备各一套,并且能够检测实际有的设备。

2. 材料工具准备

序号	名称	规格	数量	备注	序号	名称	规格	数量	备注
1	车载设备配线图纸		1套		5	监控主机互换板件		1套	
2	万用表	MF-14	1块		6	检修工具		1套	
3	防护用具		1套		7	兆欧表	ZC-7	1块	
4	相关配线		1套		8	LKJ2000型监控主机		1台	

3. 考核要求

(1)被认定人入场后,首先由裁判告知题目,其次由被认定人检查准备工具,确认故障现象,当被认定人告知裁判可以开始时,由裁判开始计时。

(2)考核时间为 10 min。

(3)按故障处理要求由被认定人独立完成。

(4)处理故障期间,被认定人可以查阅机车配线图。

(5)在被认定人处理故障期间,裁判可以依据故障分析向被认定人提问,以确认被认定人找到的故障点是否有依据。

(6)考核过程中若被认定人出现烧表、电击等毁坏设备或者人身受到伤害的现象时,裁判有权利终止考试,成绩为零。

(7)考核完毕后,由被认定人在评分表上签字确认。

4. 考核评分

(1)考评人员 3 名以上。

(2)评分要点见“实作技能考核评分记录表”。

(3)评分程序及规则:考评员根据考生操作情况对照计分标准在评分表上给予记录评分。

(4)算分方法:采用百分制,满分 100 分,60 分及以上为及格。

5. 实作技能考核评分记录表

准考证号:__________ 姓名:________ 性别:________ 单位:______________________________

试题名称:处理 LKJ2000 型监控装置无柴油机转速信号故障。

考核时间:_________________________ 开始时间:____时____分 结束时间:____时____分

项目	考核内容及评分标准	扣分因素及扣分	得分
操作程序 50 分	1. 工具、材料准备齐全,检查工具、仪表是否良好。必要工具缺一件扣 2 分		
	2. 询访司机并回收 LKJ/CIR 系统检测合格证。缺一项扣 2 分		
	3. 确认故障现象。无此项扣 3 分		
	4. 检查并修正柴油机转速设定参数。判断失误扣 3 分		
	5. 检查 X34 插头、插座插针状态,接触是否良好,如不良,紧固;如良好,用万用表交流电压挡测量 X34 的 7、8 脚间有无对应交流电压输出,无交流电压输出,用万用表电阻挡测量有无断路、短路现象,如有,更换 X34 配线。判断失误扣 5 分		
	6. 检查并紧固柴油机转速条件线接线端子。操作失误扣 5 分		
	7. 用万用表交流电压挡测量 J126、J127 端子上有无柴油机转速信号,如无则调换端子或机务部门柴油机转速测速电机及配线不良。判断失误扣 5 分		
	8. 用 500 V 兆欧表测量 J126、J127 端子的对地绝缘电阻是否合格。判断失误扣 5 分		
	9. 如故障仍未消除,更换模拟量输入/输出插件。操作失误扣 5 分		
	10. 如故障现象仍然存在,则更换监控记录插件、监控主机箱。操作失误扣 5 分		
	11. 更换故障设备并进行机车出库功能试验。缺一项扣 5 分		
	12. 在机车临修登记票签字,签发合格证。缺一项扣 5 分		

续上表

项目	考核内容及评分标准	扣分因素及扣分	得分
作业质量30分	1. 错判故障,每次扣10分		
	2. 故障处理后未进行试验,扣10分		
	3. 不清楚技术标准(考评员提问),扣10分		
工具使用10分	1. 操作方法不对,纠正一次扣5分		
	2. 损坏器材,扣10分		
	3. 损坏工具、仪表,按失格处理		
作业安全10分	1. 未按规定在作业前悬挂防护红旗(夜间防护红灯)并在司机操纵手柄处挂禁动牌,扣5分		
	2. 出现一次违章作业扣3分		
	3. 未按规定着装,扣2分		
合计			

考评员签名: 被认定人: 年 月 日

第五部分 高级技师

1. JT1-CZ2000 型机车信号系统设备正常工作的条件是什么？

答：正常工作的条件是与本系统接收线圈信号线连接的负载总阻抗不小于 200 kΩ，与本系统输出信号线相连的负载总阻抗不小于 20 kΩ，与本系统相连的设备应满足与电磁兼容相关的要求。

2. JT1-CZ2000 双套热备指的是什么？

答：JT1-CZ2000 双套热备是指由机车信号主机内双套主机板、接线盒中的双路电源、双路接收线圈共同组成的双套热备系统，主机完成双套热备输出的切换。

3. JT1-CZ2000 双路接收线圈故障如何转换？

答：接收线圈中一路存在故障时，主机可以通过自动切换控制电路，把对应正常接收线圈的主机转换成工作机，提高系统的可靠性。

4. JT1-CZ2000 机车信号双路接收线圈如何实现车载系统的闭环自动检测？

答：双路接收线圈可实现车载系统的闭环自动检测，测试时线圈的一路作为测试发送信号，另一路线圈接收信号，并控制与接收线圈相连接的主机进行译码接收，从而实现车载系统的闭环测试，即省去了测试线圈。

5. BT-01T/2000 型通用机车信号主机测试台测试管理的主要功能有哪些？

答：测试台测试管理的主要功能有常规技术指标测试、常规循检运行考核、自编循检运行考核、仪器仪表组合操作台、测试数据文件管理。

6. 双面点阵式显示器如何实现故障—安全措施？

答：(1)显示器从灯位输出取得供电电源，在机车信号主机无输出时，显示器一定无显示输出。

(2)在电路中利用双 CPU 来共同进行信号输入，扫描显示，对点阵输出进行反馈检查。

7. JT-C 型一体化机车信号系统电缆布线有何要求？

答：安装布线时，将电缆与机车底部固定点捆绑牢固，防止机车在高速运行中，产生剧烈振动对线缆造成疲劳性损坏，以确保线缆的正常使用寿命。

8. JT-C 型一体化机车信号记录器与机车 TAX2 箱如何连接？

答：JT-C 型一体化机车信号记录器所需信息取自机车信号通信板，该电路板插在 TAX2 箱的备用插槽内（根据现场的备用槽不同，应结合实际使用）。

9. 检查清扫机车信号环线时有哪些规定？

答：(1)环线走线管路安装牢固，管路无脱节，挂钩齐全，电缆不外露。

(2)环线走线管路清洁，无污垢，无变形。

10. LKJ 功能扩展盒（带鸣笛转换器）检查鸣笛功能时具体检查哪些内容？

答：LKJ 功能扩展盒（带鸣笛转换器）检查鸣笛功能需按压Ⅰ、Ⅱ鸣笛，自动过分相，手动过分相，级位 0～3，在屏幕显示器有相应的指示，在运行记录文件中有相应的记录。

11. 通用式机车信号开机后直接亮红灯，如何查找光电开关故障？

答：先将 U22 的引脚 2 接 VCC 高电位，如果立即切断点灯电源，即灯光熄灭，说明 U22 是好的，否则 U22 故障。

12. 通用式机车信号开机后白灯不变灯，如何查找输入变压器故障？

答：输入变压器“1-2”端为输入边，“3-4”端为输出边。用万用表测“1-2”边电阻约 80 Ω 左右，“3-4”边电阻约 90～100 Ω，变压器 1 或 2 对 4 的电阻应为∞。不满足以上要求，说明变压器断线或绝缘不好。

13. 信号系统主要包括哪些？

答：信号系统包括联锁、闭塞、机车信号、列车运行控制、驼峰控制、调度指挥、道口信号、信号集中监测等。

14. 通用式机车信号开机后白灯不变灯，如何查找 U1 或 U25 故障？

答：U25 或 U1 芯片正常时 U1 引脚 25、26 间电压应是输入变压器输出边“3-4”间电压的 1/2 左右。正常时 U1 引脚 25、26 对地电阻约 800 Ω，引脚 23、24 对地电阻应为∞。若不符合以上要求应更换芯片。

15. 机车信号设备由哪些单元组成？

答：机车信号设备包括机车信号主机、机车信号机、接收线圈（含接线盒）、连接电缆、通信接口板、机车信号远程监测装置、机车信号信息转接装置等。

16. JT-C 型一体化机车信号系统静态测试中电源确认的具体要求有哪些？

答：(1)确认供电电源连接是否正确。

(2)确认供电电源经过独立断路器。

17. 机车信号主机记录器转储时生成哪几个文件?

答:每次转储会在U盘中生成四个文件,分别为JLQ_××××.ZTB(状态文件),JLQ_××××.SSB(实时变化信息文件),JLQ_××××.IDX(CF卡索引文件),JLQ_××××.BXJ(关键波形文件)。

18. 机车信号设备出入库检测作业"访问司机"工作内容及要求有哪些?

答:访问出入库机车司机,了解机车信号使用情况,如果不正常须详细询问故障现象和发生的区段及信号机显示情况,做好记录,对反映的情况进行检查试验和处理。

19. 电磁兼容包括哪两个方面的要求?

答:一方面是指设备在正常运行过程中对所在环境产生的电磁干扰不能超过一定的限值;另一方面是指器具对所在环境中存在的电磁干扰具有一定程度的抗扰度,即电磁敏感性。

20. 信号设备、器材主要包括哪些?

答:信号设备、器材包括控制台(显示器)、电源屏、计算机终端、信号机、轨道电路发送器和接收器、转辙机、机车信号主机、变压器、继电器等。

21. JT-C型一体化机车信号设备主机记录板上的各指示灯正常显示是怎样的?

答:(1)未插卡时,Z1、Z2、Z3指示灯2 s间隔闪亮并Z1、Z3同步。

(2)插卡后,Z1 2 s间隔闪亮,Z2 1 s两次闪亮,Z3快速闪亮。

(3)Z1灭,Z3周期亮2 s、灭0.5 s,CPU自检程序不过。

(4)Z2常亮表示记录板与TAX2箱串行通信和主机串行通信均异常。

22. JT-C型一体化机车信号设备主机电源板上的各指示灯正常显示是怎样的?

答:(1)电源板1:50 V(主机工作电源)、50 VD(主机A动态电源)、110 V(输入电压)三灯应均亮。

(2)电源板2:50 V(主机工作电源)、50 VD(主机B动态电源)、110 V(输入电压)三灯应均亮。

(3)Ⅰ/Ⅱ端指示灯当"试验/运行"开关置"运行"位时,灯位显示与机车上的换向器方向一致。置"试验"位时,Ⅰ、Ⅱ端指示灯由Ⅰ、Ⅱ端按钮控制(按下按钮时亮)。

23. JT-C型一体化机车信号设备信号机的工作状态有何规定?

答:机车信号显示器与载频切换(上/下行)开关及UM71模式开关一体化设计,显示器显示机车信号机主机译码后的点灯输出,显示器下端设有载频切换(上/下行)开关和载频组指示灯，指示灯可显示机车信号主机正在接收的载频切换（上/下行）状态，同时设有 UM71 模式开关和制式指示灯（UM71 低频信息定义统一后取消）。

24. 什么是 CTCS2-200H 型列控车载设备的机车信号工作状态？

答：列车运行在 CTCS-2 以外区段时，采用机车信号工作状态；或者虽然运行在 CTCS-2 区段，但列控车载设备局部故障时，用 LKJ 进行控制，在这种情况下采用机车信号工作状态，列控车载设备输出制动。

25. 机车信号运行数据下载有何规定？

答：运行数据在如下情况时应及时下载。

(1)运行途中发生异常或故障；

(2)运用检修中发现设备异常；

(3)远程监测系统报告异常问题；

(4)机车信号设备运行试验需要时；

(5)机车信号设备Ⅰ级检修及以上修程。

26. LKJ 专用压力传感器装置的维护分工是如何规定的？

答：以压力传感器与制动管系或装置连接的接头分界，压力传感器及密封垫圈由电务部门管理，机车、车辆部门负责提供符合压力传感器安装机械结构要求的管路连接座及固定装置。

27. JT-C 型一体化机车信号系统静态测试中设备安装检查的具体要求有哪些？

答：(1)机车信号接收线圈安装位置是否符合要求，安装是否牢固。

(2)机车信号主机安装位置是否符合要求，安装是否牢固，开关按钮是否便于操作。

(3)机车信号机安装位置是否符合要求，安装是否牢固，开关是否便于操作。

28. GYK 主机开机后无语音、无显示，检查及处理方法是什么？

答：(1)检查主机熔断器有无损坏或者接触不良；

(2)检查电源线接触是否良好；

(3)检查轨道车上电电压是否正常；

(4)检查主机与显示器之间通信线是否正常。

29. JT-C 型一体化机车信号系统静态测试中电缆绝缘检查的具体要求有哪些？

答：电缆线铺装完毕，未连接设备前需要进行绝缘检查，线与屏蔽层之间、线与插头外壳之间、屏蔽层与插头外壳之间需满足 500 V 绝缘测试，绝缘电阻不低于 25 MΩ。

30. JT-C 型一体化机车信号系统静态测试中缆线连接检查的具体要求有哪些?

答:(1)根据系统配线图和电缆清单,确认电缆线是否全部连接,连接是否正确、牢固可靠。

(2)接地线连接是否正确,连接是否牢固可靠。

31. JT-C 型一体化机车信号系统利用测试环线进行检测的要求是什么?

答:要铺设正规的多段测试环线,保证可以实现对双端安装机车的接收线圈一端发送信号,而另外一端接收线圈不发送信号,这样可以测试利用司机换向手柄进行前后端接收线圈的选取控制。对于单端安装机车不存在此问题。

32. JT-C 型一体化机车信号系统利用简易环线可测试哪些项目?

答:(1)机车信号译码输出检查。

(2)机车信号接收灵敏度检查。

(3)机车信号主机 A/B 机功能检查。

(4)上下行开关功能检查。

(5)Ⅰ、Ⅱ端转换功能检查。

33. JT-C 型一体化机车信号系统为何在使用便携式测试仪测试时必须与环线测试相结合?

答:因便携式测试仪无法判断接收线圈的安装高度是否合适和接收线圈的频率响应特性是否满足要求,即钢轨短路电流值与感应上来的电压值的关系是否合格。但是可以通过接收线圈的一路进行直接电压输入,利用双线圈的互感关系,从另一线圈接收来判断双路接收线圈的断线或短路,并根据互感系数可大致判断接收线圈的好坏,但不能作为接收线圈校验合格的凭证。

34. JT1-CZ2000 机车信号对信号接收处理的原理是什么?

答:轨道电路信息通过机车信号双路接收线圈感应接收。双路接收线圈中的每路信号各对应一个主机板,由主机板中的两路接收电路同时接收。进入主机板的信号由隔离放大器进行隔离,然后经 A/D 转换,由 DSP 芯片进行处理、译码。

35. 如何利用 LKJ 主机数字量输入/输出插件指示灯判断故障?

答:该插件面板上有 17 个指示灯,其中,1A、1B、2A、2B、3A、3B、4A、4B 用于 8 路 110 V 机车工况条件输入指示,5A、5B、6A、6B、7A、7B、8A、8B 用于 8 路继电器的自检或工作状态的指示。9A 用于指示系统是否故障。指示灯 8A、8B 在自检和正常工作时的含义不一样。

36. 简述 LKJ 进入及退出 20 km/h 限速工作状态的条件。

答:(1)进入 20 km/h 限速工作状态条件如下。

①列车在自动闭塞区间，且处于停车状态。

②司机按规定进行了进入 20 km/h 限速工作状态的操作。

(2)退出 20 km/h 限速工作状态条件如下。

①列车处于站内停车状态。

②司机按规定进行了退出 20 km/h 限速工作状态的操作。

37. LKJ2000 型监控装置显示屏刷屏有哪些步骤？

答：将写入刷屏文件的 IC 卡正确插入 IC 卡插槽内（芯片向左插入），按压【设定】→【3】→输入密码×××→【确定】→选中【程序下载】→【确定】→【全部选择】→【开始转储】→【数据备份】→【返回】→重新启动后屏显正常，核对各项参数正确，即完成了刷屏操作。

38. 当监控系统发生故障时，延时电路起到什么作用？

答：延时电路的功能是当监控系统故障时，由数字量输入/输出插件送来一个 110 V 电压的系统故障信号 XTGZ 110 V，收到该信号后，如果司机不关断监控装置电源开关，延时 3 min 后使继电器 RL1 吸起，从而把＋110 V 经继电器 RL1 的接点送到电控阀，使机车紧急排风，以保证列车的行车安全。

39. 电务部门各级机构应具备的技术图表及资料有哪些？

答：有联锁图表、信号电路图、信号配线图、信号楼设备平面示意图、站场平面示意图、双线轨道电路示意图、信号电缆径路图、信号联锁闭塞装置示意图、自动闭塞区段信号设备示意图、信号设备管辖示意图、信号组织状况示意图、信号设备建筑接近限界、信号设备台账、道口信号示意图、网络拓扑结构示意图、网络通道示意图。

40. 通用式机车信号开机后不亮灯，如何查找主机故障？

答：当 5 V 电源正常但仍不点灯时，可外接语音提示器。接通后无语音提示，说明 DSP 芯片或 A/D 转换器未工作。此时可用万用表测 U7 的引脚 16 和 14，看是否有复位信号。若无复位信号应检查 U1、U3、U4 是否插牢。插接无问题，需要换 U1、U2 及 U3、U4。

41. 通用式机车信号开机后白灯不变灯，如何查找灵敏度不够或接收线圈故障？

答：(1)机车信号灵敏度是否满足要求可通过主机板上焊盘 L1 进行调整。

(2)机车信号灵敏度检查可通过电容 C21 两端电压是否达到规定值进行确定。若电容 C21 被击穿，则会造成机车不译码。机车信号灵敏度也与 U1 芯片有关。变压器绝缘不好也会导致灵敏度不够。

(3)接收线圈安装是否符合规定，同名端是否正确，电缆是否断线等都会直接导致机车信号白灯不变。

42. 列车运行途中 LKJ 系统故障的处理流程是什么?

答:检测人员接到机车司机反馈的信息后,应问清机车型号、地点、故障现象以及机车司机的联系方式,并立即通知车间。车间再与机车司机、现场检测人员、车载设备应急抢修故障咨询台等联系后,确认无法通过技术指导使机车司机自行处理后,立即向段调度汇报,段调度按照规定启动应急抢修预案。

43. LKJ 控制功能运行试验需要验证哪些内容?

答:(1)机车过轨道电路绝缘节时,LKJ 距离校正是否正常。

(2)语音提示时机是否满足要求,屏幕显示是否正确。

(3)LKJ 车载基础数据文件内容与实际情况是否相符。

(4)对典型区段和关键地点进行 LKJ 控制的制动试验,验证 LKJ 控制的制动距离是否满足要求。

(5)对铁路局集团公司指定的专项功能进行试验。

(6)LKJ 运行记录数据文件转储、处理结果及记录内容是否正常。

44. JT-C 型一体化机车信号设备主机连接板上的各指示灯正常显示是怎样的?

答:(1)A(B)正常指示灯表示 A(B)主机板自检完成,能正常工作,两灯应均亮。

(2)A(B)电源指示灯表示 A(B)主机供电时正常,两灯应均亮。

(3)A(B)工作指示灯表示 A(B)主机板是否工作,灯亮为工作输出状态,灯灭表示为热备状态,两灯只能亮其一。

(4)SX、XX 指示灯表示主机对上行或下行的控制状态,SX 指示灯亮表示主机控制接收上行信息,XX 指示灯亮表示主机控制接收下行信息,两灯只能亮其一。

45. LKJ 控制模式模拟检验包括哪些内容?

答:(1)检验新增或修改内容及相关部分的 LKJ 数据是否正确。

(2)各项控制功能是否达到预定目标,包括语音提示、防超速控制、防冒进信号控制、减速控制、区段限速控制、临时限速控制、道岔限速控制、降级控制、防溜控制、调车控制、特殊前行及其他特殊控制功能等。

(3)控制模式设定的关键处所及其控制要求是否正确。

(4)转储和处理 LKJ 运行记录数据文件后,检查记录是否正常。

46. LKJ 屏幕显示器能显示哪些信息?

答:(1)日期和时间;

(2)机车信号信息;

(3)列车运行速度与限速;

(4)前方目标信号机的类型、编号;

(5)距前方信号机距离；

(6)机车所在位置的里程坐标；

(7)工作状态和列车制动状态；

(8)列车最近走过的不少于 1 km 的运行速度值轨迹曲线；

(9)机车当前位置至前方不少于 3 km 的线路允许速度曲线；

(10)运行所在闭塞分区及运行前方闭塞分区模式限速值曲线；

(11)以曲线、符号和文字形式，沿线路里程的延展显示机车运行前方不少于 3 km 的线路曲线、坡道坡度、道口、桥梁、隧道及车站、信号机、电气化铁路接触网分相标等设置情况；

(12)警示光带及放大标尺窗口显示。

47. 应急换装点应遵循哪些规则？

答：(1)应急换装点的设置应具备 LKJ 数据换装和测试的基本工作条件；

(2)应急换装点所属车站须加强车机联控以确定换装情况并及时上报调度所；

(3)应急换装点应设在列车运行方向出站(进路)信号机前，车站须组织列车或单机靠标停车；

(4)换装作业安全防护由电务段承担。

48. “LKJ 数据文件交接表”的数据变更资料说明项应包含哪些内容？

答：(1)交路示意图；

(2)靠标停车困难特殊车站；

(3)特殊发码信号机；

(4)关联发码特殊信号机；

(5)监控交路号表；

(6)线名及线编号表；

(7)车站编号(TMIS 站号)表；

(8)过渡支线号设置情况；

(9)LKJ 数据修改明细说明；

(10)开车对标距离特殊地点表；

(11)绿灯/绿黄灯确认表；

(12)无码股道表。

49. LKJ 数据换装作业需做哪些准备工作？核对参数的具体作业内容及标准是什么？

答：(1)准备工作

①按照换装作业通知单的换装数量准备需要换装的芯片和 IC 卡。

②确认芯片、显示器、刷屏 IC 卡(含软件厂家)与换装方案一致，检查芯片管脚正常，无弯曲、氧化现象，擦写次数不超过 7 次。

③携带芯片换装工具。

(2)核对参数的具体作业内容及标准

核对芯片版本号与主机、屏幕显示器文件版本一致,A/B 机芯片一致,核对机车型号、机车号、装置号、轮径、柴油机转速脉冲数等各项参数与更换前一致,粘贴换装标识。换装工作采用双人作业并相互检查。

50. GYK 主机不上码,检查及处理方法是什么?

答:(1)检查Ⅰ/Ⅱ端接线是否正确,上下行设置是否正确;

(2)检查感应线圈接线是否存在断路、短路现象;

(3)检查感应线圈是否存在断路、短路现象;

(4)检查感应线圈安装标准是否正确;

(5)检查机车信号板是否正常。

51. JT-C 型一体化机车信号设备在库内环线测试时有何要求?

答:在库内测试时,必须做到地面移频、ZPW-2000 信息循环发码,八个灯位全部测试,Ⅰ、Ⅱ端切换、上下行切换、模式开关切换、A/B 机切换全面试验,并注意测试完毕后,"试验/运行"开关恢复到"运行"位。

52.《普速铁路信号维护规则　业务管理》中规定机车信号设备质量认定项目有哪些?

答:(1)机车信号设备安装符合标准;

(2)机车信号设备安装状态良好;

(3)机车信号设备绝缘性能符合规定;

(4)车上感应器线圈安装距轨面高度符合规定;

(5)机车信号设备在允许电压波动范围内动作良好;

(6)主机、信号机防尘良好;

(7)方向开关、接线盒、信号机良好。

53. 安装机车信号时对电缆装配有什么要求?

答:(1)配线整齐、芯线应预留有 5 mm 余量,防止过紧折断。

(2)电缆要固定在固定点上,每个尼龙紧固卡间距在 20～30 cm 间。

(3)电缆走向平直、与其他电缆不交叉,引入口有防磨卡装置。

(4)屏蔽线引到机车上,要集中单端接地。

54. LKJ2000 型监控装置收不到机车信号(如绿灯),机车信号显示正常的故障如何处理?

答:(1)检查 X32T、X22T 插针状态,重新紧固 X32T、X22T;

(2)更换数字量输入插件;

(3)更换 X32T-X22T 短线;

(4)更换监控主机箱;

(5)如仍无绿灯,对主体化机车信号 A、B 主板进行人工转换,如仍未恢复则更换机车信号整机。

55. JT-C 型一体化机车信号设备在库内环线测试时对主机的特殊检测有何要求?

答:对主机载频自动切换功能进行测试,具体低频、载频根据现场要求设定,可用如下方法进行测试:发送载频 2 000 Hz,低频 18 Hz 后,再发载频切换信息 1 700 Hz+1.4 Hz,低频 25.7 Hz,然后发送载频 1 700 Hz+1.4 Hz,低频 14.7 Hz,主机上下行指示灯应快速闪亮,显示机构显示 U2 灯。

56. BT-01 型机车信号检测装置可以实现哪些测试功能?

答:(1)对全车机车信号系统进行快速自动检查和分析判断;

(2)对系统可靠工作电压、落下点及返还系数、应变时间及保持时间、不同制式转换时间等主要指标进行常规测试;

(3)调出手动仪器仪表组合,对全车机车信号系统各部分进行调试、试验或故障查修;

(4)对系统进行循检运行考核,统计发码次数与故障率,捕捉并记录应点灯码和故障码在内的故障现象;

(5)可实现两种供电方式,车上系统通过检测接口直供 110 V 或使用交流 220 V 电源;

(6)设有 RS-232 接口,为传输测试记录文件预留条件。

57. LKJ 显示器插 IC 卡后,IC 卡灯不亮,但能转储文件,如何处理?

答:(1)更换 IC 卡语音板的 Q1 三极管;

(2)更换 D1 二极管;

(3)更换 IC 卡接触座。

58. 按压【警惕】按钮监控显示器不报警如何处理?

答:(1)检查【警惕】按钮是否故障。

(2)检查插头 X31T 至按钮端子连线是否断线。

(3)按钮端子至机务+110 V 端子连线是否断线。

(4)数字量输入/输出板是否正常。

59. LKJ2000 型监控装置机车工况(如无零位)故障如何处理?

答:(1)检查 X30T 插针状态,并重新紧固 X30T;

(2)检查并紧固机车工况接线端子;

(3)用万用表直流电压挡测量 J195 上有无 110 V 电压,如无通知则检修处理;

(4)更换数字量输入/输出插件;

(5)更换监控装置主机箱。

60. LKJ2000 型监控装置的哪些部件可以替换?

答:监控记录插件、模拟量输入/输出插件、数字量输入插件、数字量输入/输出插件、地面信息处理插件、通信插件、电源插件、事故状态记录器、主机箱、压力传感器、速度传感器、显示器 1(Ⅰ端)、显示器 2(Ⅱ端)和副台按钮。

61. 简述 TAX2 型机车安全信息综合检测装置的功能。

答:TAX2 型机车安全信息综合检测装置中的通信记录单元插件一方面通过实时获取列车运行监控装置采集的时间、公里标、速度、车号和车次等重要列车运行信息;另一方面综合各功能模块单元检测到的信息,以统一的时间、公里标作为基准坐标进行记录,可以用监控装置转储设备进行记录数据的转储,并利用其他地面处理软件进行地面分析处理和数据管理。

通过装置中的信息传输单元可以将列车运行信息实时传送给有关地面设备,从而实现对机车的动态跟踪管理,提高机车的周转率和利用率,这对提高我国铁路运输效率和运输管理现代化水平具有极为重要的意义。

62. LKJ2000 型监控装置运行中无速度显示故障该如何处理?

答:(1)两个速度传感器同时故障基本排除;

(2)检查主机后 X34T 接插状态并重新紧固;

(3)用万用表直流电压挡测量主机输出到速度信号条件线接线排 J170、J179 间应有 15 V 电压,如没有则检查 X34T 到接线排速度信号条件线,并检查紧固接线端子;

(4)接线排到两个速度传感器大线、电源线有无短路接地情况,如有则进行更换;

(5)更换模拟输入/输出插件。

63. BT-01T/2000 型主机测试台根据 JT1-CZ2000 型主机特有的各项新型技术特性,采取的应对措施有哪些?

答:(1)JT1-CZ2000 系统采用双绕组机感线圈,测试台对应设计了双路信号输入端口;

(2)测试台提供由主机动态控制的点灯直流电源,建立了"主机故障灭灯"功能的测试条件;

(3)针对主机新增的 A、B 机切换特点,测试台实行程控强制就位切换方式,防止出现 A、B 机的错位测试现象;

(4)对应主机的 A、B 双机新增的两路机车运行数据输出 RS-485 接口,测试台对应设计了双路 RS-485 输入接口,检测其输出信息的正确性;

(5)根据主机新增的 TAX2 箱信息吸纳功能,测试台对应设计了相关的 RS-485 输出接口,模拟 TAX2 箱信息输出,对该功能进行检测;

(6)针对 JT1-CZ2000 主机新增的机车运行记录功能,测试台可以读取主机内置机车运行记录卡中的运行记录,检测机车运行记录卡的质量。

64. 机车信号系统进行检测时对铺设的简易环线有何要求?

答:在没有铺设正规测试环线情况下,可以紧贴钢轨轨面,在接收线圈下方临时铺设简易环线,并连接机车信号发码器。简易环线使用的电缆芯线截面积要求不小于 1.0 mm^2,根据机车信号发码器的说明决定是否在环线中间串联限流电阻。为了保持简易环线电缆稳定,可以使用非金属重物压上固定,简易环线两端垂直于钢轨的部分,应分别在距离第一轮对 20 cm 范围之内、在距离车钩外方 50 cm 范围之外设置。

65. 简述监控装置的耐压试验要求。

答:监控装置对外 DC 110 V 插座芯子对"机壳、DC 12 V、DC 50 V、CAN A、CAN B、机感信号、速度信号、管压信号"等各组插座芯子间施加 1 000 V 工频电压 1 min,应无击穿和闪络现象。

监控装置对外插座芯子中"DC 12 V、DC 50 V、CAN A、CAN B、机感信号、速度信号、管压信号"等各组插座芯子分别对机壳间施加 500 V 工频电压 1 min,应无击穿和闪络现象。

监控装置对外插座芯子中 DC 50 V 对"DC 12 V、DC 50 V、CAN A、CAN B、机感信号、速度信号、管压信号"等各组插座芯子施加 500 V 工频电压 1 min,应无击穿和闪络现象。

66. LKJ 主机地面信息板 8B 灯持续点亮,如何处理?

答:(1)LKJ 启机后发现一侧地面信息板 8B 灯持续点亮;

(2)另一侧地面信息板 8B 灯灭,且此时测试台并未给绝缘节信号,判断 A 机地面信息板故障;

(3)测量 8B 灯是否持续为低电平,是否与其他低电平处短接。

67. LKJ2000 型监控装置运行中语音播报速度信号故障如何处理?

答:(1)某一速度传感器不良,更换该速度传感器;

(2)检查并紧固速度传感器插头;

(3)检查并紧固速度信号条件线接线端子;

(4)用万用表分别测量两条速度传感器大线接地、短路现象,如有则更换故障的配线;

(5)更换模拟量输入/输出插件。

68. 检查机车信号环线室外电缆盒时有哪些规定?

答:(1)检查电缆盒无裂纹,电缆盒不倾斜,无下沉,底部距地面不小于 150 mm,电缆盒盖密封,防尘良好,不透灰。

(2)电缆盒内配线整齐、清洁,电缆芯线无损伤,并附有电缆用途、去向标。

(3)电缆盒内电缆配线应紧固在相应的端子上,芯线的长度需留有可做2~3次接头的余量。

(4)电缆盒内的端子应安装牢固,螺母、垫圈、线环等均应采用铜质镀镍材料。一个端子柱上,允许最多上3个线头并用垫圈隔开,顶部用两个螺母紧固。

(5)用500 V兆欧表测量全程信号电缆芯线与地间绝缘电阻不小于2 MΩ。

69. 简述检修接收线圈的过程。

答:(1)外观检查。线圈外壳完整,无破损、裂纹,清洁无油垢,油饰良好,无起皮、掉漆。引线无破皮、老化、引线管密封良好。

(2)线圈内部检查及检修前测试。要求铁芯紧密,无变形,无锈蚀,端子紧固,螺帽、垫片齐全,壳内无进水、受潮现象。测试直流电阻应不大于8 Ω,对外壳绝缘电阻大于2 MΩ。

(3)分解检修。将线圈角钢与铁芯、线圈上下保护壳分解,对所有部件除尘除锈。

(4)将清扫后的线圈烘干,将线圈上下保护壳做好绝缘,然后安装牢固,做到绝缘管、垫不变形、不破损。将线圈悬挂角钢与铁芯做好绝缘,牢固安装,做到角钢方正,铁芯紧固。

(5)对接收线圈整体涂绝缘漆并烘干。

(6)测试线圈电阻及线圈绝缘电阻。要求线圈电阻不大于8 Ω,线圈对铁芯、上下保护壳、角钢对铁芯绝缘电阻不小于2 MΩ。

70. 如何进行机车信号站名映射的配置?

答:为了方便直观地显示机车运行状态信息,可以将交路站名文件保存到数据分析软件内部,这样在浏览状态信息时可以实时地显示机车运行交路的车站名。

具体操作如下:打开数据分析软件,点击【管理功能】→【系统管理】,进入交路配置界面。然后点击【车站号】→【从文件导入】,在弹出的对话框中选择正确的文件路径和文件名(后缀名为.blt或.zmt),然后鼠标左键单击【打开】,车站号文件导入后,参照机务部门提供的交路映射关系,选择虚拟交路对应的基本交路,完成交路映射配置后,关闭软件,重新登录。

71. 如何利用列控车载设备的自检功能判别故障?

答:列控车载设备的主机、DMI均有自检功能,熟悉掌握这一功能,对于判断查找故障源十分有用。利用设备自检功能判别故障的前提是CPU及其总线工作正常。因此利用设备自检功能只能判别局部故障。主机各单元的二极管指示灯,就是为判别局部故障和设备的工作状态设置的。

72. LKJ监控主机开机后插件面板指示灯不能正常显示,应如何分析处理?

答:(1)分析:该种现象多为插件不能正常自检。有CPU的插件,应重点检查CPU及周围电路或程序存储芯片U3、U4;没有CPU的插件,要重点检查错误指示的相应通道电路。

(2)应急处理方法：

①检查各插件指示灯显示情况；

②更换相应插件；

③更换主机箱。

73. LKJ显示器不能正常显示或自检不正常,应如何处理?

答:(1)分析:显示器是一个独立的CPU系统,如果CPU系统自检不正常,多为显示器本身的问题。如果不能正常显示,可以检查另一端的显示器显示是否正常,如果显示也不正常,应检查监控记录插件,否则可能是通信电缆或显示器有故障。

(2)应急处理方法：

①检查主机与显示器连线是否良好；

②更换显示器；

③更换监控记录插件。

74. 在库内LKJ系统设备故障处理流程是什么?

答:现场检测工区检测人员发现设备故障或接到故障报修后,首先要确定机车出库时间并迅速查看故障现象判断故障原因,立即施修。防止因不清楚机车出库时间,造成机车出库晚点或机车迟拨。在确认故障一时不能消除的情况下,要立即向车间值班人员汇报,并积极与机务段相关部门(如地勤、调度)联系,不得因处理故障,影响其他机车出库。

75. 机车挂车前LKJ系统设备故障处理流程是什么?

答:现场检测工区在接到机务段或者车间的通知后,首先应向信息来源人问清故障现象,迅速做出判断,携带相关设备前往现场处理。留守人员应立即向车间汇报。车间值班人员接到现场报修后,立即通知工区工长和车间值班干部根据实际情况组织人员现场抢修。

76. JT-C型一体化机车信号系统利用便携式车载系统检测仪可测试哪些项目?

答:系统测试除利用环线测试方法外,可使用便携式车载系统检测仪进行系统闭环自动测试。测试时,将检测仪测试插头连接到主机正面的测试插座LX30上,在检测仪面板输入测试项目及条件,完成闭环自动测试。

测试的项目有：

(1)机车信号译码输出检查。

(2)机车信号接收灵敏度(参考电压值)检查。

(3)机车信号主机A/B机功能检查。

(4)上/下行开关功能检查。

77. 简述CAN总线数据位的传输特性。

答:CAN总线通信线有两根,通常分别称之为CAN H、CAN L。当CAN H与CAN L电平差高于一定幅值,称总线状态为显性,表示为逻辑“0”;否则称为隐形,表示为逻辑“1”。当总线上多个节点分别同时发送显性数据与隐性数据位时,总线总是呈现显性状态。可理解为多个节点的发送数据位通过总线进行逻辑与运算,只要有任一节点发送逻辑“0”,则总线状态为逻辑“0”。

78. 列控车载设备数据分析要点有哪些?

答:(1)列控车载设备的工作模式。

(2)轨道电路载频信息。

(3)距离信息及位置校正信息。

(4)列车速度信息。

(5)列控车载设备状态信息。

(6)应答器信息。

79. 在LKJ运行记录文件分析时,假设某文件中,过分区的时间为08:30:21,过绝缘节的时间为08:30:27,已知控制参数开发软件中,校正延时时间为4 s,此时实际速度为72 km/h,分析计算由此产生的误差距离为多少米?该误差为什么误差?

答:根据 $S=V\times T$

设机车走行距离 $S_1=72\times1\ 000/3\ 600\times6=120$ m。

设校正延时走行距离 $S_2=72\times1\ 000/3\ 600\times4=80$ m。

设产生的误差距离 $S=S_1-S_2=120-80=40$ m。

该误差为滞后误差,误差距离为40 m。

80. LKJ的揭示解锁有哪几种方法?

答:(1)通过揭示信息查询窗口解锁。

①通过当前揭示信息查询窗口解锁。

揭示起控后,进入当前揭示信息查询窗口,选中需要解锁的揭示,并将光标移动到查询界面的解锁按钮处进行确认,在弹出的揭示取消窗口中输入取消调度命令号并确认后解除揭示。

②通过全部揭示信息查询窗口。

在全部揭示信息查询窗口,选中需要解锁的揭示,并将光标移动到查询界面的解锁按钮处进行确认,输入取消调度命令号并确认后解除揭示。

(2)在运行途中揭示起控后,按压转储键,再按压要解锁达示的数字编号,即可解锁数字编号指示的揭示。

81. 工况窗口多路速度信号波动如何处理?

答:(1)主速度传感器信号波动

J131、J132 速度信号来自主速度传感器,最终显示为工况窗口的 V0、V1 通道速度值,若 V0、V1 通道速度值同时波动,则可能是主速度传感器故障或 X34 电缆受干扰。

解决方案:

①更换主速度传感器;

②检查或更换 X34 电缆,做好绝缘处理。

(2)三路速度信号波动

若三路速度信号均出现波动,则可能是 X34 电缆受干扰、15 V1 异常或模拟量输入/输出插件 OP5 光耦异常。

解决方案:

①更换模拟量输入/输出插件;

②更换电源插件;

③检查或更换 X34 电缆,做好绝缘处理。

82. 机车信号在运用中掉码的主要原因有哪些?

答:(1)主机电源系统故障。

(2)信号输入系统故障。

(3)接收灵敏度变化。

(4)接收线圈参数变化。

(5)接收线圈安装标准范围不一致。

(6)存在机车内强电磁干扰。

(7)灯泡不标准。

(8)出厂质量不过关,焊接处有虚焊、假焊现象。

83. LKJ 无压力显示或压力显示不正确,应如何处理?

答:(1)分析:LKJ2000 型监控装置可以同时引入四路压力信号,压力信号通过压力传感器将 0~1 000 kPa 的压力信号转换成 0~5 V 的电压信号,经模拟量输入/输出插件处理后送到监控记录插件。出现这种现象多为压力传感器故障、压力传感器工作电压不正常、模拟量输入/输出插件故障所致。

(2)应急处理方法:

①检查压力传感器连线;

②检查压力传感器工作电压;

③更换压力传感器;

④更换模拟量输入/输出插件;

⑤更换电源插件。

84. 在设备维护方面,机车信号检修(库修)有哪些具体要求?

答:(1)基本原则:检修交车良好率100%。

(2)机车信号设备的检修主要与机车的小辅、中修等相结合,严格按照有关规定执行作业程序及标准,检修完毕,确认设备良好后,填写"机车信号检修、装车记录表"。

(3)检修后的机车出库前须进行机车信号出入库检测,检测人和机车乘务员共同确认后,填发机车信号检测合格证交机车乘务员。

(4)机车信号地面测试环线(含箱盒)检修应规范建立检修制度,每周巡检一次,每月集中检修一次,建立环线维护台账。检修内容、标准由电务段按照《普速铁路信号维护规则　技术标准》和提速干线信号设备标准制定。

85. LKJ常用制动不能动作或减压量不正确,应如何处理?

答:(1)分析:LKJ对列车实施常用制动,是向常用制动阀(由于制动机不同,在现场常用制动装置也有所区别)送出110 V的正电源条件,由常用制动装置阀执行对列车实施常用制动控制。如果常用制动不能动作,首先要判断是LKJ故障还是常用制动装置故障,检查110 V条件是否送入常用制动装置是判断故障点的关键。如果减压量不正确,多为排风速率调整不当。常用制动和紧急制动继电器的工作电压是直流24 V,如果电源板24 V电路故障,继电器不能正常工作,制动指令也不能输出。

(2)应急处理方法:

①检查常用制动输出连线;

②联系机务维护人员检查常用制动装置是否正常;

③更换数字量输入/输出插件;

④联系机务维护人员调整常用制动排风速率;

⑤更换电源板。

86. JT-C系列机车信号主机电源板1有哪些功能?

答:电源板1除了具有提供主机需要的各种电源,还有接收线圈的接入控制电路。面板上设置有LX30插头、运行/测试开关、Ⅰ端/Ⅱ端按钮。电源板1上的一个32芯针型卡口航插LX30,可用于主机的自动测试。插头中提供了外接设备的110 V工作电源,可以进行输入与输出的检测接收线圈信号、供译码输出测试的点灯信号,以及主机的对外串口输出信号。增设了"测试/运行"开关。当开关打到"运行"位时,Ⅰ、Ⅱ端控制源取自机务Ⅰ、Ⅱ端控制信号。如果开关打到"试验"位时,Ⅰ、Ⅱ端控制源取自电源板1面板上的Ⅰ、Ⅱ端按钮信号,按压按钮时接DC 110 V电源。此时可以通过转换"测试/运行"开关,再配合按压Ⅰ端或Ⅱ端按钮,手动选择机车Ⅰ端或Ⅱ端的接收线圈。

87. 分析JT-C系列机车信号主机不译码故障的原因。

答:(1)主机板"上行/下行"指示灯与预期的不符合,上/下行开关电路故障或开关扳错,载频自动切换错误。

(2)Ⅰ/Ⅱ端控制失效：机车单一运行方向不译码，换端即可正常工作。

(3)某种制式不译码：主机板跳线设置错误。

(4)完全不译码：接收线圈短路或断路；主机板信号输入电路故障；主机故障。

88. LKJ设备检修作业“车上设备检修”内容及要求有哪些？

答：(1)监控主机

①更换主机(按照修程拆下主机入所检修)。

②检查主机安装应牢固、固定螺栓无松动。

③检查各电缆插头接插良好，无破损，插头接线无断线、烧损短路，插头螺丝无滑扣，破损。

④检查各插件板安装螺丝应齐全，紧固。

⑤检查电源开关动作灵活可靠。

⑥清扫主机灰尘。

(2)显示屏

①更换显示屏(按照修程拆下显示屏入所检修)。

②检查显示屏安装应牢固、固定螺栓齐全、无松动。

③检查电缆插头接插良好，无破损，插头接线无断线、烧损、短路，插头无滑扣、破损，电源接线片紧固，线号齐全清晰。

④显示屏外观清洁良好，各按键作用良好。

⑤读卡器卡座完好，监控版本、数据版本标识完好、正确。

(3)TAX2箱

①更换TAX2箱(按照修程拆下TAX2箱入所检修)。

②检查安装应牢固、固定螺栓无松动。

③检查各电缆插头接插良好，无破损，插头接线无断线、烧损、短路，插头无滑扣、破损。

④检查各插件板安装螺丝应齐全、紧固。

⑤检查录音板回放按钮灵活可靠。

⑥清扫机箱灰尘。

89. LKJ设备检修作业“车下设备检修”内容及要求有哪些？

答：(1)光电速度传感器

①更换光电速度传感器(按照修程拆下光电速度传感器入所检测)。

②拆下光电速度传感器安装螺栓，检查传动轴和万向节。传动轴、万向节部件完整，转动灵活，无干磨痕迹。

③给传动轴、万向节涂适量润滑油脂。

(2)压力传感器

①更换压力传感器(按照修程拆下压力传感器入所检测)。

②检查安装是否牢固,清扫灰尘。

③插头、插座安装牢固,接触良好,电缆无老化破损。

④风管接头安装牢固,无泄漏。

(3)车号识别设备

①TAX2 车号设备与电子标签的连接电缆应良好、符合规范要求。

②检查机车电子标签安装牢固、无碰伤、无变形,安装螺丝必须加弹簧垫圈紧固。

③电子标签引线电缆每隔 20 cm 绑扎牢固,导线无磨损。

④用便携式车号读出器从电子标签读数据,读出的"机车、车型、段别、本/补、客/货、车次"的信息数据与机车监控装置的设定一致。

90. 列控车载设备出入库检测作业流程主要有哪些?

答:对有列控车载设备的动车组每次出入库必须进行入库检查,入库检查主要内容是进行无电作业检查和车载设备,上电后通过观察 LED 显示灯的显示来判断设备状态。

(1)作业前准备工作:按《铁路技术管理规程》《铁路行车组织规则》及动车所一体化作业相关要求认真做好登记联系工作。穿好工作服及工作鞋,携带必要的工具、仪器及备件,在动车组到达前按规定参加动车所调度作业碰头会,听取当日动车组的检测作业计划。

(2)现场作业联系:动车组到达后,及时访问司乘人员,了解车载设备运用状态,向动车所调度及作业负责人联系,采用电台通信工具,讲清作业动车端号及工作内容。作业前必须征得车辆作业负责人同意及配合,做好现场安全防护。

(3)按无电、有电作业内容分别进行检修。

(4)试验及复查良好,开具检修合格证。

(5)办理与动车所检修交接手续。

91. 列控车载设备出入库检测有电作业有哪些内容?

答:有电作业主要检查、试验设备的功能是否正常,上电后进入待机模式。

(1)DMI 屏幕显示正确,显示内容符合规定,按键及功能键作用良好,提示音输出清晰、良好;

(2)连续信息和点式信息接收准确;

(3)各模块、板件工作正常,指示灯显示准确;

(4)无故障信息提示,设备状态良好。

92. 列控车载设备出入库检测无电作业有哪些内容?

答:无电作业主要检查设备安装及外观状况。

(1)主机及 DMI 作业内容及要求

①主机柜及各部安装牢固,外观无异状;

②接插件紧固,无破损;

③连接电缆固定良好，无破损；

④拨码开关设定符合规定；

⑤隔离开关完好；

⑥记录卡完好，安装良好；

⑦转储运行数据或故障信息完整；

⑧DMI 安装牢固，外观无异状。

(2)天线及其他设备作业内容及要求

①STM 接收天线要求：安装牢固，外观无异状，防护罩作用良好；连接电缆固定良好，无破损。

②BTM 接收天线要求：安装牢固，外观无异状；连接电缆固定良好，无破损。

③速度传感器要求：安装牢固，外观无异状；连接电缆固定良好，无破损。

93. LKJ 无机车信号或机车信号显示不一致应如何处理？

答：(1)分析：如果机车信号显示正常，而监控装置无任何信号显示，多为机车信号条件公共回线(地线)断线或接触不良所致。如果某一个信号灯不显示或与机车信号显示不一致，多为连线故障或数字量输入插件上的某一通道故障。

(2)应急处理方法：

①检查机车信号连线；

②更换数字量输入插件；

③检查机车信号上/下行方向开关位置、前/后行(Ⅰ、Ⅱ室)位置；

④检查感应器安装、接线。

94. LKJ 过机校正功能故障应如何处理？

答：(1)分析：LKJ2000 型列车监控装置提供有多种过机(信号机)校正方式，包括上灯、电平、码形频率、码形幅值、地面埋点、数据上设置校正点等。当出现此故障时，应先判断采用的是哪种校正方式，分辨出故障所在点。如果上灯、电平校正方式失效，则故障与数字量输入插件、机车信号有关；如果码形频率、码形幅值、地面埋点校正失效，则故障与地面信息处理插件、地面点式设备有关；如果数据中设置校正点校正失效，则故障只与软件有关。

(2)根据机车所采用的校正方式，选择下列处理方法：

①检查有关连线；

②检查机车接收线圈的安装及连线；

③更换数字量输入插件；

④更换地面信息处理插件。

95. LKJ 监控主机关机后，无备用速度指示或备用速度指示不正常，应如何处理？

答：(1)分析：在监控装置因故障关机的情况下，备用速度指示(一般是双针速度表)由车上安装的数模转换盒驱动,如果不能正常转换或显示不正常多为数模转换盒或连线有问题。

(2)应急处理方法:

①检查备用速度通道连线。

②更换 D/A 转换盒。

96. 根据故障表现的现象,机车信号故障可分为哪两类?

答:在处理时一般从设备故障的现象着手检查、分析。仅从故障表现的现象来看,故障可分两类。一类是故障现象始终存在,只要给出一定的条件(如接通电源),故障现象总能够表现出来,这类故障为可稳定复现的故障。另一类故障,虽时有发生,但在观察时,却不一定能表现出来,即使通过试验也未必能够显现,这类故障为不可稳定复现的故障。

97. 如何处理可稳定复现的机车信号故障?

答:(1)按照常见故障类型及其可能原因进行分析处理。

(2)对于主机板不工作的故障现象,需要关机后重新上电,观察主机板是否有动态反应。如果重新上电后故障消失,需要按照不能稳定复现的故障进行处理。

(3)可以采用替换电路板的方法来处理故障。替换下来的电路板在修复后,应及时更换回原主机上,以确保整机使用年限的一致性。

98. 如何处理不能稳定复现的机车信号故障?

答:(1)分析记录数据。

(2)关机后模拟故障时的环境重新上电,观察故障现象能否重现,如不能重现则必须依靠记录器分析数据。

(3)如果可以确认问题由地面设备造成,应及时通知有关的地面设备维护人员进行处理。

(4)其他问题需要进行相应的处理。

①机车因上/下行输入问题、Ⅰ/Ⅱ端接收线圈切换问题造成接收中错误,应检查相关信号来源与配线。

②机车信号主机出现接收错误问题,若不是①中原因造成,则需要将主机更换下来,进行室内拷机测试,以重复故障现象,并尽可能提供与运用中相似的环境。

③对于灯线输出反馈检查错误,应检查相应配线。

④个别机车更换了机车信号主机后仍然不时出现问题,可能是机车电磁环境问题,需要与机务协商改善电磁环境。

⑤多个机车在同一地点范围偶然出现问题,应将地面设备原因纳入查找范围。

99. 机车信号主机故障代码的意义是什么?

答:机车信号主机通过串口向记录板输出机车信号代码信息,在记录器地面分析软件中的故障代码一栏显示出来。代码信息由 12 位十六进制数构成,如“C0C000000000”,每 4 位数字为一组。第一组数字为状态信息或故障代码,前2位是A路状态信息代码,后2位是B路状态信息代码。第二组数字是对第一组数字的后2位代码的解释,它表达了B路设备的状态信息。第三组数字对第一组数的前2位代码的解释,即表达了A路设备的状态信息。可以简单地用"AB、B、A"来记忆其对应关系。如果某路设备正常,对应的状态信息代码为C0,表明该路设备不存在故障,则后面对应的代码没有意义。如果状态信息代码(故障代码)不是C0,而是其他数值,则说明存在故障,可从机车信号记录器记录的机车信号代码信息表获取故障信息。如果对故障代码分析有疑问,可以咨询厂方技术服务人员。

100. CTCS2-200H型列控车载设备故障维修程序是什么?有哪些维修方法?

答:通常设备故障维修程序归纳为以下9条:研究熟悉工作原理、熟悉操作运行方法、了解故障情况、初步表面检查、定性测试、拟订检测方案、故障分析与处理、检验、填写检修记录及交付使用,对于特殊的故障需要特殊考虑。车载设备故障处理的基本方法有:自诊断法、直观法、通电检查、波形观察法、替代法、测量电压法等。

通用查表法,也就是对号入座法,可以包括上述基本方法,即依据设备技术说明书或维修手册中的维修资料,对照故障现象、产生故障原因和排除法等来查找故障和进行维修的方法。在维修时,应根据故障现象,尽可能先对照现成的维修资料,以便尽快克服故障。目前智能设备大部分设有自检测、自诊断程序,显示器能显示设备工作运行正常否,若有故障会显示出故障部位,对于维修人员十分方便。

S1 处理LKJ2000型监控装置显示器显示的柴油机转数波动大故障

1. 考场准备

要求场地内有一套完整的车载设备系统,基本信号设备完备,能接收地面信号发码并开放机车信号。场地内至少有一个实际的、完整的 LKJ 监控装置系统,一套 LKJ 及机车信号设备,一套机车外挂设备,通信 CIR 设备一套,速度发码设备、信号发码设备各一套,并且能够检测实际有的设备。

2. 材料工具准备

序号	名称	规格	数量	备注	序号	名称	规格	数量	备注
1	车载设备配线图纸		1套		5	监控主机互换板件		1套	
2	万用表	MF-14	1块		6	检修工具		1套	
3	防护用具		1套		7	兆欧表	ZC-7	1块	
4	相关配线		1套		8	LKJ2000型监控主机		1台	

3. 考核要求

(1)被认定人入场后,首先由裁判告知题目,其次由被认定人检查准备工具,确认故障现象,当被认定人告知裁判可以开始时,由裁判开始计时。

(2)考核时间为 10 min。

(3)按故障处理要求由被认定人独立完成。

(4)处理故障期间,被认定人可以查阅机车配线图。

(5)在被认定人处理故障期间,裁判可以依据故障分析向被认定人提问,以确认被认定人找到的故障点是否有依据。

(6)考核过程中若被认定人出现烧表、电击等毁坏设备或者人身受到伤害的现象时,裁判有权利终止考试,成绩为零。

(7)考核完毕后,由被认定人在评分表上签字确认。

4. 考核评分

(1)考评人员 3 名以上。

(2)评分要点见“实作技能考核评分记录表”。

(3)评分程序及规则:考评员根据考生操作情况对照计分标准在评分表上给予记录评分。

(4)算分方法:采用百分制,满分 100 分,60 分及以上为及格。

5. 实作技能考核评分记录表

准考证号:________　姓名:______　性别:______　单位:__________________

试题名称:处理 LKJ2000 型监控装置显示器显示的柴油机转数波动大故障。

考核时间:______________　开始时间:___时___分　结束时间:___时___分

项目	考核内容及评分标准	扣分因素及扣分	得分
操作程序50分	1. 工具、材料准备齐全,检查工具、仪表是否良好。必要工具缺一件扣2分		
	2. 询访司机并回收 LKJ/CIR 系统检测合格证。缺一项扣2分		
	3. 确认故障现象。无此项扣3分		
	4. 检查机车柴油机转数表是否正常,若同时波动,说明是机务部门柴油机转速传感器不良或柴油机转速传感器连线虚接、接地。判断失误扣3分		
	5. 检查 X34 插头、插座插针状态,接触是否良好,如不良,紧固;如良好,用万用表交流电压挡测量 X34 的7、8脚间交流电压输出有无波动,有波动,检查 J126、J127 交流电压输出有无波动,无波动,更换 X34 配线,有波动,通知机务部门处理。测试错误扣10分		
	6. 检查 J126、J127 端子是否松动或接触不良。判断失误扣5分		
	7. 进行 A、B 机切换,观察有无波动。判断失误扣5分		
	8. 检查模拟量输入/输出插件有无松动或接触不良。判断失误扣5分		
	9. 如故障现象仍然存在,更换监控记录插件、模拟量输入/输出插件。判断失误扣5分		
	10. 更换故障设备并进行机车出库功能试验。缺一项扣5分		
	11. 在机车临修登记票签字,签发合格证。缺一项扣5分		
作业质量30分	1. 错判故障,每次扣10分		
	2. 故障处理后未进行试验,扣10分		
	3. 不清楚技术标准(考评员提问),扣10分		
工具使用10分	1. 操作方法不对,纠正一次扣5分		
	2. 损坏器材,扣10分		
	3. 损坏工具、仪表,按失格处理		
作业安全10分	1. 未按规定在作业前悬挂防护红旗(夜间防护红灯)并在司机操纵手柄处挂禁动牌,扣5分		
	2. 出现一次违章作业扣3分		
	3. 未按规定着装,扣2分		
合计			

考评员签名:　　　　　　　　被认定人:　　　　　　　　年　月　日

S2　处理 LKJ2000 型监控装置紧急制动后列车管不缓解故障

1. 考场准备

要求场地内有一套完整的车载设备系统,基本信号设备完备,能接收地面信号发码并开放机车信号。场地内至少有一个实际的、完整的 LKJ 监控装置系统、一套 LKJ 及机车信号设备,一套机车外挂设备,通信 CIR 设备一套,速度发码设备、信号发码设备各一套,并且能够检测实际有的设备。

2. 材料工具准备

序号	名称	规格	数量	备注	序号	名称	规格	数量	备注
1	车载设备配线图纸		1套		5	监控主机互换板件		1套	
2	万用表	MF-14	1块		6	检修工具		1套	
3	防护用具		1套		7	兆欧表	ZC-7	1块	
4	相关配线		1套		8	LKJ2000型监控主机		1台	

3. 考核要求

(1)被认定人入场后,首先由裁判告知题目,其次由被认定人检查准备工具,确认故障现象,当被认定人告知裁判可以开始时,由裁判开始计时。

(2)考核时间为10 min。

(3)按故障处理要求由被认定人独立完成。

(4)处理故障期间,被认定人可以查阅机车配线图。

(5)在被认定人处理故障期间,裁判可以依据故障分析向被认定人提问,以确认被认定人找到的故障点是否有依据。

(6)考核过程中若被认定人出现烧表、电击等毁坏设备或者人身受到伤害的现象时,裁判有权利终止考试,成绩为零。

(7)考核完毕后,由被认定人在评分表上签字确认。

4. 考核评分

(1)考评人员3名以上。

(2)评分要点见“实作技能考核评分记录表”。

(3)评分程序及规则:考评员根据考生操作情况对照计分标准在评分表上给予记录评分。

(4)算分方法:采用百分制,满分100分,60分及以上为及格。

5. 实作技能考核评分记录表

准考证号:__________ 姓名:________ 性别:________ 单位:________________________

试题名称:处理LKJ2000型监控装置紧急制动后列车管不缓解故障。

考核时间:________________________ 开始时间:____时____分 结束时间:____时____分

项目	考核内容及评分标准	扣分因素及扣分	得分
操作程序50分	1. 工具、材料准备齐全,检查工具、仪表是否良好。必要工具缺一件扣2分		
	2. 询访司机并回收LKJ/CIR系统检测合格证。缺一项扣2分		
	3. 确认故障现象。无此项扣3分		
	4. 紧急制动45 s~60 s后,如列车管不缓解,用万用表直流电压挡测量Ⅰ室副台J149、J152间有无110 V电压,如有,断开机务阀线。测试错误扣10分		

续上表

项目	考核内容及评分标准	扣分因素及扣分	得分
操作程序50分	5. 用万用表检查测量Ⅰ室副台到X30的J152配线有无接地、短路现象，如地、短路则更换该配线。测试错误扣10分		
	6. 如110 V电压仍然存在，则更换数字量输入/输出插件。判断失误扣6分		
	7. 如故障现象仍然存在，更换监控主机箱。判断失误扣6分		
	8. 更换故障设备并进行机车出库功能试验。缺一项扣6分		
	9. 在机车临修登记票签字，签发合格证。缺一项扣5分		
作业质量30分	1. 错判故障，每次扣10分		
	2. 故障处理后未进行试验，扣10分		
	3. 不清楚技术标准(考评员提问)，扣10分		
工具使用10分	1. 操作方法不对，纠正一次扣5分		
	2. 损坏器材，扣10分		
	3. 损坏工具、仪表，按失格处理		
作业安全10分	1. 未按规定在作业前悬挂防护红旗(夜间防护红灯)并在司机操纵手柄处挂禁动牌，扣5分		
	2. 出现一次违章作业扣3分		
	3. 未按规定着装，扣2分		
合计			

考评员签名：　　　　被认定人：　　　　年　月　日

S3　处理常用制动或紧急制动不卸载故障

1. 考场准备

要求场地内有一套完整的车载设备系统，基本信号设备完备，能接收地面信号发码并开放机车信号。场地内至少有一个实际的、完整的LKJ监控装置系统、一套LKJ及机车信号设备，一套机车外挂设备，通信CIR设备一套，速度发码设备、信号发码设备各一套，并且能够检测实际有的设备。

2. 材料工具准备

序号	名称	规格	数量	备注	序号	名称	规格	数量	备注
1	车载设备配线图纸		1套		5	监控主机互换板件		1套	
2	万用表	MF-14	1块		6	检修工具		1套	
3	防护用具		1套		7	兆欧表	ZC-7	1块	
4	相关配线		1套		8	LKJ2000型监控主机		1台	

3. 考核要求

(1)被认定人入场后,首先由裁判告知题目,其次由被认定人检查准备工具,确认故障现象,当被认定人告知裁判可以开始时,由裁判开始计时。

(2)考核时间为 10 min。

(3)按故障处理要求由被认定人独立完成。

(4)处理故障期间,被认定人可以查阅机车配线图。

(5)在被认定人处理故障期间,裁判可以依据故障分析向被认定人提问,以确认被认定人找到的故障点是否有依据。

(6)考核过程中若被认定人出现烧表、电击等毁坏设备或者人身受到伤害的现象时,裁判有权利终止考试,成绩为零。

(7)考核完毕后,由被认定人在评分表上签字确认。

4. 考核评分

(1)考评人员 3 名以上。

(2)评分要点见“实作技能考核评分记录表”。

(3)评分程序及规则:考评员根据考生操作情况对照计分标准在评分表上给予记录评分。

(4)算分方法:采用百分制,满分 100 分,60 分及以上为及格。

5. 实作技能考核评分记录表

准考证号:__________ 姓名:________ 性别:________ 单位:____________________

试题名称:处理常用制动或紧急制动不卸载故障。

考核时间:____________________ 开始时间:____时____分 结束时间:____时____分

项目	考核内容及评分标准	扣分因素及扣分	得分
操作程序50分	1. 工具、材料准备齐全,检查工具、仪表是否良好。必要工具缺一件扣 2 分		
	2. 询访司机并回收 LKJ/CIR 系统检测合格证。缺一项扣 2 分		
	3. 确认故障现象。无此项扣 3 分		
	4. 检查 X30 插头有无松动或接触不良。测试错误扣 5 分		
	5. 用万用表直流电压挡测量 J142 上有无 110 V 电压,如有 110 V 电压,说明是机务部门停车继电器故障或卸载条件线断线。测试错误扣 10 分		
	6. 如 J142 上无 110 V 电压,短封监控主机箱 X30 的 7 脚与 17 脚间配线,利用 J149 线(−110 V),用万用表直流电阻挡测量副台到 X30 的 7 脚有无断路,如有断路,更换 X30 配线。测试错误扣 6 分		
	7. 如故障仍未消除,更换数字量输入/输出插件。判断失误扣 6 分		
	8. 如故障现象仍然存在,更换监控主机箱。判断失误扣 5 分		
	9. 更换故障设备并进行机车出库功能试验。缺一项扣 6 分		
	10. 在机车临修登记票签字,签发合格证。缺一项扣 5 分		

续上表

项目	考核内容及评分标准	扣分因素及扣分	得分
作业质量30分	1. 错判故障，每次扣10分		
	2. 故障处理后未进行试验，扣10分		
	3. 不清楚技术标准(考评员提问)，扣10分		
工具使用10分	1. 操作方法不对，纠正一次扣5分		
	2. 损坏器材，扣10分		
	3. 损坏工具、仪表，按失格处理		
作业安全10分	1. 未按规定在作业前悬挂防护红旗(夜间防护红灯)并在司机操纵手柄处挂禁动牌，扣5分		
	2. 出现一次违章作业扣3分		
	3. 未按规定着装，扣2分		
合计			

考评员签名：　　　　被认定人：　　　　年　月　日

S4　处理闭合蓄电池闸刀，监控主机和功能扩展盒设备均不得电故障

1. 考场准备

要求场地内有一套完整的车载设备系统，基本信号设备完备，能接收地面信号发码并开放机车信号。场地内至少有一个实际的、完整的LKJ监控装置系统、一套LKJ及机车信号设备，一套机车外挂设备，通信CIR设备一套，速度发码设备、信号发码设备各一套，并且能够检测实际有的设备。

2. 材料工具准备

序号	名称	规格	数量	备注	序号	名称	规格	数量	备注
1	车载设备配线图纸		1套		5	功能扩展盒		1台	
2	万用表	MF-14	1块		6	检修工具		1套	
3	防护用具		1套		7	兆欧表	ZC-7	1块	
4	相关配线		1套		8	LKJ2000型监控主机		1台	

3. 考核要求

(1)被认定人入场后，首先由裁判告知题目，其次由被认定人检查准备工具，确认故障现象，当被认定人告知裁判可以开始时，由裁判开始计时。

(2)考核时间为10 min。

(3)按故障处理要求由被认定人独立完成。

(4)处理故障期间,被认定人可以查阅机车配线图。

(5)在被认定人处理故障期间,裁判可以依据故障分析向被认定人提问,以确认被认定人找到的故障点是否有依据。

(6)考核过程中若被认定人出现烧表、电击等毁坏设备或者人身受到伤害的现象时,裁判有权利终止考试,成绩为零。

(7)考核完毕后,由被认定人在评分表上签字确认。

4. 考核评分

(1)考评人员 3 名以上。

(2)评分要点见“实作技能考核评分记录表”。

(3)评分程序及规则:考评员根据考生操作情况对照计分标准在评分表上给予记录评分。

(4)算分方法:采用百分制,满分 100 分,60 分及以上为及格。

5. 实作技能考核评分记录表

准考证号:__________ 姓名:________ 性别:________ 单位:______________________

试题名称:处理闭合蓄电池闸刀,监控主机和功能扩展盒设备均不得电故障。

考核时间:______________________ 开始时间:____时____分 结束时间:____时____分

项目	考核内容及评分标准	扣分因素及扣分	得分
操作程序50分	1. 工具、材料准备齐全,检查工具、仪表是否良好。必要工具缺一件扣 2 分		
	2. 询访司机并回收 LKJ/CIR 系统检测合格证。缺一项扣 2 分		
	3. 确认故障现象。无此项扣 3 分		
	4. 用万用表直流电压挡测量Ⅰ端副台内 J140、JKTS13 正负电源线,是否有 96 V～110 V 电压,电压为零说明操纵台内电源线接错、未接或电源线断路,重新连接。测试错误扣 7 分		
	5. 如电压正常,可用黑表笔接 JKTS13(负极)、红表笔接 JKTS2(正极)接线柱,如有 96 V～110 V 电压,说明Ⅰ端电源开关故障或插头及配线损坏,更换相应的故障设备。测试错误扣 7 分		
	6. 没有电压可打开Ⅱ端副台,用黑表笔接常用制动 J149(110 V 负线)、用红表笔接 JKTS2 接线柱,如有 96 V～110 V 电压说明 JKTS2 过渡线有断路处所,更换 JKTS2 过渡线。判断失误扣 6 分		
	7. 如果还没电压,用黑表笔接常用制动 J149(110 V 负线)、用红表笔接 JKTS4 接线柱,如有 96 V～110 V 电压,说明Ⅱ端电源开关故障或插头及配线损坏更换相应的故障设备。测试错误扣 6 分		
	8. 如果仍然没电压说明 JKTS4 过渡线有断路处所,更换 JKTS4 过渡线。判断失误扣 6 分		
	9. 更换故障设备并进行机车出库功能试验。缺一项扣 6 分		
	10. 在机车临修登记票签字,签发合格证。缺一项扣 5 分		
作业质量30分	1. 错判故障,每次扣 10 分		
	2. 故障处理后未进行试验,扣 10 分		
	3. 不清楚技术标准(考评员提问),扣 10 分		

续上表

项目	考核内容及评分标准	扣分因素及扣分	得分
工具使用10分	1. 操作方法不对，纠正一次扣5分		
	2. 损坏器材，扣10分		
	3. 损坏工具、仪表，按失格处理		
作业安全10分	1. 未按规定在作业前悬挂防护红旗（夜间防护红灯）并在司机操纵手柄处挂禁动牌，扣5分		
	2. 出现一次违章作业扣3分		
	3. 未按规定着装，扣2分		
合计			

考评员签名：　　　　　　　　　　被认定人：　　　　　　　　　　年　　月　　日

S5　处理机车入库检测时，鸣笛记录装置一端不良，另一端作用良好故障

1. 考场准备

要求场地内有一套完整的车载设备系统，基本信号设备完备，能接收地面信号发码并开放机车信号。场地内至少有一个实际的、完整的LKJ监控装置系统、一套LKJ及机车信号设备，一套机车外挂设备，通信CIR设备一套，速度发码设备、信号发码设备各一套，并且能够检测实际有的设备。

2. 材料工具准备

序号	名称	规格	数量	备注	序号	名称	规格	数量	备注
1	车载设备配线图纸		1套		5	功能扩展盒		1台	
2	万用表	MF-14	1块		6	检修工具		1套	
3	防护用具		1套		7	兆欧表	ZC-7	1块	
4	相关配线		1套		8	LKJ2000型监控主机		1台	

3. 考核要求

(1)被认定人入场后，首先由裁判告知题目，其次由被认定人检查准备工具，确认故障现象，当被认定人告知裁判可以开始时，由裁判开始计时。

(2)考核时间为10 min。

(3)按故障处理要求由被认定人独立完成。

(4)处理故障期间，被认定人可以查阅机车配线图。

(5)在被认定人处理故障期间，裁判可以依据故障分析向被认定人提问，以确认被认定人找到的故障点是否有依据。

(6)考核过程中若被认定人出现烧表、电击等毁坏设备或者人身受到伤害的现象时，裁判

有权利终止考试,成绩为零。

(7)考核完毕后,由被认定人在评分表上签字确认。

4. 考核评分

(1)考评人员3名以上。

(2)评分要点见"实作技能考核评分记录表"。

(3)评分程序及规则:考评员根据考生操作情况对照计分标准在评分表上给予记录评分。

(4)算分方法:采用百分制,满分100分,60分及以上为及格。

5. 实作技能考核评分记录表

准考证号:________ 姓名:________ 性别:________ 单位:________________

试题名称:处理机车入库检测时,鸣笛记录装置一端不良,另一端作用良好故障。

考核时间:________________ 开始时间:____时____分 结束时间:____时____分

项目	考核内容及评分标准	扣分因素及扣分	得分
操作程序50分	1. 工具、材料准备齐全,检查工具、仪表是否良好。必要工具缺一件扣2分		
	2. 询访司机并回收LKJ/CIR系统检测合格证。缺一项扣2分		
	3. 确认故障现象。无此项扣3分		
	4. 可用短封线短封不良一端压力开关插头1、2脚,如果显示屏鸣笛记录窗口相应指示灯亮绿灯,说明该端压力开关不良,更换该端压力开关。测试错误扣10分		
	5. 如果显示屏鸣笛记录窗口相应指示灯不亮绿灯(灰灯),可再用短封线短封鸣笛接线排上的D10/Ⅰ与+110 V或D11/Ⅱ与+110 V接线柱。测试错误扣10分		
	6. 如果显示屏鸣笛记录窗口相应指示灯亮绿灯,说明该端压力开关线断线,更换压力开关配线。判断失误扣6分		
	7. 如果上述短封后,显示屏鸣笛记录窗口相应指示灯还不亮绿灯(灰灯),更换功能扩展盒。判断失误扣6分		
	8. 更换故障设备并进行机车出库功能试验。缺一项扣6分		
	9. 在机车临修登记票签字,签发合格证。缺一项扣5分		
作业质量30分	1. 错判故障,每次扣10分		
	2. 故障处理后未进行试验,扣10分		
	3. 不清楚技术标准(考评员提问),扣10分		
工具使用10分	1. 操作方法不对,纠正一次扣5分		
	2. 损坏器材,扣10分		
	3. 损坏工具、仪表,按失格处理		
作业安全10分	1. 未按规定在作业前悬挂防护红旗(夜间防护红灯)并在司机操纵手柄处挂禁动牌,扣5分		
	2. 出现一次违章作业扣3分		
	3. 未按规定着装,扣2分		
合计			

考评员签名: 被认定人: 年 月 日

S6　处理机车入库检测试验鸣笛记录装置时,两端均不良故障

1. 考场准备

要求场地内有一套完整的车载设备系统,基本信号设备完备,能接收地面信号发码并开放机车信号。场地内至少有一个实际的、完整的 LKJ 监控装置系统、一套 LKJ 及机车信号设备,一套机车外挂设备,通信 CIR 设备一套,速度发码设备、信号发码设备各一套,并且能够检测实际有的设备。

2. 材料工具准备

序号	名称	规格	数量	备注	序号	名称	规格	数量	备注
1	车载设备配线图纸		1 套		5	监控主机互换板件		1 套	
2	万用表	MF-14	1 块		6	检修工具		1 套	
3	防护用具		1 套		7	兆欧表	ZC-7	1 块	
4	相关配线		1 套		8	LKJ2000 型监控主机		1 台	

3. 考核要求

(1)被认定人入场后,首先由裁判告知题目,其次由被认定人检查准备工具,确认故障现象,当被认定人告知裁判可以开始时,由裁判开始计时。

(2)考核时间为 10 min。

(3)按故障处理要求由被认定人独立完成。

(4)处理故障期间,被认定人可以查阅机车配线图。

(5)在被认定人处理故障期间,裁判可以依据故障分析向被认定人提问,以确认被认定人找到的故障点是否有依据。

(6)考核过程中若被认定人出现烧表、电击等毁坏设备或者人身受到伤害的现象时,裁判有权利终止考试,成绩为零。

(7)考核完毕后,由被认定人在评分表上签字确认。

4. 考核评分

(1)考评人员 3 名以上。

(2)评分要点见"实作技能考核评分记录表"。

(3)评分程序及规则:考评员根据考生操作情况对照计分标准在评分表上给予记录评分。

(4)算分方法:采用百分制,满分 100 分,60 分及以上为及格。

5. 实作技能考核评分记录表

准考证号:__________ 姓名:________ 性别:________ 单位:________________________

试题名称:处理机车入库检测试验鸣笛记录装置时,两端均不良故障。

考核时间:________________________ 开始时间:____时____分 结束时间:____时____分

项目	考核内容及评分标准	扣分因素及扣分	得分
操作程序50分	1. 工具、材料准备齐全,检查工具、仪表是否良好。必要工具缺一件扣2分		
	2. 询访司机并回收LKJ/CIR系统检测合格证。缺一项扣2分		
	3. 确认故障现象。无此项扣3分		
	4. 按【查询】+【4】,进入设备状态栏,观察右侧功能扩展盒指示灯是否亮红灯,如果亮红灯,先检查功能扩展盒指示灯显示是否正确,如果不亮检查功能扩展盒熔断器及电源线接线,不良则更换。判断错误扣10分		
	5. 如功能扩展盒工作正常,检查EX2插头和X36插头插接情况,重新安装插头后再检查设备状态栏右侧功能扩展盒指示灯是否还亮红灯,若亮绿灯,说明故障消除。测试错误扣10分		
	6. 如DF4B型机车,排除上述步骤仍然亮红灯,检查扩展通信插件芯片版本是否为最新版本,如不符合则更换版本。判断失误扣6分		
	7. 如芯片正确,更换扩展通信插件再试验。判断失误扣6分		
	8. 更换故障设备并进行机车出库功能试验。缺一项扣6分		
	9. 在机车临修登记票签字,签发合格证。缺一项扣5分		
作业质量30分	1. 错判故障,每次扣10分		
	2. 故障处理后未进行试验,扣10分		
	3. 不清楚技术标准(考评员提问),扣10分		
工具使用10分	1. 操作方法不对,纠正一次扣5分		
	2. 损坏器材,扣10分		
	3. 损坏工具、仪表,按失格处理		
作业安全10分	1. 未按规定在作业前悬挂防护红旗(夜间防护红灯)并在司机操纵手柄处挂禁动牌,扣5分		
	2. 出现一次违章作业扣3分		
	3. 未按规定着装,扣2分		
合计			

考评员签名: 被认定人: 年 月 日

S7 处理鸣笛记录次数过多故障

1. 考场准备

要求场地内有一套完整的车载设备系统,基本信号设备完备,能接收地面信号发码并开放机车信号。场地内至少有一个实际的、完整的LKJ监控装置系统、一套LKJ及机车信号设备,一套机车外挂设备,通信CIR设备一套,速度发码设备、信号发码设备各一套,并且能够检测实际有的设备。

2. 材料工具准备

序号	名称	规格	数量	备注	序号	名称	规格	数量	备注
1	车载设备配线图纸		1套		5	监控主机互换板件		1套	
2	万用表	MF-14	1块		6	检修工具		1套	
3	防护用具		1套		7	兆欧表	ZC-7	1块	
4	相关配线		1套		8	LKJ2000型监控主机		1台	

3. 考核要求

(1)被认定人入场后,首先由裁判告知题目,其次由被认定人检查准备工具,确认故障现象,当被认定人告知裁判可以开始时,由裁判开始计时。

(2)考核时间为10 min。

(3)按故障处理要求由被认定人独立完成。

(4)处理故障期间,被认定人可以查阅机车配线图。

(5)在被认定人处理故障期间,裁判可以依据故障分析向被认定人提问,以确认被认定人找到的故障点是否有依据。

(6)考核过程中若被认定人出现烧表、电击等毁坏设备或者人身受到伤害的现象时,裁判有权利终止考试,成绩为零。

(7)考核完毕后,由被认定人在评分表上签字确认。

4. 考核评分

(1)考评人员3名以上。

(2)评分要点见"实作技能考核评分记录表"。

(3)评分程序及规则:考评员根据考生操作情况对照计分标准在评分表上给予记录评分。

(4)算分方法:采用百分制,满分100分,60分及以上为及格。

5. 实作技能考核评分记录表

准考证号:________ 姓名:________ 性别:________ 单位:________

试题名称:处理鸣笛记录次数过多故障。

考核时间:________ 开始时间:____时____分 结束时间:____时____分

项目	考核内容及评分标准	扣分因素及扣分	得分
操作程序50分	1. 工具、材料准备齐全,检查工具、仪表是否良好。必要工具缺一件扣2分		
	2. 询访司机并回收LKJ/CIR系统检测合格证。缺一项扣2分		
	3. 确认故障现象。无此项扣3分		
	4. 检查鸣笛压力开关是否接触不良,更换鸣笛压力开关。判断错误扣11分		
	5. 检查鸣笛压力开关线是否不良,更换鸣笛压力开关线。判断错误扣11分		

续上表

项目	考核内容及评分标准	扣分因素及扣分	得分
操作程序50分	6. 若以上两项均无故障,检查功能扩展盒是否故障,故障则更换功能扩展盒。判断失误扣10分		
	7. 更换故障设备并进行机车出库功能试验。缺一项扣6分		
	8. 在机车临修登记票签字,签发合格证。缺一项扣5分		
作业质量30分	1. 错判故障,每次扣10分		
	2. 故障处理后未进行试验,扣10分		
	3. 不清楚技术标准(考评员提问),扣10分		
工具使用10分	1. 操作方法不对,纠正一次扣5分		
	2. 损坏器材,扣10分		
	3. 损坏工具、仪表,按失格处理		
作业安全10分	1. 未按规定在作业前悬挂防护红旗(夜间防护红灯)并在司机操纵手柄处挂禁动牌,扣5分		
	2. 出现一次违章作业扣3分		
	3. 未按规定着装,扣2分		
合计			

考评员签名:　　　　　　　　被认定人:　　　　　　　　年　　月　　日

S8　处理机车信号点灯,监控装置某一灯位灭灯(以L灯为例)故障

1. 考场准备

要求场地内有一套完整的车载设备系统,基本信号设备完备,能接收地面信号发码并开放机车信号。场地内至少有一个实际的、完整的LKJ监控装置系统、一套LKJ及机车信号设备,一套机车外挂设备,通信CIR设备一套,速度发码设备、信号发码设备各一套,并且能够检测实际有的设备。

2. 材料工具准备

序号	名称	规格	数量	备注	序号	名称	规格	数量	备注
1	车载设备配线图纸		1套		5	监控主机互换板件		1套	
2	万用表	MF-14	1块		6	检修工具		1套	
3	防护用具		1套		7	兆欧表	ZC-7	1块	
4	相关配线		1套		8	LKJ2000型监控主机		1台	

3. 考核要求

(1)被认定人入场后,首先由裁判告知题目,其次由被认定人检查准备工具,确认故障现

象，当被认定人告知裁判可以开始时，由裁判开始计时。

(2)考核时间为 10 min。

(3)按故障处理要求由被认定人独立完成。

(4)处理故障期间，被认定人可以查阅机车配线图。

(5)在被认定人处理故障期间，裁判可以依据故障分析向被认定人提问，以确认被认定人找到的故障点是否有依据。

(6)考核过程中若被认定人出现烧表、电击等毁坏设备或者人身受到伤害的现象时，裁判有权利终止考试，成绩为零。

(7)考核完毕后，由被认定人在评分表上签字确认。

4. 考核评分

(1)考评人员 3 名以上。

(2)评分要点见"实作技能考核评分记录表"。

(3)评分程序及规则：考评员根据考生操作情况对照计分标准在评分表上给予记录评分。

(4)算分方法：采用百分制，满分 100 分，60 分及以上为及格。

5. 实作技能考核评分记录表

准考证号：______ 姓名：______ 性别：______ 单位：______

试题名称：处理机车信号点灯，监控装置某一灯位灭灯(以 L 灯为例)故障。

考核时间：____________ 开始时间：___时___分 结束时间：___时___分

项目	考核内容及评分标准	扣分因素及扣分	得分
操作程序 50 分	1. 工具、材料准备齐全，检查工具、仪表是否良好。必要工具缺一件扣 2 分		
	2. 询访司机并回收 LKJ/CIR 系统检测合格证。缺一项扣 2 分		
	3. 确认故障现象。无此项扣 3 分		
	4. 在主体化信号主机的测试插孔，用万用表测量机车信号主机 LX30T 的 1、9 脚电压，如果电压低于 35 V 以下，证明机车信号绿灯输出电压不良，更换工作的主机板。测试错误扣 10 分		
	5. 测试 X32 的 1、3 脚插针间电压，如果没有 47 V 电压，则证明监控主机至信号主机间断线，更换对应线即可。测试错误扣 10 分		
	6. 将数字量输入插件由备机切换至工作状态查看故障是否恢复。判断失误扣 6 分		
	7. 如故障现象仍然存在，更换监控主机箱。判断失误扣 6 分		
	8. 更换故障设备并进行机车出库功能试验。缺一项扣 6 分		
	9. 在机车临修登记票签字，签发合格证。缺一项扣 5 分		
作业质量 30 分	1. 错判故障，每次扣 10 分		
	2. 故障处理后未进行试验，扣 10 分		
	3. 不清楚技术标准(考评员提问)，扣 10 分		

续上表

项目	考核内容及评分标准	扣分因素及扣分	得分
工具使用10分	1. 操作方法不对,纠正一次扣5分		
	2. 损坏器材,扣10分		
	3. 损坏工具、仪表,按失格处理		
作业安全10分	1. 未按规定在作业前悬挂防护红旗(夜间防护红灯)并在司机操纵手柄处挂禁动牌,扣5分		
	2. 出现一次违章作业扣3分		
	3. 未按规定着装,扣2分		
合计			

考评员签名: 被认定人: 年 月 日

S9 处理机车信号点灯正常,而监控装置接收不到机车信号的点灯条件故障

1. 考场准备

要求场地内有一套完整的车载设备系统,基本信号设备完备,能接收地面信号发码并开放机车信号。场地内至少有一个实际的、完整的LKJ监控装置系统、一套LKJ及机车信号设备,一套机车外挂设备,通信CIR设备一套,速度发码设备、信号发码设备各一套,并且能够检测实际有的设备。

2. 材料工具准备

序号	名称	规格	数量	备注	序号	名称	规格	数量	备注
1	车载设备配线图纸		1套		5	监控主机互换板件		1套	
2	万用表	MF-14	1块		6	检修工具		1套	
3	防护用具		1套		7	兆欧表	ZC-7	1块	
4	相关配线		1套		8	LKJ2000型监控主机		1台	

3. 考核要求

(1)被认定人入场后,首先由裁判告知题目,其次由被认定人检查准备工具,确认故障现象,当被认定人告知裁判可以开始时,由裁判开始计时。

(2)考核时间为10 min。

(3)按故障处理要求由被认定人独立完成。

(4)处理故障期间,被认定人可以查阅机车配线图。

(5)在被认定人处理故障期间,裁判可以依据故障分析向被认定人提问,以确认被认定人找到的故障点是否有依据。

(6)考核过程中若被认定人出现烧表、电击等毁坏设备或者人身受到伤害的现象时，裁判有权利终止考试，成绩为零。

(7)考核完毕后，由被认定人在评分表上签字确认。

4. 考核评分

(1)考评人员3名以上。

(2)评分要点见"实作技能考核评分记录表"。

(3)评分程序及规则：考评员根据考生操作情况对照计分标准在评分表上给予记录评分。

(4)算分方法：采用百分制，满分100分，60分及以上为及格。

5. 实作技能考核评分记录表

准考证号：________ 姓名：________ 性别：________ 单位：________

试题名称：处理机车信号点灯正常，而监控装置接收不到机车信号的点灯条件故障。

考核时间：________ 开始时间：____时____分 结束时间：____时____分

项目	考核内容及评分标准	扣分因素及扣分	得分
操作程序50分	1. 工具、材料准备齐全，检查工具、仪表是否良好。必要工具缺一件扣2分		
	2. 询访司机并回收LKJ/CIR系统检测合格证。缺一项扣2分		
	3. 确认故障现象。无此项扣3分		
	4. 在主体化信号主机的测试插孔，用万用表直流电压挡，测试LX30T的9、31脚电压，如低于35 V以下，证明机车信号点灯电压不良，更换工作的主机板。测试错误扣10分		
	5. 测试X32的1、2脚间电压是否有47 V电压，没有则证明监控主机至信号主机间－50 V线断线，更换机车信号至监控主机间、X22-X32T间连接电缆。测试错误扣10分		
	6. 将数字量输入插件由备机切换至工作状态查看故障现象，如果故障消失证明是原工作的数字量输入插件故障。判断失误扣6分		
	7. 如故障现象仍然存在，更换监控主机箱。判断失误扣6分		
	8. 更换故障设备并进行机车出库功能试验。缺一项扣6分		
	9. 在机车临修登记票签字，签发合格证。缺一项扣5分		
作业质量30分	1. 错判故障，每次扣10分		
	2. 故障处理后未进行试验，扣10分		
	3. 不清楚技术标准(考评员提问)，扣10分		
工具使用10分	1. 操作方法不对，纠正一次扣5分		
	2. 损坏器材，扣10分		
	3. 损坏工具、仪表，按失格处理		
作业安全10分	1. 未按规定在作业前悬挂防护红旗(夜间防护红灯)并在司机操纵手柄处挂禁动牌，扣5分		
	2. 出现一次违章作业扣3分		
	3. 未按规定着装，扣2分		
合计			

考评员签名： 被认定人： 年 月 日

S10 处理转录人员不能正常转录LKJ2000型监控装置文件故障

1. 考场准备

要求场地内有一套完整的车载设备系统,基本信号设备完备,能接收地面信号发码并开放机车信号。场地内至少有一个实际的、完整的LKJ监控装置系统、一套LKJ及机车信号设备,一套机车外挂设备,通信CIR设备一套,速度发码设备、信号发码设备各一套,并且能够检测实际有的设备。

2. 材料工具准备

序号	名称	规格	数量	备注	序号	名称	规格	数量	备注
1	车载设备配线图纸		1套		5	转储器		1个	
2	万用表	MF-14	1块		6	检修工具		1套	
3	防护用具		1套		7	兆欧表	ZC-7	1块	
4	相关配线		1套		8	LKJ2000型监控主机		1台	

3. 考核要求

(1)被认定人入场后,首先由裁判告知题目,其次由被认定人检查准备工具,确认故障现象,当被认定人告知裁判可以开始时,由裁判开始计时。

(2)考核时间为10 min。

(3)按故障处理要求由被认定人独立完成。

(4)处理故障期间,被认定人可以查阅机车配线图。

(5)在被认定人处理故障期间,裁判可以依据故障分析向被认定人提问,以确认被认定人找到的故障点是否有依据。

(6)考核过程中若被认定人出现烧表、电击等毁坏设备或者人身受到伤害的现象时,裁判有权利终止考试,成绩为零。

(7)考核完毕后,由被认定人在评分表上签字确认。

4. 考核评分

(1)考评人员3名以上。

(2)评分要点见"实作技能考核评分记录表"。

(3)评分程序及规则:考评员根据考生操作情况对照计分标准在评分表上给予记录评分。

(4)算分方法:采用百分制,满分100分,60分及以上为及格。

5. 实作技能考核评分记录表

准考证号:________ 姓名:________ 性别:________ 单位:________
试题名称:处理转录人员不能正常转录 LKJ2000 型监控装置文件故障。
考核时间:________ 开始时间:____时____分 结束时间:____时____分

项目	考核内容及评分标准	扣分因素及扣分	得分
操作程序50分	1. 工具、材料准备齐全,检查工具、仪表是否良好。必要工具缺一件扣2分		
	2. 询访司机并回收 LKJ/CIR 系统检测合格证。缺一项扣2分		
	3. 确认故障现象。无此项扣3分		
	4. 查看是否操作人员操作程序不正确造成数据无法转储。测试错误扣7分		
	5. 更换新的转储器进行转储工作,如能正常转储说明转储器故障。测试错误扣7分		
	6. 查看转储器与监控记录插件间连线是否故障。判断失误扣6分		
	7. 若转储器上不能正常显示监控记录插件文件,检查监控记录插件转录接口 IC232 芯片是否故障。判断失误扣6分		
	8. 查看监控记录插件文件是否形成错误文件导致无法转储。判断错误6分		
	9. 更换故障设备并进行机车出库功能试验。缺一项扣6分		
	10. 在机车临修登记票签字,签发合格证。缺一项扣5分		
作业质量30分	1. 错判故障,每次扣10分		
	2. 故障处理后未进行试验,扣10分		
	3. 不清楚技术标准(考评员提问),扣10分		
工具使用10分	1. 操作方法不对,纠正一次扣5分		
	2. 损坏器材,扣10分		
	3. 损坏工具、仪表,按失格处理		
作业安全10分	1. 未按规定在作业前悬挂防护红旗(夜间防护红灯)并在司机操纵手柄处挂禁动牌,扣5分		
	2. 出现一次违章作业扣3分		
	3. 未按规定着装,扣2分		
合计			

考评员签名: 被认定人: 年 月 日

S11 处理无线传输主机指示灯显示正常,但微机查询不在线故障

1. 考场准备

要求场地内有一套完整的车载设备系统,基本信号设备完备,能接收地面信号发码并开放机车信号。场地内至少有一个实际的、完整的 LKJ 监控装置系统、一套 LKJ 及机车信号设备,一套机车外挂设备,通信 CIR 设备一套,速度发码设备、信号发码设备各一套,并且能够检测实际有的设备。

2. 材料工具准备

序号	名称	规格	数量	备注	序号	名称	规格	数量	备注
1	车载设备配线图纸		1套		5	无线传输主机		1台	
2	万用表	MF-14	1块		6	检修工具		1套	
3	防护用具		1套		7	兆欧表	ZC-7	1块	
4	相关配线		1套		8	LKJ2000型监控主机		1台	

3. 考核要求

(1)被认定人入场后,首先由裁判告知题目,其次由被认定人检查准备工具,确认故障现象,当被认定人告知裁判可以开始时,由裁判开始计时。

(2)考核时间为10 min。

(3)按故障处理要求由被认定人独立完成。

(4)处理故障期间,被认定人可以查阅机车配线图。

(5)在被认定人处理故障期间,裁判可以依据故障分析向被认定人提问,以确认被认定人找到的故障点是否有依据。

(6)考核过程中若被认定人出现烧表、电击等毁坏设备或者人身受到伤害的现象时,裁判有权利终止考试,成绩为零。

(7)考核完毕后,由被认定人在评分表上签字确认。

4. 考核评分

(1)考评人员3名以上。

(2)评分要点见“实作技能考核评分记录表”。

(3)评分程序及规则:考评员根据考生操作情况对照计分标准在评分表上给予记录评分。

(4)算分方法:采用百分制,满分100分,60分及以上为及格。

5. 实作技能考核评分记录表

准考证号:__________ 姓名:________ 性别:________ 单位:________________________

试题名称:处理无线传输主机指示灯显示正常,但微机查询不在线故障。

考核时间:________________________ 开始时间:____时____分 结束时间:____时____分

项目	考核内容及评分标准	扣分因素及扣分	得分
操作程序50分	1. 工具、材料准备齐全,检查工具、仪表是否良好。必要工具缺一件扣2分		
	2. 询访司机并回收LKJ/CIR系统检测合格证。缺一项扣2分		
	3. 确认故障现象。无此项扣3分		
	4. 查看无线传输主机软件配属段别是否正确,如错误需重新设置。测试错误扣5分		
	5. 检查无线传输主机与监控主机、天线的插头、插座接触是否不良。测试错误扣5分		

续上表

项目	考核内容及评分标准	扣分因素及扣分	得分
操作程序50分	6. 用万用表电阻挡测量通信线、天线及电缆有无断路、短路，有则更换通信线、天线及电缆。判断失误扣5分		
	7. 查看无线传输主机内SIM卡是否故障。判断错误扣5分		
	8. 检查监控主机通信插件，更换监控主机箱及通信插件查看故障是否恢复。判断错误扣7分		
	9. 检查无线传输主机故障，更换无线传输主机查看故障是否恢复。判断错误扣5分		
	10. 更换故障设备并进行机车出库功能试验。缺一项扣6分		
	11. 在机车临修登记票签字，签发合格证。缺一项扣5分		
作业质量30分	1. 错判故障，每次扣10分		
	2. 故障处理后未进行试验，扣10分		
	3. 不清楚技术标准(考评员提问)，扣10分		
工具使用10分	1. 操作方法不对，纠正一次扣5分		
	2. 损坏器材，扣10分		
	3. 损坏工具、仪表，按失格处理		
作业安全10分	1. 未按规定在作业前悬挂防护红旗(夜间防护红灯)并在司机操纵手柄处挂禁动牌，扣5分		
	2. 出现一次违章作业扣3分		
	3. 未按规定着装，扣2分		
合计			

考评员签名：　　　　被认定人：　　　　年　　月　　日

S12　处理通用式机车信号主机输入短路，输出开路故障

1. 考场准备

要求场地内有一套完整的车载设备系统，基本信号设备完备，能接收地面信号发码并开放机车信号。场地内至少有一个实际的、完整的LKJ监控装置系统、一套LKJ及机车信号设备，一套机车外挂设备，通信CIR设备一套，速度发码设备、信号发码设备各一套，并且能够检测实际有的设备。

2. 材料工具准备

序号	名称	规格	数量	备注	序号	名称	规格	数量	备注
1	车载设备配线图纸		1套		5	监控主机互换板件		1套	
2	万用表	MF-14	1块		6	检修工具		1套	
3	防护用具		1套		7	兆欧表	ZC-7	1块	
4	相关配线		1套		8	LKJ2000型监控主机		1台	

3. 考核要求

(1)被认定人入场后,首先由裁判告知题目,其次由被认定人检查准备工具,确认故障现象,当被认定人告知裁判可以开始时,由裁判开始计时。

(2)考核时间为 10 min。

(3)按故障处理要求由被认定人独立完成。

(4)处理故障期间,被认定人可以查阅机车配线图。

(5)在被认定人处理故障期间,裁判可以依据故障分析向被认定人提问,以确认被认定人找到的故障点是否有依据。

(6)考核过程中若被认定人出现烧表、电击等毁坏设备或者人身受到伤害的现象时,裁判有权利终止考试,成绩为零。

(7)考核完毕后,由被认定人在评分表上签字确认。

4. 考核评分

(1)考评人员 3 名以上。

(2)评分要点见"实作技能考核评分记录表"。

(3)评分程序及规则:考评员根据考生操作情况对照计分标准在评分表上给予记录评分。

(4)算分方法:采用百分制,满分 100 分,60 分及以上为及格。

5. 实作技能考核评分记录表

准考证号:__________ 姓名:________ 性别:________ 单位:________________________

试题名称:处理通用式机车信号主机输入短路,输出开路故障。

考核时间:________________________ 开始时间:____时____分 结束时间:____时____分

项目	考核内容及评分标准	扣分因素及扣分	得分
操作程序 50 分	1. 工具、材料准备齐全,检查工具、仪表是否良好。必要工具缺一件扣 2 分		
	2. 询访司机并回收 LKJ/CIR 系统检测合格证。缺一项扣 2 分		
	3. 确认故障现象。无此项扣 3 分		
	4. 通过试验检查主机没有各路点灯输出信号,机车信号机均无显示。操作错误扣 10 分		
	5. 分析输出电路组成部分,由输出变压器、电阻衰减电路、A/D 转换芯片等组成。分析错误扣 10 分		
	6. 用万用表测量输入变压器 3、4 次级是否有信号输入。测试错误扣 6 分		
	7. 检查测量主机板右下角瓷罐输入变压器 1、2 初级的引入是否断线。判断失误扣 6 分		
	8. 更换故障设备并进行机车出库功能试验。缺一项扣 6 分		
	9. 在机车临修登记票签字,签发合格证。缺一项扣 5 分		
作业质量 30 分	1. 错判故障,每次扣 10 分		
	2. 故障处理后未进行试验,扣 10 分		
	3. 不清楚技术标准(考评员提问),扣 10 分		

续上表

项目	考核内容及评分标准	扣分因素及扣分	得分
工具使用10分	1. 操作方法不对，纠正一次扣5分		
	2. 损坏器材，扣10分		
	3. 损坏工具、仪表，按失格处理		
作业安全10分	1. 未按规定在作业前悬挂防护红旗（夜间防护红灯）并在司机操纵手柄处挂禁动牌，扣5分		
	2. 出现一次违章作业扣3分		
	3. 未按规定着装，扣2分		
合计			

考评员签名：　　　　　　　　被认定人：　　　　　　　　年　　月　　日

S13　处理JT1型通用式机车信号开机后直接亮红灯故障

1. 考场准备

要求场地内有一套完整的车载设备系统，基本信号设备完备，能接收地面信号发码并开放机车信号。场地内至少有一个实际的、完整的LKJ监控装置系统、一套LKJ及机车信号设备，一套机车外挂设备，通信CIR设备一套，速度发码设备、信号发码设备各一套，并且能够检测实际有的设备。

2. 材料工具准备

序号	名称	规格	数量	备注	序号	名称	规格	数量	备注
1	车载设备配线图纸		1套		5	监控主机互换板件		1套	
2	万用表	MF-14	1块		6	检修工具		1套	
3	防护用具		1套		7	兆欧表	ZC-7	1块	
4	相关配线		1套		8	LKJ2000型监控主机		1台	

3. 考核要求

（1）被认定人入场后，首先由裁判告知题目，其次由被认定人检查准备工具，确认故障现象，当被认定人告知裁判可以开始时，由裁判开始计时。

（2）考核时间为10 min。

（3）按故障处理要求由被认定人独立完成。

（4）处理故障期间，被认定人可以查阅机车配线图。

（5）在被认定人处理故障期间，裁判可以依据故障分析向被认定人提问，以确认被认定人找到的故障点是否有依据。

(6)考核过程中若被认定人出现烧表、电击等毁坏设备或者人身受到伤害的现象时,裁判有权利终止考试,成绩为零。

(7)考核完毕后,由被认定人在评分表上签字确认。

4. 考核评分

(1)考评人员 3 名以上。

(2)评分要点见“实作技能考核评分记录表”。

(3)评分程序及规则:考评员根据考生操作情况对照计分标准在评分表上给予记录评分。

(4)算分方法:采用百分制,满分 100 分,60 分及以上为及格。

5. 实作技能考核评分记录表

准考证号:__________ 姓名:________ 性别:________ 单位:________________________

试题名称:处理 JT1 型通用式机车信号开机后直接亮红灯故障。

考核时间:________________________ 开始时间:____时____分 结束时间:____时____分

项目	考核内容及评分标准	扣分因素及扣分	得分
操作程序 50分	1. 工具、材料准备齐全,检查工具、仪表是否良好。必要工具缺一件扣 2 分		
	2. 询访司机并回收 LKJ/CIR 系统检测合格证。缺一项扣 2 分		
	3. 确认故障现象。无此项扣 3 分		
	4. 在动态时用万用表测 U7 引脚 2、引脚 4 电压及 U8 引脚 2 电压(即测经微分后的 f1、f2、f3 电压)。测试错误扣 10 分		
	5. 当 U7 引脚 2 约为 1.7 V,引脚 4 约为 2.5 V,U8 引脚也约为 2.5 V 时,说明 C2、C3、C4 及 DSP 芯片,U3、U4 ,U5、U6 都是好的。分析错误扣 10 分		
	6. 用万用表测电容 C6、C7、C8 是否漏电,正常时动态测 C6、C7、C8 两端电压约 4 V,静态时 C6、C7、C8 的阻值约 33 kΩ,U8 引脚 2 对地阻值约 16 kΩ。测试错误扣 6 分		
	7. 若还亮红灯,故障点可能在 U7 或 U8,更换芯片查看故障是否恢复。判断失误扣 6 分		
	8. 更换故障设备并进行机车出库功能试验。缺一项扣 6 分		
	9. 在机车临修登记票签字,签发合格证。缺一项扣 5 分		
作业质量 30分	1. 错判故障,每次扣 10 分		
	2. 故障处理后未进行试验,扣 10 分		
	3. 不清楚技术标准(考评员提问),扣 10 分		
工具使用 10分	1. 操作方法不对,纠正一次扣 5 分		
	2. 损坏器材,扣 10 分		
	3. 损坏工具、仪表,按失格处理		
作业安全 10分	1. 未按规定在作业前悬挂防护红旗(夜间防护红灯)并在司机操纵手柄处挂禁动牌,扣 5 分		
	2. 出现一次违章作业扣 3 分		
	3. 未按规定着装,扣 2 分		
合计			

考评员签名: 被认定人: 年 月 日

S14　处理机车信号开机只点白灯不接码故障

1. 考场准备

要求场地内有一套完整的车载设备系统，基本信号设备完备，能接收地面信号发码并开放机车信号。场地内至少有一个实际的、完整的LKJ监控装置系统、一套LKJ及机车信号设备，一套机车外挂设备，通信CIR设备一套，速度发码设备、信号发码设备各一套，并且能够检测实际有的设备。

2. 材料工具准备

序号	名称	规格	数量	备注	序号	名称	规格	数量	备注
1	车载设备配线图纸		1套		5	监控主机互换板件		1套	
2	万用表	MF-14	1块		6	检修工具		1套	
3	防护用具		1套		7	兆欧表	ZC-7	1块	
4	相关配线		1套		8	LKJ2000型监控主机		1台	

3. 考核要求

(1)被认定人入场后，首先由裁判告知题目，其次由被认定人检查准备工具，确认故障现象，当被认定人告知裁判可以开始时，由裁判开始计时。

(2)考核时间为10 min。

(3)按故障处理要求由被认定人独立完成。

(4)处理故障期间，被认定人可以查阅机车配线图。

(5)在被认定人处理故障期间，裁判可以依据故障分析向被认定人提问，以确认被认定人找到的故障点是否有依据。

(6)考核过程中若被认定人出现烧表、电击等毁坏设备或者人身受到伤害的现象时，裁判有权利终止考试，成绩为零。

(7)考核完毕后，由被认定人在评分表上签字确认。

4. 考核评分

(1)考评人员3名以上。

(2)评分要点见"实作技能考核评分记录表"。

(3)评分程序及规则：考评员根据考生操作情况对照计分标准在评分表上给予记录评分。

(4)算分方法：采用百分制，满分100分，60分及以上为及格。

5. 实作技能考核评分记录表

准考证号:__________ 姓名:________ 性别:________ 单位:______________________

试题名称:处理机车信号开机只点白灯不接码故障。

考核时间:________________________ 开始时间:____时____分 结束时间:____时____分

<table>
<tr><th>项目</th><th>考核内容及评分标准</th><th>扣分因素及扣分</th><th>得分</th></tr>
<tr><td rowspan="9">操作程序50分</td><td>1. 工具、材料准备齐全,检查工具、仪表是否良好。必要工具缺一件扣2分</td><td></td><td rowspan="9"></td></tr>
<tr><td>2. 询访司机并回收LKJ/CIR系统检测合格证。缺一项扣2分</td><td></td></tr>
<tr><td>3. 确认故障现象。无此项扣3分</td><td></td></tr>
<tr><td>4. 测量电容C21两端电压是否达到规定值来确定机车灵敏度是否达标,若电容C21被击穿,则会造成机车不译码。测试错误扣10分</td><td></td></tr>
<tr><td>5. 检查U1芯片有关变压器绝缘是否良好,以确定机车灵敏度是否达标。测试错误扣6分</td><td></td></tr>
<tr><td>6. 通过主机板上焊盘L1调整机车灵敏度。判断失误扣6分</td><td></td></tr>
<tr><td>7. 如故障现象仍然存在,检查接收线圈安装是否符合规定,同名端是否正确,电缆是否断线。判断失误扣10分</td><td></td></tr>
<tr><td>8. 更换故障设备并进行机车出库功能试验。缺一项扣6分</td><td></td></tr>
<tr><td>9. 在机车临修登记票签字,签发合格证。缺一项扣5分</td><td></td></tr>
<tr><td rowspan="3">作业质量30分</td><td>1. 错判故障,每次扣10分</td><td></td><td rowspan="3"></td></tr>
<tr><td>2. 故障处理后未进行试验,扣10分</td><td></td></tr>
<tr><td>3. 不清楚技术标准(考评员提问),扣10分</td><td></td></tr>
<tr><td rowspan="3">工具使用10分</td><td>1. 操作方法不对,纠正一次扣5分</td><td></td><td rowspan="3"></td></tr>
<tr><td>2. 损坏器材,扣10分</td><td></td></tr>
<tr><td>3. 损坏工具、仪表,按失格处理</td><td></td></tr>
<tr><td rowspan="3">作业安全10分</td><td>1. 未按规定在作业前悬挂防护红旗(夜间防护红灯)并在司机操纵手柄处挂禁动牌,扣5分</td><td></td><td rowspan="3"></td></tr>
<tr><td>2. 出现一次违章作业扣3分</td><td></td></tr>
<tr><td>3. 未按规定着装,扣2分</td><td></td></tr>
<tr><td>合计</td><td colspan="3"></td></tr>
</table>

考评员签名: 被认定人: 年 月 日

S15 处理GYK设备更换接收线圈后机车信号Ⅱ端GYK不接码或需发很大电流才能接码故障

1. 考场准备

要求场地内有一套完整的车载设备系统,基本信号设备完备,能接收地面信号发码并开放机车信号。场地内至少有一个实际的、完整的GYK主机及DMI,一套机车外挂设备,通信CIR设备一套,速度发码设备、信号发码设备各一套,并且能够检测实际有的设备。

2. 材料工具准备

序号	名称	规格	数量	备注	序号	名称	规格	数量	备注
1	车载设备配线图纸		1套		5	主机互换板件		1套	
2	万用表	MF-14	1块		6	检修工具		1套	
3	防护用具		1套		7	兆欧表	ZC-7	1块	
4	相关配线		1套		8	GYK主机		1台	

3. 考核要求

(1)被认定人入场后，首先由裁判告知题目，其次由被认定人检查准备工具，确认故障现象，当被认定人告知裁判可以开始时，由裁判开始计时。

(2)考核时间为10 min。

(3)按故障处理要求由被认定人独立完成。

(4)处理故障期间，被认定人可以查阅机车配线图。

(5)在被认定人处理故障期间，裁判可以依据故障分析向被认定人提问，以确认被认定人找到的故障点是否有依据。

(6)考核过程中若被认定人出现烧表、电击等毁坏设备或者人身受到伤害的现象时，裁判有权利终止考试，成绩为零。

(7)考核完毕后，由被认定人在评分表上签字确认。

4. 考核评分

(1)考评人员3名以上。

(2)评分要点见"实作技能考核评分记录表"。

(3)评分程序及规则：考评员根据考生操作情况对照计分标准在评分表上给予记录评分。

(4)算分方法：采用百分制，满分100分，60分及以上为及格。

5. 实作技能考核评分记录表

准考证号：＿＿＿＿＿＿　姓名：＿＿＿＿＿＿　性别：＿＿＿＿＿＿　单位：＿＿＿＿＿＿＿＿＿＿＿＿

试题名称：处理GYK设备更换接收线圈后机车信号Ⅱ端GYK不接码或需发很大电流才能接码故障。

考核时间：＿＿＿＿＿＿＿＿＿＿＿＿＿＿＿＿　开始时间：＿＿时＿＿分　结束时间：＿＿时＿＿分

项目	考核内容及评分标准	扣分因素及扣分	得分
操作程序50分	1. 工具、材料准备齐全，检查工具、仪表是否良好。必要工具缺一件扣2分		
	2. 询访司机并回收GYK检测合格证。缺一项扣2分		
	3. 确认故障现象。无此项扣3分		
	4. 检查机车工况是否在Ⅱ端，Ⅱ端信号机上工作灯是否点亮。判断错误扣10分		
	5. 检查接收线圈安装方向是否正确，接收线圈连接线是否正确。判断错误扣10分		
	6. 检查机车信号上/下行是否正确。判断失误扣6分		

续上表

项目	考 核 内 容 及 评 分 标 准	扣分因素及扣分	得分
操作程序50分	7. 检查机车信号感应器连线到主机连线接触是否良好。判断失误扣6分		
	8. 更换故障设备并进行机车出库功能试验。缺一项扣6分		
	9. 在机车临修登记票签字,签发合格证。缺一项扣5分		
作业质量30分	1. 错判故障,每次扣10分		
	2. 故障处理后未进行试验,扣10分		
	3. 不清楚技术标准(考评员提问),扣10分		
工具使用10分	1. 操作方法不对,纠正一次扣5分		
	2. 损坏器材,扣10分		
	3. 损坏工具、仪表,按失格处理		
作业安全10分	1. 未按规定在作业前悬挂防护红旗(夜间防护红灯)并在司机操纵手柄处挂禁动牌,扣5分		
	2. 出现一次违章作业扣3分		
	3. 未按规定着装,扣2分		
合计			

考评员签名: 被认定人: 年 月 日

S16 处理GYK主机开机无显示故障

1. 考场准备

要求场地内有一套完整的车载设备系统,基本信号设备完备,能接收地面信号发码并开放机车信号。场地内至少有一个实际的、完整的GYK主机及DMI,一套机车外挂设备,通信CIR设备一套,速度发码设备、信号发码设备各一套,并且能够检测实际有的设备。

2. 材料工具准备

序号	名称	规格	数量	备注	序号	名称	规格	数量	备注
1	车载设备配线图纸		1套		5	主机互换板件		1套	
2	万用表	MF-14	1块		6	检修工具		1套	
3	防护用具		1套		7	兆欧表	ZC-7	1块	
4	相关配线		1套		8	GYK主机		1台	

3. 考核要求

(1)被认定人入场后,首先由裁判告知题目,其次由被认定人检查准备工具,确认故障现象,当被认定人告知裁判可以开始时,由裁判开始计时。

(2)考核时间为10 min。

(3)按故障处理要求由被认定人独立完成。

(4)处理故障期间,被认定人可以查阅机车配线图。

(5)在被认定人处理故障期间,裁判可以依据故障分析向被认定人提问,以确认被认定人找到的故障点是否有依据。

(6)考核过程中若被认定人出现烧表、电击等毁坏设备或者人身受到伤害的现象时,裁判有权利终止考试,成绩为零。

(7)考核完毕后,由被认定人在评分表上签字确认。

4. 考核评分

(1)考评人员 3 名以上。

(2)评分要点见"实作技能考核评分记录表"。

(3)评分程序及规则:考评员根据考生操作情况对照计分标准在评分表上给予记录评分。

(4)算分方法:采用百分制,满分 100 分,60 分及以上为及格。

5. 实作技能考核评分记录表

准考证号:________ 姓名:________ 性别:________ 单位:________

试题名称:处理 GYK 主机开机无显示故障。

考核时间:________ 开始时间:____时____分 结束时间:____时____分

项目	考核内容及评分标准	扣分因素及扣分	得分
操作程序50分	1. 工具、材料准备齐全,检查工具、仪表是否良好。必要工具缺一件扣 2 分		
	2. 询访司机并回收 GYK 系统检测合格证。缺一项扣 2 分		
	3. 确认故障现象。无此项扣 3 分		
	4. 检查主机开关状态和熔断器安装是否正确牢固。判断错误扣 5 分		
	5. 检查主机 GX7T 紧固状态、插针是否弯曲。测试错误扣 5 分		
	6. 检查轨道车电源是否正常、电源线是否接触良好。判断失误扣 5 分		
	7. 用万用表直流电压挡测量主机 24 V 电源线 GX7T:1 和 GX7T:2 间是否有 24 V 电压,如有,再测量主机 GX7T:1 和 GX7T:2 脚是否有 24 V 电压。测试错误扣 6 分		
	8. 如 GX7T:1 和 GX7T:2 间无 24 V 电压,测量工务部门提供的 24 V 电源端子是否有 24 V 电压。测试错误扣 5 分		
	9. 检查电源开关及配线,更换故障的开关或配线。判断失误扣 6 分		
	10. 更换故障设备并进行机车出库功能试验。缺一项扣 6 分		
	11. 在机车临修登记票签字,签发合格证。缺一项扣 5 分		
作业质量30分	1. 错判故障,每次扣 10 分		
	2. 故障处理后未进行试验,扣 10 分		
	3. 不清楚技术标准(考评员提问),扣 10 分		
工具使用10分	1. 操作方法不对,纠正一次扣 5 分		
	2. 损坏器材,扣 10 分		
	3. 损坏工具、仪表,按失格处理		

续上表

项目	考核内容及评分标准	扣分因素及扣分	得分
作业安全10分	1. 未按规定在作业前悬挂防护红旗(夜间防护红灯)并在司机操纵手柄处挂禁动牌,扣5分		
	2. 出现一次违章作业扣3分		
	3. 未按规定着装,扣2分		
合计			

考评员签名:　　　　被认定人:　　　　年　月　日

S17　处理GYK列车管压力表显示正常,监控装置无列车管压力显示故障

1. 考场准备

要求场地内有一套完整的车载设备系统,基本信号设备完备,能接收地面信号发码并开放机车信号。场地内至少有一个实际的、完整的GYK主机及DMI,一套机车外挂设备,通信CIR设备一套,速度发码设备、信号发码设备各一套,并且能够检测实际有的设备。

2. 材料工具准备

序号	名称	规格	数量	备注	序号	名称	规格	数量	备注
1	车载设备配线图纸		1套		5	主机互换板件		1套	
2	万用表	MF-14	1块		6	检修工具		1套	
3	防护用具		1套		7	兆欧表	ZC-7	1块	
4	相关配线		1套		8	GYK主机		1台	

3. 考核要求

(1)被认定人入场后,首先由裁判告知题目,其次由被认定人检查准备工具,确认故障现象,当被认定人告知裁判可以开始时,由裁判开始计时。

(2)考核时间为10 min。

(3)按故障处理要求由被认定人独立完成。

(4)处理故障期间,被认定人可以查阅机车配线图。

(5)在被认定人处理故障期间,裁判可以依据故障分析向被认定人提问,以确认被认定人找到的故障点是否有依据。

(6)考核过程中若被认定人出现烧表、电击等毁坏设备或者人身受到伤害的现象时,裁判有权利终止考试,成绩为零。

(7)考核完毕后,由被认定人在评分表上签字确认。

4. 考核评分

(1)考评人员 3 名以上。

(2)评分要点见"实作技能考核评分记录表"。

(3)评分程序及规则:考评员根据考生操作情况对照计分标准在评分表上给予记录评分。

(4)算分方法:采用百分制,满分 100 分,60 分及以上为及格。

5. 实作技能考核评分记录表

准考证号:________ 姓名:______ 性别:______ 单位:________________

试题名称:处理 GYK 列车管压力表显示正常,监控装置无列车管压力显示故障。

考核时间:________________ 开始时间:____时____分 结束时间:____时____分

项目	考核内容及评分标准	扣分因素及扣分	得分
操作程序50分	1. 工具、材料准备齐全,检查工具、仪表是否良好。必要工具缺一件扣 2 分		
	2. 询访司机并回收 GYK 系统检测合格证。缺一项扣 2 分		
	3. 确认故障现象。无此项扣 3 分		
	4. 检查 GX2T 插头、插座插针状态是否良好。判断错误扣 10 分		
	5. 用万用表直流电压挡测量列车管压力传感器信号线插头 P1、P4 间有无 15 V 工作电压,如无,更换该条件线。测试错误扣 10 分		
	6. 如有 15 V 工作电压,用万用表直流电压挡测量 P4、P3 脚间有无直流电压输出。测试错误扣 6 分		
	7. 如无直流电压输出,用万用表电阻挡测量 P4、P3 脚间有无断路、短路现象。判断失误扣 6 分		
	8. 更换故障设备并进行机车出库功能试验。缺一项扣 6 分		
	9. 在机车临修登记票签字,签发合格证。缺一项扣 5 分		
作业质量30分	1. 错判故障,每次扣 10 分		
	2. 故障处理后未进行试验,扣 10 分		
	3. 不清楚技术标准(考评员提问),扣 10 分		
工具使用10分	1. 操作方法不对,纠正一次扣 5 分		
	2. 损坏器材,扣 10 分		
	3. 损坏工具、仪表,按失格处理		
作业安全10分	1. 未按规定在作业前悬挂防护红旗(夜间防护红灯)并在司机操纵手柄处挂禁动牌,扣 5 分		
	2. 出现一次违章作业扣 3 分		
	3. 未按规定着装,扣 2 分		
合计			

考评员签名:　　　　　　　　被认定人:　　　　　　年　　月　　日

S18　处理通用式机车信号主机电源1板不正常工作故障

1. 考场准备

要求场地内有一套完整的车载设备系统,基本信号设备完备,能接收地面信号发码并开放机车信号。场地内至少有一个实际的、完整的LKJ监控装置系统、一套LKJ及机车信号设备,一套机车外挂设备,通信CIR设备一套,速度发码设备、信号发码设备各一套,并且能够检测实际有的设备。

2. 材料工具准备

序号	名称	规格	数量	备注	序号	名称	规格	数量	备注
1	车载设备配线图纸		1套		5	监控主机互换板件		1套	
2	万用表	MF-14	1块		6	检修工具		1套	
3	防护用具		1套		7	兆欧表	ZC-7	1块	
4	相关配线		1套		8	LKJ2000型监控主机		1台	

3. 考核要求

(1)被认定人入场后,首先由裁判告知题目,其次由被认定人检查准备工具,确认故障现象,当被认定人告知裁判可以开始时,由裁判开始计时。

(2)考核时间为10 min。

(3)按故障处理要求由被认定人独立完成。

(4)处理故障期间,被认定人可以查阅机车配线图。

(5)在被认定人处理故障期间,裁判可以依据故障分析向被认定人提问,以确认被认定人找到的故障点是否有依据。

(6)考核过程中若被认定人出现烧表、电击等毁坏设备或者人身受到伤害的现象时,裁判有权利终止考试,成绩为零。

(7)考核完毕后,由被认定人在评分表上签字确认。

4. 考核评分

(1)考评人员3名以上。

(2)评分要点见“实作技能考核评分记录表”。

(3)评分程序及规则:考评员根据考生操作情况对照计分标准在评分表上给予记录评分。

(4)算分方法:采用百分制,满分100分,60分及以上为及格。

5. 实作技能考核评分记录表

准考证号:________ 姓名:________ 性别:________ 单位:________________

试题名称:处理通用式机车信号主机电源1板不正常工作故障。

考核时间:________________ 开始时间:____时____分 结束时间:____时____分

项目	考核内容及评分标准	扣分因素及扣分	得分
操作程序50分	1. 工具、材料准备齐全,检查工具、仪表是否良好。必要工具缺一件扣2分		
	2. 询访司机并回收LKJ/CIR系统检测合格证。缺一项扣2分		
	3. 确认故障现象。无此项扣3分		
	4. 观察信号主机电源板1输入110 V是否点亮,判断输入电源是否正常。判断错误扣10分		
	5. 观察电源板1工作灯是否点亮。测试错误扣10分		
	6. 取下电源板用万用表测量电源熔断器是否断路。判断失误扣6分		
	7. 如故障现象仍然存在,更换机车信号电源板1。判断失误扣6分		
	8. 更换故障设备并进行机车出库功能试验。缺一项扣6分		
	9. 在机车临修登记票签字,签发合格证。缺一项扣5分		
作业质量30分	1. 错判故障,每次扣10分		
	2. 故障处理后未进行试验,扣10分		
	3. 不清楚技术标准(考评员提问),扣10分		
工具使用10分	1. 操作方法不对,纠正一次扣5分		
	2. 损坏器材,扣10分		
	3. 损坏工具、仪表,按失格处理		
作业安全10分	1. 未按规定在作业前悬挂防护红旗(夜间防护红灯)并在司机操纵手柄处挂禁动牌,扣5分		
	2. 出现一次违章作业扣3分		
	3. 未按规定着装,扣2分		
合计			

考评员签名: 被认定人: 年 月 日

S19 处理机车信号机显示两灯同时点亮故障

1. 考场准备

要求场地内有一套完整的车载设备系统,基本信号设备完备,能接收地面信号发码并开放机车信号。场地内至少有一个实际的、完整的LKJ监控装置系统、一套LKJ及机车信号设备,一套机车外挂设备,通信CIR设备一套,速度发码设备、信号发码设备各一套,并且能够检测实际有的设备。

2. 材料工具准备

序号	名称	规格	数量	备注	序号	名称	规格	数量	备注
1	车载设备配线图纸		1套		5	机车信号机		1台	
2	万用表	MF-14	1块		6	检修工具		1套	
3	防护用具		1套		7	兆欧表	ZC-7	1块	
4	相关配线		1套		8	机车信号主机		1台	

3. 考核要求

(1)被认定人入场后,首先由裁判告知题目,其次由被认定人检查准备工具,确认故障现象,当被认定人告知裁判可以开始时,由裁判开始计时。

(2)考核时间为 10 min。

(3)按故障处理要求由被认定人独立完成。

(4)处理故障期间,被认定人可以查阅机车配线图。

(5)在被认定人处理故障期间,裁判可以依据故障分析向被认定人提问,以确认被认定人找到的故障点是否有依据。

(6)考核过程中若被认定人出现烧表、电击等毁坏设备或者人身受到伤害的现象时,裁判有权利终止考试,成绩为零。

(7)考核完毕后,由被认定人在评分表上签字确认。

4. 考核评分

(1)考评人员 3 名以上。

(2)评分要点见“实作技能考核评分记录表”。

(3)评分程序及规则:考评员根据考生操作情况对照计分标准在评分表上给予记录评分。

(4)算分方法:采用百分制,满分 100 分,60 分及以上为及格。

5. 实作技能考核评分记录表

准考证号:__________ 姓名:________ 性别:________ 单位:________________________

试题名称:处理机车信号机显示两灯同时点亮故障。

考核时间:________________________ 开始时间:____时____分 结束时间:____时____分

项目	考核内容及评分标准	扣分因素及扣分	得分
操作程序50分	1. 工具、材料准备齐全,检查工具、仪表是否良好。必要工具缺一件扣 2 分		
	2. 询访司机并回收 LKJ/CIR 系统检测合格证。缺一项扣 2 分		
	3. 确认故障现象。无此项扣 3 分		
	4. 通过试验查看主机及输入 50 V、110 V 电源是否正常,排除故障点。测试错误扣 5 分		
	5. 用万用表测量信号机 15 V 电压正常,说明点灯电路或信号机故障。测试错误扣 5 分		

续上表

项目	考核内容及评分标准	扣分因素及扣分	得分
操作程序50分	6. 用万用表测量点亮信号机的两个灯位，查看是否点灯电路白灯线和红黄灯线破皮混线。判断失误扣15分		
	7. 如故障现象仍然存在，更换信号机。判断失误扣7分		
	8. 更换故障设备并进行机车出库功能试验。缺一项扣6分		
	9. 在机车临修登记票签字，签发合格证。缺一项扣5分		
作业质量30分	1. 错判故障，每次扣10分		
	2. 故障处理后未进行试验，扣10分		
	3. 不清楚技术标准(考评员提问)，扣10分		
工具使用10分	1. 操作方法不对，纠正一次扣5分		
	2. 损坏器材，扣10分		
	3. 损坏工具、仪表，按失格处理		
作业安全10分	1. 未按规定在作业前悬挂防护红旗(夜间防护红灯)并在司机操纵手柄处挂禁动牌，扣5分		
	2. 出现一次违章作业扣3分		
	3. 未按规定着装，扣2分		
合计			

考评员签名： 被认定人： 年 月 日

S20 处理机车信号只接收后行信号故障

1. 考场准备

要求场地内有一套完整的车载设备系统，基本信号设备完备，能接收地面信号发码并开放机车信号。场地内至少有一个实际的、完整的 LKJ 监控装置系统、一套 LKJ 及机车信号设备，一套机车外挂设备，通信 CIR 设备一套，速度发码设备、信号发码设备各一套，并且能够检测实际有的设备。

2. 材料工具准备

序号	名称	规格	数量	备注	序号	名称	规格	数量	备注
1	车载设备配线图纸		1套		5	监控主机互换板件		1套	
2	万用表	MF-14	1块		6	检修工具		1套	
3	防护用具		1套		7	兆欧表	ZC-7	1块	
4	相关配线		1套		8	LKJ2000 型监控主机		1台	

3. 考核要求

(1)被认定人入场后，首先由裁判告知题目，其次由被认定人检查准备工具，确认故障现象，当被认定人告知裁判可以开始时，由裁判开始计时。

(2)考核时间为10 min。

(3)按故障处理要求由被认定人独立完成。

(4)处理故障期间，被认定人可以查阅机车配线图。

(5)在被认定人处理故障期间，裁判可以依据故障分析向被认定人提问，以确认被认定人找到的故障点是否有依据。

(6)考核过程中若被认定人出现烧表、电击等毁坏设备或者人身受到伤害的现象时，裁判有权利终止考试，成绩为零。

(7)考核完毕后，由被认定人在评分表上签字确认。

4. 考核评分

(1)考评人员3名以上。

(2)评分要点见“实作技能考核评分记录表”。

(3)评分程序及规则：考评员根据考生操作情况对照计分标准在评分表上给予记录评分。

(4)算分方法：采用百分制，满分100分，60分及以上为及格。

5. 实作技能考核评分记录表

准考证号：__________ 姓名：________ 性别：________ 单位：____________________

试题名称：处理机车信号只接收后行信号故障。

考核时间：____________________ 开始时间：____时____分 结束时间：____时____分

项目	考核内容及评分标准	扣分因素及扣分	得分
操作程序50分	1. 工具、材料准备齐全，检查工具、仪表是否良好。必要工具缺一件扣2分		
	2. 询访司机并回收LKJ/CIR系统检测合格证。缺一项扣2分		
	3. 确认故障现象。无此项扣3分		
	4. 观察不接收信号的机车信号机上的操纵端灯是否点亮。判断错误扣5分		
	5. 如果不亮，检查工况端子线10、11号接触是否良好，有无断线。测试错误扣5分		
	6. 检查机车信号机上/下行开关是否跟地面环线发码一致。判断失误扣7分		
	7. 检查接收线圈插头(L12A、L34A，L12B、L34B)跟接线盒连线是否正确，以及接线盒到信号主机连线(L27A/28A，L27B/28B)、X26(14、15，16、17，19、20，22、23插针)插头是否断线、插头接触是否良好。判断失误扣10分		
	8. 检查主机运行、试验开关的位置是否在运行位。判断错误扣5分		
	9. 更换故障设备并进行机车出库功能试验。缺一项扣6分		
	10. 在机车临修登记票签字，签发合格证。缺一项扣5分		
作业质量30分	1. 错判故障，每次扣10分		
	2. 故障处理后未进行试验，扣10分		
	3. 不清楚技术标准(考评员提问)，扣10分		

续上表

项目	考核内容及评分标准	扣分因素及扣分	得分
工具使用10分	1. 操作方法不对，纠正一次扣5分		
	2. 损坏器材，扣10分		
	3. 损坏工具、仪表，按失格处理		
作业安全10分	1. 未按规定在作业前悬挂防护红旗(夜间防护红灯)并在司机操纵手柄处挂禁动牌，扣5分		
	2. 出现一次违章作业扣3分		
	3. 未按规定着装，扣2分		
合计			

考评员签名：　　　　被认定人：　　　　年　月　日